全国优秀畅销书
省级一流本科课程教材
省级精品教材
21世纪会计系列规划教材
应用型

新编基础会计学

Xinbian Jichu Kuaijixue

（第六版）

韩冰 单昭祥 编著

东北财经大学出版社
Dongbei University of Finance & Economics Press
大连

图书在版编目（CIP）数据

新编基础会计学 / 韩冰，单昭祥编著．—6版．—大连：东北财经大学出版社，2024.8（2025.8重印）．—（21世纪会计系列规划教材·应用型）．—ISBN 978-7-5654-5322-9

Ⅰ. F230

中国国家版本馆CIP数据核字第20242HG094号

东北财经大学出版社出版

（大连市黑石礁尖山街217号　邮政编码　116025）

网　　址：http://www.dufep.cn

读者信箱：dufep@dufe.edu.cn

大连雪莲彩印有限公司印刷　东北财经大学出版社发行

幅面尺寸：170mm×240mm　字数：414千字　印张：19.75

2024年8月第6版　2025年8月第2次印刷

责任编辑：高　铭　吴　茜　责任校对：赵　楠

封面设计：张智波　版式设计：原　皓

定价：45.00元

教学支持　售后服务　联系电话：（0411）84710309

如有印装质量问题，请联系营销部：（0411）84710711

第六版前言

编写适用于培养高素质应用型人才的高水平、高质量的基础会计教材，是我们多年的心愿。《新编基础会计学》的编修指导思想是：以财政部最新发布的会计规章为准绳，以会计实务为基础，系统地介绍会计学的基本理论、会计核算方法和会计工作组织。

本书的特点是：编撰求“真”，应用求“实”，创新求“是”，自成体系。

一、编撰求“真”。在编撰本书的过程中，编著者首先认真参阅了国内外同行有关基础会计学的大量论著，学习、借鉴了众家之长；其次，深入到企业、会计师事务所认真调研，熟悉、掌握企业的实际账务处理过程；再次，认真学习会计法、企业会计准则等一系列会计法规；最后，根据企业会计实务，遵照会计法规的要求，结合会计理论的发展，逐字、逐句反复推敲，以便经得起会计实践的检验。

二、应用求“实”。本书以会计核算方法为主线，本着“为用所学、学有所用”的宗旨，再现了企业会计核算的全过程，即“设置会计科目与账户”（第二章）⇨采用“复式记账法”（第三章）⇨对发生的交易或者事项“填制和审核会计凭证”（第四章）⇨根据审核无误的会计凭证“登记账簿”（第五章）⇨根据账簿记录“编制财务报告”（第七章）。全书突出了会计实践，第六章以大量篇幅介绍了产品制造企业资金筹集、生产准备、产品生产、产品销售、资产清查的生产全过程的会计记录。

三、创新求“是”。这里的创新，是指本书除了将会计准则的新变化融入各章之外，还根据会计理论的不断发展和我国会计实务的具体情况，结合编著者长期教学实践和社会实践所形成的独到见解，提出一些新观点、新方法。从会计本质、会计职能、会计目标、会计核算基本前提、会计恒等式、借贷记账法、账户分类等基本理论，到会计核算程序、会计核算方法等的具体应用，都有我们的新见解。求“是”就是不管理论讲得如何，主要看实际“是”什么，因为就会计的产生和发展而言，有些在当时完全正确的理论和方法，随着时间的推移也会显得过时或不确切，如将会计职能分为“核算和监督”两大职能，显然不符合会计还要参与管理的现实情况。我们的原则是：“不唯书，只唯是”；读者“可在对比中见特色，在应用中见所长”。

四、自成体系。自成体系是指本书既介绍了会计学的基本理论，又介绍了会计核算方法，将基本理论、会计核算方法和会计实践紧密结合，形成了完整的基础会计学的理论方法体系。同时，我们又为本书编写了《新编基础会计学模拟实验》，并制作了新编基础会计学线上教学资源，形成了完整的教材体系。

第六版的主要特色有：依据党的二十大报告，增加了课程思政内容，从家国情怀、会计行业国家战略、会计文化自信、法律法规、会计职业道德、会计行为习惯、名人典范等角度融入思政育人元素；增加了数字化课程资源，在第一章至第七章增加了50个知识点精讲视频，每章后配有即测即评题库；根据现行《企业会计准则第14号——收入》，删除了财务费用核算中“企业发生的现金折扣”的内容；结合目前发票电子化进程，将纸质版的专用发票抵扣联和购货发票更新为电子发票和全电发票；更新了会计专业技术资格考试报考条件的内容；根据《关于印发〈会计人员职业道德规范〉的通知》（财会〔2023〕1号）修订了“会计人员职业道德规范”的相关内容；更新了部分法律、法规、部门规章的修订（正）时间及个别内容。

本书是广东省线上线下混合式一流课程“基础会计学”的配套教材，线上课程资源已上线正保云课堂（https：//edu.netinnet.cn）。本书第六版由韩冰副教授、单昭祥教授（曾任“211院校”辽宁大学工商管理学院会计系主任）编著。全书由韩冰副教授设计并负责编写，由单昭祥教授进行修改定稿。本书在撰写过程中得到了学院领导的大力支持，东北财经大学出版社责任编辑为本书的出版付出了大量辛勤劳动，在此一并致以诚挚的谢意。

由于时间有限，书中不足之处在所难免，恳请读者和同行批评指正。联系方式：fall04@163.com，0759-3263879。

编著者
2024年5月

全书逻辑结构

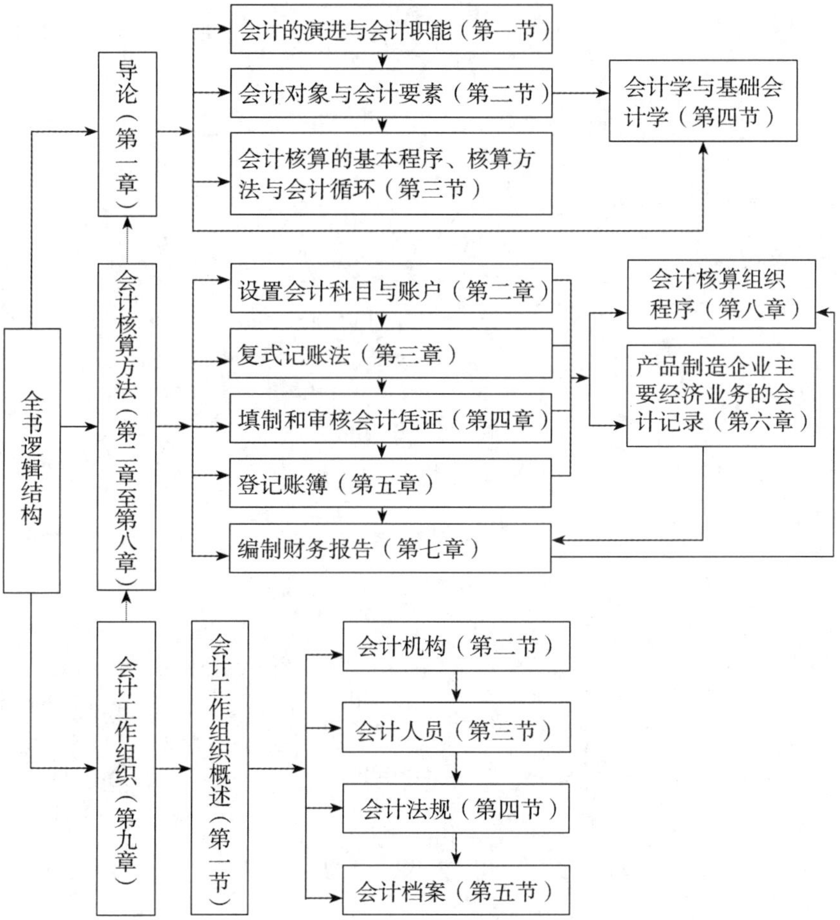
全书逻辑结构
导论（第一章）
会计的演进与会计职能（第一节）
会计对象与会计要素（第二节）
会计核算的基本程序、核算方法与会计循环（第三节）
会计学与基础会计学（第四节）
会计核算方法（第二章至第八章）
设置会计科目与账户（第二章）
复式记账法（第三章）
填制和审核会计凭证（第四章）
登记账簿（第五章）
编制财务报告（第七章）
会计核算组织程序（第八章）
产品制造企业主要经济业务的会计记录（第六章）
会计工作组织（第九章）
会计工作组织概述（第一节）
会计机构（第二节）
会计人员（第三节）
会计法规（第四节）
会计档案（第五节）

全书知识结构

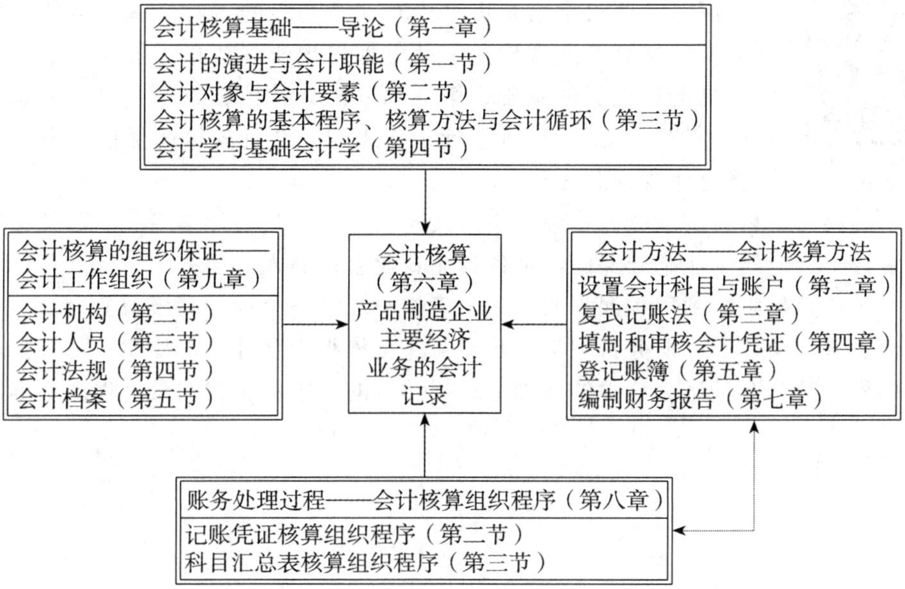

全书共九章，分为三大部分。

第一部分（也就是第一章）是导论，介绍了古代会计、近代会计、现代会计的概念，阐述了如下内容：①会计的本质——会计是一个信息系统，也是一项管理活动（第一节）。②会计能干什么，也就是会计职能——核算和管理（第二节）。③会计核算什么？管理什么？——也就是会计对象与会计要素——资产、负债、所有者权益、收入、费用、利润（第三节）。④如何核算和管理会计要素？也就是会计核算的基本程序、核算方法与会计循环（第三节）。⑤会计学是什么？它与会计本质、会计职能、会计对象有什么关系？基础会计学是什么？（第四节）。

第二部分是会计核算方法。首先，阐述了五个会计核算方法中的前四个方法：设置会计科目与账户（第二章）；复式记账法（第三章）；对发生的交易或者事项，填制和审核会计凭证（第四章）；根据审核无误的会计凭证，登记账簿（第五章）。然后，将四个会计核算方法应用于会计实务——产品制造企业主要经济业务的会计记录（第六章），编制财务报告（第七章）。在五个会计核算方法中，填制和审核会计凭证、登记账簿、编制财务报告是会计核算工作中的三个主要环节，会计凭证、会计账簿、财务报告之间相互联系，密切配合，并以一定的组织程序结合起来，构成了一个完整的会计工作体系，就是会计核算组织程序（第八章）。

第三部分（也就是第九章）是会计工作组织。为了保证会计核算工作高效、有序地进行，就必须对会计工作进行科学的组织。首先要设置会计机构，根据需要设置会计工作岗位（第二节），有了会计工作岗位，就要配备会计人员（第三节），有了会计人员，就要执行会计法规，做好会计工作（第四节），会计工作所产生的会计凭证、会计账簿、财务报告等会计核算专业资料，是记录和反映单位经济业务的重要史料和证据，它们形成了会计档案（第五节）。

各章结构、目标及重难点

初学者要对全书知识结构有一个初步的了解。基础会计学的核心是会计核算。通俗地说，就是如何记账、算账、报账。第一部分导论是会计核算的基础；第二部分是会计核算方法，也就是如何进行会计核算；第三部分会计工作组织是会计核算的保证，全书都是围绕会计核算而展开的。

基础会计学是经济学科、管理学科的共同基础课，是会计学专业、财务管理专业、审计学专业的专业基础课，也是各行业企业会计的入门与基础，基础会计学学得好与坏，直接影响到后续课程的学习。诸如中级财务会计、高级财务会计、成本会计学、管理会计学、财务管理学、政府与非营利组织会计、审计学、财务报表分析等课程，都是在基础会计学的基础上进行学习的。因此，我们没有理由不学好基础会计学。

目　录

第一章　导　论　1
第一节　会计的演进与会计职能　1
第二节　会计对象与会计要素　8
第三节　会计核算的基本程序、核算方法与会计循环　19
第四节　会计学与基础会计学　27
【课堂拓展】　29
【练习题】　30
第二章　设置会计科目与账户　34
第一节　设置会计科目　34
第二节　设置会计账户　37
第三节　会计恒等式　41
【课堂拓展】　45
【练习题】　45
第三章　复式记账法　49
第一节　复式记账法概述　49
第二节　借贷记账法　51
第三节　账户分类　64
【课堂拓展】　70
【练习题】　71
第四章　填制和审核会计凭证　74
第一节　会计凭证概述　74
第二节　原始凭证的填制和审核　83
第三节　记账凭证的填制和审核　87
第四节　会计凭证的传递和保管　94
【课堂拓展】　98
【练习题】　98
第五章　登记账簿　100
第一节　会计账簿概述　100
第二节　账簿的设置与登记　105
第三节　会计账簿的使用规则　123
第四节　会计账簿的更换和保管　129
【课堂拓展】　130
【练习题】　130

第六章 产品制造企业主要经济业务的会计记录 133
第一节 产品制造企业主要经济业务和会计核算的基本前提 133
第二节 资金筹集业务的会计记录 138
第三节 生产准备业务的会计记录 145
第四节 产品生产业务的会计记录 154
第五节 产品销售业务的会计记录 163
第六节 资产清查业务的会计记录 169
第七节 期末账项调整的会计记录 186
第八节 利润的形成及分配业务的会计记录 189
第九节 对账、结账和试算平衡 198
【课堂拓展】 214
【练习题】 215
第七章 编制财务报告 223
第一节 财务报告概述 223
第二节 资产负债表 232
第三节 利润表 242
第四节 现金流量表、所有者权益变动表及会计报表附注 248
【课堂拓展】 250
【练习题】 251
第八章 会计核算组织程序 255
第一节 会计核算组织程序概述 255
第二节 记账凭证核算组织程序 257
第三节 科目汇总表核算组织程序 259
第四节 电算化会计核算组织程序 266
【课堂拓展】 267
【练习题】 267
第九章 会计工作组织 271
第一节 会计工作组织概述 271
第二节 会计机构 273
第三节 会计人员 275
第四节 会计法规 280
第五节 会计档案 285
【课堂拓展】 289
【练习题】 290
附录一 账户按用途和结构的分类 291
附录二 视频二维码资源索引 304

第一章

导　论

第一节　会计的演进与会计职能

会计起源于人类社会的生产活动，是社会生产力和生产关系发展到一定阶段的产物。它是为适应人类社会生产活动的发展和加强经济管理、提高经济效益的客观需要而产生并发展的。

会计的历史源远流长，并形成了专门研究中西方会计产生和发展历史的学科——“会计史”。我们只能粗略地把会计的演变历史人为地划分为古代会计、近代会计和现代会计三个阶段。

一、会计的演进

（一）古代会计

这一阶段是指从奴隶社会的鼎盛时期至15世纪末期的会计。

据考证，从旧石器时代中晚期到奴隶社会鼎盛时期，生产力水平极其低下，人们在生产管理中，还仅凭头脑进行生产数量方面的记录，后来逐渐发展到使用各种符号和标志，如结绳记事、刻木记数等。从会计的角度看，这些简单的计量、记录行为就是会计产生的萌芽。不过，这些原始的计量、记录行为还不是一项独立的工作，而只是生产职能的附带部分，仍然从属于生产过程，即仅仅是在生产之余，附带地把劳动成果、劳动耗费等事项记载下来，并没有专人来进行这项工作，也就是说，还没有产生会计。因此，我们只能把这一时期称为会计的萌芽阶段。

到了奴隶社会的鼎盛时期，随着生产力的不断发展，剩余产品的不断增加，生产活动产生了大量需要进行计量和记录的事项，人们已无法在生产之余附带地完成计量和记录工作。于是，会计从生产职能中分离出来，成为特殊的、专门委托代理人行使的独立职能，会计职业应运而生。

我国远在西周时期，朝廷中就设立了会计机构和专门的官职——司会，专门核算周王朝的财物税赋，并对财物的收支进行“月计岁会”。“计”就是零星算之，“会”就是总合算之。

到了秦朝，出现了用竹筒木牌刻写的称为“籍书”或“簿书”的账册，并且采用“入”“出”等记账符号来反映各种经济收支事项。

至唐宋时期，我国的农业、手工业和商业空前繁荣。随着经济的进一步发展，会计核算方法也发展到更高的程度。在官厅中，官吏办理钱粮的报销和移交手续，开始编造“四柱清册”，具体地清算财物收支结存并交代经管财物的责任。所谓“四柱”，即“旧管、新收、开除和实在”。“四柱”之间的关系如下：

旧管+新收-开除=实在

这相当于现在的“期初结存+本期收入-本期支出=期末结存”。当时就是通过“四柱”的基本公式进行结账，称为“四柱结算法”，并逐渐运用于民间商业活动之中。

明末清初，出现了更加适用于民间商业核算，可以用来核算盈亏，具有复式记账思想的“龙门账”。龙门账将全部账目划分为“进、缴、存、该”四大类（相当于现在会计中的全部收入、全部支出、全部资产、所有者权益和负债）。“进”与“缴”相减得到盈亏，“存”与“该”相减得到增加的业主权益，并利用“进-缴=存-该”的平衡公式，验证账目处理的正确性。这一过程就叫作“合龙门”。龙门账因此而得名。继龙门账之后，又出现了“四脚账”，即现金业务和转账业务都分为“来账”和“去账”两个脚，总共四脚。四脚账要求全部交易或者事项都要记录“来账”和“去账”，全面反映交易或者事项的来龙去脉。

这一阶段，至少经历了2 000多年的时间。

“会计”一词，在我国源于《孟子正义》一书，书中称“零星算之为计，总合算之为会”。这就是会计的最初含义。我们将这一阶段称为古代会计，是指采用单式簿记，对某一特定主体的经济活动进行记录、计算和考核收支的工作。

（二）近代会计

这一阶段是指从15世纪末期至20世纪50年代。

正当我国处于漫长的封建社会，整个社会以农业经济为主时，13世纪到15世纪地中海沿岸的一些城市是世界贸易的中心，其中，意大利的佛罗伦萨、热那亚、威尼斯等地的商业和金融业特别繁荣。在佛罗伦萨的银行账簿中，已经开始用“借主”“贷主”来登记其债权债务项目，这成为日后借贷记账法中的记账符号。佛罗伦萨银行采用的记账方法是复式记账法的萌芽。1494年，意大利传教士、数学家卢卡·帕乔利（Luca Pacioli）在威尼斯出版了一部耗费他30年心血的世界名著——《算术、几何、比及比例概要》。在这部巨著中，他系统地总结和论述了借贷复式记账原理及其运用，奠定了复式记账法的理论基础，标志着近代会计的开端，成为会计发展史上的一个里程碑。复式记账法先后传至世界各国，于清朝末年传入我国，并逐渐在理论上和技术上得到了不断的发展和完善。德国诗人歌德曾对复式簿记赞美道：“它是人类智慧的一种绝妙创造，以至于每一个精明的商人在他的经济事业中都必须应用它。”

从单式记账法过渡到复式记账法，是近代会计形成的标志。因此，近代会计是采用复式记账方法，以货币为主要计量单位对特定主体的交易或者事项进行连续、系统、全面的核算与监督，为特定主体的内外部经济利益相关者提供以财务信息为主的经济信息系统。

（三）现代会计

这一阶段是指从20世纪50年代至现在。

20世纪中叶，西方资本主义世界生产力迅猛发展，跨国公司大量涌现，企业竞争空前激烈，除了要求企业不断对外拓展市场外，还要不断加强内部管理，做好预测、决策、规划、控制、分析、考评和监督等一系列经济管理工作。传统会计为了适应这种管理上的需要，其内部发生了分化，形成了主要为企业外部经济利益相关者服务的财务会计和主要为企业内部经营管理服务的管理会计，这被认为是现代会计的开端。随着计算机技术、网络技术和通信技术的迅猛发展，现代数学、现代管理学与会计相结合，会计的内涵及外延都在不断地丰富和发展，在财务会计与管理会计的基础上，又形成了其他许多分支，如电算化会计、财务管理、审计学等。这样，比较完善的现代会计就逐步形成了。

至于什么是现代会计，一直没有一个大家都认可的统一的概念，其主要原因在于，人们对会计本质的认识不同。所谓会计本质是指会计本身所固有的，决定会计性质、面貌和发展的根本属性。不同的会计本质对应着不同的会计含义。针对会计本质问题所展开的理论研究，是20世纪以来会计理论研究中争论最集中且分歧最大的一个方面，至今仍没有定论。最具有代表性的主要观点有“信息系统论”和“管理活动论”。简单地说，信息系统论认为，会计的本质是一个以提供财务信息为主的经济信息系统。管理活动论则认为，会计的本质是一项以提高经济效益为目的的经济管理活动。

我们认为，在会计产生、发展和完善的历史进程中，会计的本质也在不断地发生变化。在古代会计阶段，会计的本质仅仅是为朝廷的各个职能部门或商业、手工业等单位业主服务的一种计算技术和管理工具。在近代会计阶段，会计的本质则演变为提供以财务信息为主的经济信息系统。通俗地说，会计主要就是记账、算账、报账，附带地对经济活动的合法性、合规性进行监督。到了现代会计阶段，会计的本质不仅仅是以提供财务信息为主的经济信息系统，同时也是一项管理活动。也就是说，会计除了记账、算账、报账之外，也要用账，即直接参与特定主体的经济管理活动。“信息系统论”和“管理活动论”并不是非此即彼、互不相容的，而是可以同处于一个会计系统之中的。鉴于此，我们对现代会计的定义是：现代会计是以货币为主要计量单位，运用一系列专门方法和技术，对特定主体的经济活动，进行连续、系统、全面的核算、监督，为特定主体内外部经济利益相关者提供以财务信息为主的经济信息系统，并在此基础上对经济活动进行预测、决策、规划、控制、分析、考评的一项经济管理活动。

会计经历了一个由简单到复杂、由低级到高级的不断发展和完善的过程。古代会计、近代会计、现代会计是会计形成和发展的三大阶段，不可能用一个笼统的“会计”含义比较准确地涵盖不同阶段会计的本质、职能、对象、目标及特点。随着经济的发展和生产管理水平的不断提高，会计概念本身也在不断发展和完善。不言而喻：“经济越发展，会计越重要；经济越发展，会计越完善。”

二、会计职能

（一）交易、事项与会计职能的概念

1.交易、事项

会计职能的内容涉及交易、事项，而交易、事项概念又涉及“经济活动”“经济业务”两个概念。为了更好地掌握会计职能的内容，先介绍以下几个概念。**“经济活动”**（economic activity），是指在一定的社会组织与秩序之下，人类为了求生存而经由劳动过程或支付适当代价以取得及利用各种生活资料的一切活动（包括人们从事物质生产及其相应的交换、分配和消费活动）。**“经济业务”**，也称**“会计事项”**，是指企业在日常活动或非日常活动中发生的，引起会计六要素增减变动的经济活动的具体内容。经济业务包括交易和事项两类，**交易**是指企业与其他主体之间发生的往来经济业务，例如，购进存货、销售商品、借入资金、对外投资等。**事项**是指企业内部发生的经济业务，例如，生产车间领用材料、计提资产减值准备等。本书对“经济业务”“会计事项”“交易或者事项”不加区别，但依据《企业会计准则——基本准则》，将其统称为“交易或者事项”。

2.会计职能

会计职能是指会计作为一个信息系统和一项经济管理活动所具有的功能或能够发挥的作用。也就是说，会计能干什么。会计职能是会计本质的具体化。会计职能会随着生产力水平的提高、科学技术的进步、管理水平的改进以及人们对会计认识的深化而发展变化，但就一定阶段来说，会计职能还是相对稳定的。

关于现代会计职能有多种提法，一种提法是“核算”与“监督”两职能论，这是近代会计的职能，一直被延续到现在，实际上已经过时了。目前，财政部组织编写的《初级会计实务》考试大纲中将会计职能定义为，基本职能——核算、监督；拓展职能——预测经济前景、参与经济决策、评价经营业绩。实际上是五职能论。还有一种观点是八职能论：核算经济业务、监督经济活动、预测经济前景、参与经济决策、规划（预算）经济目标、控制经营过程、分析经济状况、考评经营业绩。我们将其概括为三大职能：核算、管理、监督。其他一些提法，基本都在八职能之内。

我们认为，在古代会计、近代会计、现代会计这三个会计发展阶段中，会计职能由单一的核算职能发展到核算与监督两项职能，再发展到现在的核算、管理与监督三项职能。也就是说，现代会计的职能应概括为“核算”、“管理”与“监督”三项职能，其中“管理”包括预测经济前景、参与经济决策、规划经济目标、控制经营过程、分析经济状况、考评经营业绩。

（二）会计核算职能、会计管理职能、会计监督职能

1.会计核算职能

会计核算职能又称**会计反映职能**，是指对企业已经发生的交易或者事项，主要以价值量的形式，进行确认、计量、记录和报告的功能。会计核算职能一直是会计的最主要职能，但随着财务数智化的飞速发展，会计职能正在逐渐由以会计核算为

主向以会计管理为主转化。

会计核算具有以下特征：

（1）会计核算主要是对已经发生的交易或者事项，以有关凭证为依据所进行的事后反映。

会计核算只有在交易或者事项发生之后，才能取得该项交易或者事项完成的书面凭证，形成会计核算的初始资料，说明交易或者事项的来龙去脉，保证会计核算所提供的信息真实可靠。因此，会计核算主要是面向过去，而不是未来。

（2）会计核算主要从价值量上反映企业会计要素增减变动及其结存情况。

虽然会计核算可以采用三种量度：货币量度、实物量度和劳动量度，从数量上反映会计要素的增减变动及结存情况，但是在商品经济条件下，主要以货币量度为主，将实物量度和劳动量度作为辅助量度。

（3）会计核算具有连续性、系统性、全面性。

所谓**连续性**是指对交易或者事项按照发生时间的先后顺序，逐笔、逐日、逐月、逐年地进行确认、计量和记录，不能间断。所谓**系统性**是指对会计对象在科学分类的基础上，采用专门的方法和技术，对会计信息进行加工处理，使所提供的数据资料能够成为一个有序的整体。所谓**全面性**是指凡是属于会计核算的各项交易或者事项，都必须毫无遗漏地加以确认、计量和记录。

与履行会计核算职能有关的课程将在基础会计学、中级财务会计、高级财务会计、金融企业会计、政府与非营利组织会计等课程中进一步学习。

2.会计管理职能

会计管理职能是指会计按照一定的目的和要求，主要利用会计核算所提供的信息，对企业的经济业务进行预测、决策、规划、控制、分析、考评，使其达到预期目标的功能。会计管理具有以下特征：

（1）会计管理内容包括：预测经济前景、参与经济决策、规划经济目标、控制经营过程、分析经济状况、考评经营业绩。（有关内容在后续课程中学习）

（2）会计管理包括：事前、事中、事后的管理。事前管理是指预测经济前景、参与经济决策、规划经济目标；事中管理是指控制经营过程；事后管理是指分析经济状况、考评经营业绩。

（3）会计管理主要是利用会计核算职能提供的“价值”指标进行的价值管理，即利用资产、负债、所有者权益、收入、费用、利润等价值指标，组织、管理企业的经济活动。

与履行会计管理职能有关的课程将在成本会计学、管理会计学、财务管理学、财务报告分析、内部控制、公司战略与风险管理、高级财务管理、投资学等课程中学习。

3.会计监督职能

会计监督职能是指对企业的经济活动的真实性、合法性、合理性、合规性或风险性进行评估、检查、督促和审计的功能。会计监督具有强制性和严肃性。会计监督具有以下特征：

(1) 会计监督包括事前、事中和事后监督。所谓**事前监督**，就是在经济活动还没有进行时，就对经济活动的合法性、合理性、合规性或风险性进行的评估；事中监督，是指在经济活动进行中，对经济活动的合理性、合法性、合规性或风险性进行的检查与督促；事后监督是指在经济活动结束后，对经济活动的真实性、合法性、合规性、完整性、正确性进行的审计。

(2) 会计监督是以会计法律规范为依据的监督。这里的**会计法律规范**是指国家权力机关和行政机关制定的，用以调整会计关系的各种法律、法规、规章等规范性文件的总称。实施会计监督时，凡是不符合会计法律规范的经济活动，都要加以限制或制止。

(3) 会计监督主要是对会计核算职能和会计管理职能提供的“价值”指标所进行的监督。会计监督的核心是保证会计核算真实、合法、合理、合规、完整、正确，会计管理合法、合理、合规。

与履行会计监督职能有关的主要课程将在审计学（审计学专业将在审计学原理、社会审计、内部审计、政府审计、计算机审计）、经济法、税法、统计学等课程中学习。

(三) 两点说明

1.会计管理的含义

关于“会计管理”，有两种含义：一是指国家及地方各级财政部门对会计行政工作的管理，简称“**会计管理**”，包括对会计工作、会计法制、会计准则、审计准则、内部控制、会计鉴证、财务数智化、会计人员继续教育、会计人才队伍建设、会计理论研究等会计行政工作的组织、领导。二是指会计主体直接对会计业务工作的管理，也简称为“**会计管理**”。上述会计管理职能显然是指后者，即通过预测、决策、规划、控制、分析、考评等职能实现战略管理、风险管理、预算管理、运营管理、成本管理、投融资决策管理、绩效管理等方面会计业务工作的管理。本书以后涉及的会计管理职能，均指对会计业务工作的管理。

2.财务数智化的发展，进一步促进了会计职能的转变

目前，无论是教科书，还是会计人员，几乎都认为会计职能是“核算”与“监督”，依据的是《中华人民共和国会计法》（以下简称《会计法》）第五条：“会计机构、会计人员依照本法规定进行会计核算，实行会计监督。”他们就误认为会计的职能只是核算与监督。《会计法》只是说“依照本法规定进行会计核算，实行会计监督”，而没有说“会计职能是进行会计核算，实行会计监督”。也就是说，《会计法》只规范了如何进行会计核算与监督，没有规范核算与监督以外的会计工作。这种观点一是没有看到《会计法》只是对会计核算与监督的规范，就误认为是对全部会计工作的规范；二是受传统会计观念的影响，以为会计就是记账、算账、报账，而忽略了会计的用账作用。这显然是过时的提法，已不符合现代会计的实际情况。

党的二十大报告指出“推动制造业高端化、智能化、绿色化发展”。财政部在

《会计改革与发展“十四五”规划纲要》之“十四五”时期会计改革与发展的主要任务中明确提出：“切实加快会计审计数字化转型步伐”和“大力推动会计职能拓展”。财政部在《关于全面推进管理会计体系建设的指导意见》中明确提出：“鼓励大型企业和企业集团充分利用专业化分工和信息技术优势，建立财务共享服务中心，加快**会计职能**从重核算到重管理决策的拓展，促进管理会计工作的有效开展。”可见会计管理职能已经是不争的事实。尤其是财务数智化的发展，进一步促进了会计职能的转变。

首先，财务数智化彻底改变了会计工作者的处理工具和手段。由于大量的核算工作实现自动化，会计人员的工作重点将从事后记账、算账、报账转向事前预测、决策、规划（也可称为“计划”或“预算”），事中控制，事后分析、考评的一种全新的管理模式。

其次，在财务数智化环境下，会计人员要承担企业内部管理员的职责。随着外部客户对会计信息需求的增长，会计人员应及时地向外传递会计信息，为债权人、投资者、供应商和客户、政府管理部门等一切会计委托和受托者负责披露会计信息，提供职业化的会计和财务的咨询服务。

最后，在财务数智化环境下，会计人员不再仅仅是客观地反映会计信息，而是应使会计信息增值和创造更高的效能。会计人员利用会计管理职能参与企业预测、决策、规划、控制、分析、考评，将注意力更多地集中到会计管理工作而不是提供会计和财务数据。换言之，未来的会计师将是企业经理的最佳候选人之一。会计职能正逐渐由以会计核算为主向以会计管理职能为主转化。

（四）会计核算职能、会计管理职能、会计监督职能的关系

1.会计核算职能、会计管理职能、会计监督职能的对象相同

会计核算职能、会计管理职能与会计监督职能的对象都是社会再生产过程中主要以货币表现的经济活动，也就是再生产过程中的资金（本）运动，具体化为资产、负债、所有者权益、收入、费用、利润，简称会计六要素。

视频 1-1

会计的演进与会计职能

2.会计核算职能、会计管理职能、会计监督职能的侧重点不同

会计核算职能侧重于对会计对象的核算，即对会计对象进行确认、计量、记录和报告。会计管理职能则侧重于对会计对象的管理，即对会计对象进行预测、决策、规划、控制、分析、考评的一系列管理。会计监督职能则侧重于对会计对象的监督，即对经济活动（包括会计核算、会计管理）的合法性、合理性、合规性或风险性进行评估、检查、督促和审计。

3.会计核算职能、会计管理职能、会计监督职能紧密结合，相辅相成

会计核算职能是会计管理职能和会计监督职能的基础，没有会计核算，会计管理和会计监督就没有客观依据，也就无法进行会计管理和会计监督。只有在对交易或者事项进行正确核算的基础上，才能提供会计管理和会计监督所需要的有用信息。会计管理职能是会计核算职能和会计监督职能的拓展，没有会计管理，就没有

经济活动的正常进行，企业最终获利的目标就无法实现，会计核算和会计监督只能流于形式。会计监督职能又是会计核算职能和会计管理职能的保证，没有会计监督，就不能保证交易或者事项按规定的要求进行，就不可能提供真实、可靠的会计信息，也就失去了会计核算的作用，会计管理也就无法正常进行。因此，会计核算职能、会计管理职能、会计监督职能紧密结合，相辅相成，形成一个完整的会计职能体系。

第二节 会计对象与会计要素

我们已经知道，会计职能是“核算”、“管理”与“监督”，那么，会计核算、管理、监督什么呢？那就是会计对象与会计要素。

一、会计对象

视频 1-2

会计对象与会计要素

会计对象就是会计所要核算、管理和监督的内容，即会计的客体。**企业会计对象**就是社会再生产过程中主要以货币表现的经济活动，也就是企业再生产过程中的资金运动。企业会计对象不是社会再生产过程中的全部经济活动，而是其中能用货币表现的方面。

以产品制造业为例，其生产经营过程顺次经过供应过程→生产过程→销售过程，企业资金伴随着实物运动，从货币资金开始，顺次经过储备资金→生产资金→成品资金，最后又回到货币资金，我们把这一资金运动过程称为**资金循环**。周而复始地不断循环，称为**资金周转**。会计就是要反映这一过程的资金运动。上述资金运动过程，如图 1-1 所示。

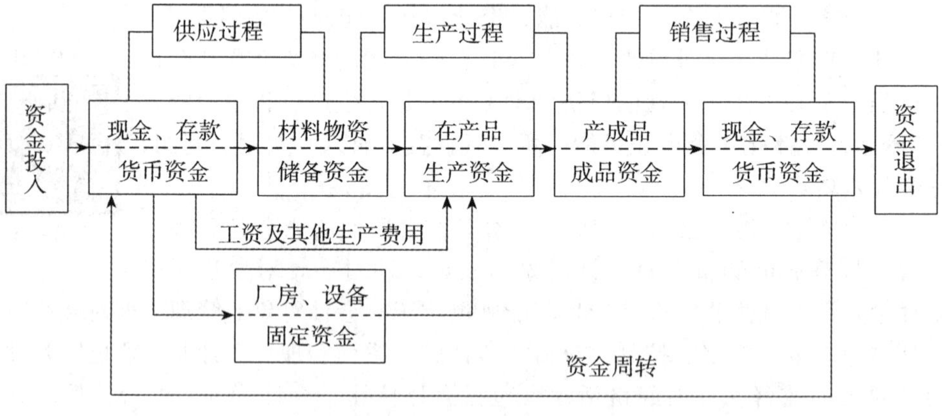

图 1-1 产品制造业资金运动过程

将上述资金运动进行细致描述即可看出：企业的资金在企业再生产过程的不同阶段表现为不同的占用项目，如现金、银行存款、材料物资、厂房设备、在产品、产成品等。通常将这些占用项目统称为“**资产**”。这些项目的外部资金来源不外乎两个渠道：一是由债权人提供的，称为“**负债**”；二是由投资者投入的，称为“**所有者权益**”。企业销售产品取得的货币资金，是企业运用资金取得的成果，称为

“**收入**”。而企业为取得收入而耗费资产的货币数额，称为“**费用**”。收入大于费用的数额，即企业运用资金取得的增值额，称为“**利润**”。上述资产、负债、所有者权益、收入、费用、利润就是企业会计对象的具体化，称为会计要素。

二、会计要素

会计要素是指对企业会计对象按照交易或者事项的经济特征所作的基本分类，具体划分为资产、负债、所有者权益、收入、费用和利润六要素，分述如下：

（一）资产

1.资产的定义

资产是指企业过去的交易或者事项形成的、由企业拥有或者控制的、预期会给企业带来经济利益的资源。

视频 1-3

会计要素：资产

所谓经济利益是指直接或间接地流入企业的现金或现金等价物。资产预期会给企业带来经济利益，是指资产具有直接或间接导致现金或现金等价物流入企业的潜力。这种潜力可以来自企业日常的生产经营活动，也可以来自非日常生产经营活动，带来的经济利益可以是现金或者现金等价物，也可以是能转化为现金或现金等价物的其他资产，或者是可以减少现金或者现金等价物流出的形式。

资产预期能为企业带来经济利益是资产的重要特征，如果某一项目预期不能给企业带来经济利益，就不能将其确认为企业的资产。前期已经确认为资产的项目，如果不能再为企业带来经济利益，也不能继续确认为企业的资产。例如，企业在进行资产清查时，将毁损的原材料记入“待处理财产损溢”，并在资产负债表流动资产项目中以“待处理财产损溢”予以反映，就是不正确的。因为“待处理财产损溢”预期不能为企业带来经济利益，因此，不应在资产负债表中确认为一项资产。

2.资产的确认条件

一项资源确认为资产，除符合资产定义之外，还应同时满足以下两个条件：

（1）与该资源有关的经济利益很可能流入企业。

从资产的定义来看，能否带来经济利益是资产的一个本质特征，但在现实生活中，由于经济环境瞬息万变，与资源有关的经济利益能否流入企业或者能够流入多少，实际上带有不确定性。因此，资产的确认应当与对经济利益流入的不确定性程度的判断结合起来。如果根据编制财务报表时所取得的证据，与该资源有关的经济利益很可能流入企业，那么就应当将其作为资产予以确认；反之，不能将其确认为资产。例如，企业赊销形成了对客户的应收账款，由于企业最终收到款项与销售实现之间有时间差，而且收款又在未来期间，因此，带有一定的不确定性。如果企业在销售时判断未来很可能收到款项或者能够确定收到款项，企业就应当在销售实现时点将应收账款确认为一项资产。反之，对于形成的应收账款，如果企业判断很可能部分或者全部无法收回，则表明该部分或者全部应收账款已经不符合资产的确认条件，企业应当对应收账款计提一项坏账准备，减少资产价值。

（2）该资源的成本或者价值能够可靠地计量。

可计量性是所有会计要素确认的重要前提。只有当有关资源的成本或价值能够可靠地计量时，资产才能被确认。例如，某企业是一家咨询服务企业，人力资源丰富，而且这些人力资源都很有可能为企业带来经济利益，但是，人力资源的成本或者价值往往无法可靠地计量。这样，人力资源就不能确认为企业的一项资产。

因此，关于资产的确认，在编制资产负债表时，除了应当符合定义外，还必须满足上述两个条件，才能将其确认为一项资产。只符合资产定义，不符合资产确认条件的，不能在资产负债表中确认为一项资产。

3.资产的分类

资产按其流动性不同，分为流动资产和非流动资产。

流动资产是指预计在1年内（含1年）或超过1年的一个营业周期内变现、出售或耗用，或者主要为交易目的而持有的资产，以及交换其他资产或清偿负债的能力不受限制的现金或现金等价物，主要包括库存现金、银行存款、其他货币资金、交易性金融资产、应收票据、应收账款、预付账款、应收股利、应收利息、其他应收款、在途物资、原材料、库存商品、委托加工物资、周转材料等。

（1）**库存现金**，是指存放于企业财会部门、由出纳人员经管的现款，即各种纸币、硬币。库存现金主要用于支付企业日常发生的小额、零星的支出。

（2）**银行存款**，是指企业存入银行或其他金融机构的各种款项。银行存款主要用于偿还债务、支付购买财产物资所需款项、缴纳税款、支付各种费用等。

（3）**其他货币资金**，是指银行汇票存款、银行本票存款、信用卡存款、信用证保证金存款、存出投资款、外埠存款等。具体内容将在“中级财务会计”课程中学习。

库存现金、银行存款、其他货币资金通常统称为“货币资金”。

（4）**交易性金融资产**，是指企业分类为以公允价值计量且其变动计入当期损益的金融资产，包括为交易目的所持有的股票、基金、可转换债券等和直接指定为以公允价值计量且其变动计入当期损益的金融资产。

（5）**应收票据**，是指在采用商业汇票结算方式下，企业因销售商品、提供劳务而收到的商业汇票，包括银行承兑汇票和商业承兑汇票。其中：银行承兑汇票是以购货方或接受劳务单位的开户银行为承兑人（即承诺到期兑付欠款）的一种商业汇票；商业承兑汇票是以购货方或接受劳务单位为承兑人的一种商业汇票，商业汇票必须经承兑后方可生效。

（6）**应收账款**，是指企业因赊销商品、提供劳务等经营活动应向购货方或接受劳务单位收取的款项，主要包括企业销售商品、提供劳务等应向债务人收取的价款、增值税销项税额及为购货方代垫的包装费、运杂费等。

（7）**预付账款**，是指企业按照合同规定预付的款项，如预付的购货款、在建工程预付的工程价款、预付财产保险费等。

（8）**其他应收款**，是指企业除应收票据、应收账款、预付账款、应收股利、应收利息、长期应收款等以外的各种应收暂付款项，如应收取的各种赔款和罚款、为企业职工垫付的各种款项等。

（9）**在途物资**，是指企业购入的尚未运达企业或者已经运达企业但尚未验收入库的企业已经拥有所有权的各种物资。

（10）**原材料**，是指企业库存的为生产产品或一般耗用的各种物资，包括原料及主要材料、辅助材料、外购半成品（外购件）、修理用备件（备品备件）、包装材料、燃料等。

（11）**库存商品**，是指企业库存的用于销售，以获得收入的各种商品，包括库存产成品、外购商品、存放在门市部准备出售的商品、发出展览的商品以及寄存在外的商品等。

通常将在途物资、原材料、在产品、库存商品等统称为“**存货**”。

流动资产的其他内容将在“中级财务会计”课程中学习。

非流动资产，是指流动资产以外的资产，主要包括债权投资、长期股权投资、投资性房地产、长期应收款、固定资产、在建工程、工程物资、无形资产、商誉、长期待摊费用、递延所得税资产等。

（12）**固定资产**，是指企业为生产商品、提供劳务、出租或经营管理而持有的，使用寿命超过一个会计年度的有形资产，如房屋、建筑物、机器设备、运输工具、大型工具及器具等。企业购置或建造固定资产的目的是“使用”而不是“销售”。

（13）**在建工程**，是指固定资产基建、安装、技术改造以及大修理等工程。

（14）**工程物资**，是指企业为在建工程准备的按成本计价的各种物资，包括工程用材料、尚未安装的设备以及为生产准备的工器具等。

（15）**无形资产**，是指企业拥有或控制的没有实物形态的可辨认非货币性资产，包括专利权、非专利技术、商标权、著作权、土地使用权等。

非流动资产的其他内容将在“中级财务会计”课程中学习。

（二）负债

1.负债的定义

负债是指企业过去的交易或者事项形成的、预期会导致经济利益流出企业的现时义务。

视频 1-4

会计要素：负债

其中，**现时义务**是指企业在现行条件下已承担的义务。未来发生的交易或事项形成的义务，不属于现时义务，不应当确认为负债。这里所指的义务可以是法定义务，也可以是推定义务。**法定义务**是指具有约束力的合同或者法律、法规规定的义务，通常必须依法执行。例如，企业购买原材料形成的应付账款，企业向银行贷入款项形成的借款，企业按照税法规定应当缴纳的税款等，均属于企业承担的法定义务，需要依法予以偿还。**推定义务**是指根据企业多年来的习惯做法、公开的承诺或者公开宣布的政策而导致企业将承担的责任，这些责任也使有关各方形成了企业将履行义务解脱责任的合理预期。例如，某企业多年来有一项销售政策，对于售出商品提供一定期限内的售后保修服务，预期将为出售商品提供的保修服务就属于推定义务，应当将其确认为一项负债。

2.负债的确认条件

一项现时义务确认为负债，除符合负债的定义之外，还应当同时满足以下两个条件：

（1）与该义务有关的经济利益很可能流出企业。

鉴于履行义务所需流出的经济利益带有不确定性，尤其是与推定义务相关的经济利益通常需要依赖于大量的估计，因此，负债的确认应当与对经济利益流出的不确定性程度的判断结合起来。如果有确凿证据表明，与现时义务有关的经济利益很可能流出企业，就应将其作为负债予以确认；反之，如果企业承担了现时义务，但是，导致经济利益流出企业的可能性已不复存在，就不符合负债的确认条件，就不应将其作为负债予以确认。例如，企业由于赊购材料形成一笔应付账款，由于供应方破产，并已清算完毕，债权人已不复存在，该项现时义务已不会导致经济利益流出企业，在资产负债表日就不应再将其确认为负债，而应转为营业外收入。

（2）未来流出经济利益的金额能够可靠地计量。

负债的确认也需要符合可计量性的要求，即对于未来流出的经济利益的金额应当能够可靠地计量。对于与法定义务有关的经济利益流出金额，通常可以根据合同或者法律规定的金额予以确定，考虑到经济利益的流出一般发生在未来期间，有时未来期间的时间还很长，在这种情况下，有关金额的计量通常需要考虑货币时间价值等因素的影响。对于与推定义务有关的经济利益流出金额，企业应当根据履行相关义务所需支出的最佳估计数进行估计，并综合考虑有关货币时间价值、风险等因素的影响。

因此，关于负债的确认，在编制资产负债表时，除了应当符合定义外，还必须满足上述两个条件，才能将其确认为一项负债。只符合定义，不符合确认条件的，不能在资产负债表中确认为一项负债。

3.负债的分类

负债按其流动性不同，分为流动负债和非流动负债。

流动负债是指预计在1年内（含1年）或超过1年的一个营业周期内清偿，或者主要为交易目的而持有的负债，主要包括短期借款、应付票据、应付账款、预收账款、合同负债、应付职工薪酬、应交税费、应付股利、应付利息、其他应付款等。

（1）**短期借款**，是指企业向银行或其他金融机构等借入的期限在1年以下（含1年）的各种借款。

（2）**应付票据**，是指企业因购买材料、商品和接受劳务供应等开出、承兑的商业汇票，包括银行承兑汇票和商业承兑汇票。

（3）**应付账款**，是指企业因购买材料、商品和接受劳务供应等经营活动应支付的款项，包括购买材料、商品的买价、增值税进项税额和供应单位代垫的运杂费。

（4）**预收账款**，是指企业按照合同规定预收的款项，如企业预收出租包装物以及固定资产的租金。

（5）**应付职工薪酬**，是指企业为获得职工提供的服务或解除劳动关系而给予的各种形式的报酬或补偿。企业提供给职工配偶、子女、受赡养人、已故员工遗属及其他受益人等的福利，也属于职工薪酬。

（6）**应交税费**，是指企业按照税法规定应缴纳的除印花税以外的各种税费，包括增值税、消费税、所得税、资源税、土地增值税、城市维护建设税、房产税、城镇土地使用税、车船税、教育费附加、矿产资源补偿费等。

（7）**应付利息**，是指企业按照合同约定应支付的期限不超过1年的利息，包括吸收存款、分期付息到期还本的长期借款、企业债券等应支付的利息。

（8）**应付股利**，是指企业根据董事会或股东大会，或者类似机构决议确定应分配给投资者的投资报酬，包括现金股利或利润。

（9）**其他应付款**，是指企业除应付票据、应付账款、预收账款、应付职工薪酬、应交税费、应付利息、应付股利以外的其他各项应付、暂收款项，如应付租入包装物租金、存入保证金等。

（10）**合同负债**，是指企业已收或应收客户对价而应向客户转让商品的义务。

流动负债的其他内容将在“中级财务会计”课程中学习。

非流动负债是指流动负债以外的负债，主要包括长期借款、应付债券、长期应付款、专项应付款、递延所得税负债等。

（11）**长期借款**，是指企业向银行或其他金融机构等借入的期限在1年以上的各项借款。

非流动负债的其他内容将在“中级财务会计”课程中学习。

（三）所有者权益

1.所有者权益的定义

视频1-5

会计要素：所有者权益

所有者权益是指企业资产扣除负债后所有者享有的剩余权益，即在数量上：

所有者权益=资产-负债

公司的所有者权益又称为**股东权益**。所有者权益的来源包括所有者投入的资本、直接计入所有者权益的利得或损失、留存收益等。其中，所有者投入的资本是指所有者投入企业的资本部分，它既包括构成企业注册资本或者股本部分的金额，又包括投入资本超过注册资本或者股本部分的金额，即资本溢价或者股本溢价，这部分资本在我国企业会计准则体系中被计入了资本公积，并在资产负债表中的“资本公积”项目下反映。直接计入所有者权益的利得和损失在本节的（四）、（五）中介绍。留存收益是企业历年实现的净利润留存于企业的部分，主要包括累计计提的盈余公积和未分配利润。

所有者权益具有以下特征：

（1）所有者投资可供企业长期使用，除非企业发生减资、清算，否则，企业不需要偿还所有者投资。

（2）所有者权益反映的是所有者与企业的产权关系，表明了所有者对企业资产减去负债之后的差额（称为“**净资产**”）的所有权、参与企业的利润分配权。

2.所有者权益确认的条件

所有者权益体现的是所有者在企业中的剩余权益，是企业资产减去负债之后的净额，因此，所有者权益的确认主要依赖于其他会计要素，尤其是资产和负债的确认，所有者权益金额的确定也主要取决于资产和负债的计量。例如，企业接受投资者投入的资产，在该资产符合企业资产确认条件时，就相应地符合了所有者权益的确认条件。

3.所有者权益包括的内容

所有者权益包括实收资本（或股本）、资本公积、其他综合收益、盈余公积和未分配利润。

（1）**实收资本（或股本）**，是投资者按照企业章程或合同、协议的规定，实际投入企业的资本。在股份制企业，该项目称为股本。它是企业承担民事责任的财力保证。

（2）**资本公积**，是指企业收到投资者出资超过其在注册资本或股本中所占份额的部分（称为“**资本溢价**”，股份制企业称为“**股本溢价**”），以及部分计入所有者权益的利得和损失。

（3）**其他综合收益**，是指企业根据其他会计准则规定未在当期损益中确认的各项利得和损失，主要包括其他债权投资和其他权益工具投资的公允价值变动额等。

（4）**盈余公积**，是指企业从税后利润中提取的各种积累，包括法定盈余公积、任意盈余公积两部分。

（5）**未分配利润**，是指企业实现的净利润经过弥补亏损、提取盈余公积和向投资者进行利润分配后留存在企业的、留待以后年度继续分配的利润。通常将盈余公积和未分配利润合称为留存收益。

资产、负债、所有者权益统称为资产负债表要素，其内容汇总见表1-1。

表1-1 **资产、负债、所有者权益包括的内容**

资产	流动资产	库存现金、银行存款、其他货币资金、交易性金融资产、应收票据、应收账款、预付账款、应收股利、应收利息、其他应收款、在途物资、原材料、库存商品、周转材料、委托加工物资等
	非流动资产	债权投资、长期股权投资、投资性房地产、长期应收款、固定资产、在建工程、工程物资、无形资产、商誉、长期待摊费用、递延所得税资产等
负债	流动负债	短期借款、交易性金融负债、应付票据、应付账款、合同负债、预收账款、应付职工薪酬、应交税费、应付股利、应付利息、其他应付款等
	非流动负债	长期借款、应付债券、长期应付款、专项应付款、递延所得税负债、预计负债等
所有者权益	实收资本（或股本）、资本公积、其他综合收益、盈余公积、未分配利润。其中：盈余公积和未分配利润统称为留存收益	

（四）收入

1.收入的定义

视频 1-6

会计要素：收入

收入是指企业在日常活动中形成的、会导致所有者权益增加的、与所有者投入资本无关的经济利益的总流入。

其中：日常活动是指企业为完成其经营目标所从事的经常性活动以及与之相关的活动。例如，工业企业购买原材料，制造并销售产品，出租包装物、固定资产等，均属于企业的日常活动。非日常活动所形成的经济利益的流入不能确认为收入。由此可以看出，收入是狭义的收入。

2.收入确认的条件

收入的确认除了应当符合定义外，还应当满足下列条件：

（1）与收入相关的经济利益很可能流入企业。

（2）经济利益流入企业的结果导致企业资产的增加，或负债的减少，或二者兼而有之。

（3）经济利益的流入额能够可靠计量。

3.利得

如果将收入定义中的“日常活动”改为“非日常活动”，就是利得的定义。

利得是指由企业非日常活动形成的、会导致所有者权益增加的、与所有者投入资本无关的经济利益的流入，包括直接计入所有者权益的利得和直接计入当期利润的利得。

直接计入所有者权益的利得，是指应当计入资本公积或其他综合收益、会导致所有者权益增加的、与所有者投入资本无关的利得，如其他债权投资和其他权益工具投资公允价值变动利得。

直接计入当期利润的利得，是指应当计入营业外收入、会导致所有者权益增加的、与所有者投入资本无关的利得，如债务重组利得、与企业日常活动无关的政府补助、盘盈利得、捐赠利得等。

值得注意的是，上述定义的利得不包括在“日常活动”中形成的实际属于收入的利得，如买卖股票价差利得、交易性金融资产公允价值变动利得等，我们将其称为**日常活动利得**，以区别于非日常活动利得。

4.收入、利得包括的内容

收入包括主营业务收入、其他业务收入、投资收益、公允价值变动收益等。

利得包括计入资本公积或其他综合收益的利得、计入营业外收入的利得。

（1）**主营业务收入**，也称**基本业务收入**，是指企业在其基本或主营业务活动中所获得的收入，如工业、商业企业的商品销售收入、服务业的劳务收入等。

（2）**其他业务收入**，也称**附营业务收入**，是指企业在附营业务中所取得的收入，如工业企业销售原材料的收入，出租包装物、固定资产的收入，提供运输劳务的收入等。

我们将主营业务收入和其他业务收入统称为**营业收入**。

（3）**投资收益**，是指企业对外投资所取得的收益，如购买股票的股利收入、购买债券的利息收入等。

（4）**公允价值变动收益**，是指交易性金融资产、交易性金融负债以及采用公允价值计量的投资性房地产、衍生工具、套期保值业务等在资产负债表日，由于公允价值变动形成的应计入当期损益的日常活动的利得。

（5）**营业外收入**，反映企业发生的营业利润以外的收益，包括债务重组利得、与企业日常活动无关的政府补助、盘盈利得、捐赠利得、罚没利得、确实无法支付而按规定程序经批准后转作营业外收入的应付款项等。

我们将收入、营业外收入统称为**广义收入**。

（五）费用

1.费用的定义

费用是指企业日常活动中发生的、会导致所有者权益减少的、与向所有者分配利润无关的经济利益的总流出。非日常活动所形成的经济利益的流出不能确认为费用，所以，这里所指的费用是狭义的费用。

视频 1-7

会计要素：费用

2.费用的确认

费用的确认除了应符合定义外，还应当满足下列条件：

（1）与费用相关的经济利益应当很可能流出企业。

（2）经济利益流出的结果导致资产的减少，或负债的增加，或二者兼而有之。

（3）经济利益的流出额能够可靠计量。

3.损失

如果将费用定义中的“日常活动”改为“非日常活动”，就是损失的定义。

损失是指企业非日常活动中发生的、会导致所有者权益减少的、与向所有者分配利润无关的经济利益的流出，包括直接计入所有者权益的损失和直接计入当期利润的损失。

直接计入所有者权益的损失是指应当计入资本公积或其他综合收益、会导致所有者权益减少的、与向投资者分配利润无关的损失，如其他债权投资和其他权益工具投资公允价值变动损失。

直接计入当期利润的损失是指应当计入营业外支出、会导致所有者权益减少的、与向投资者分配利润无关的损失，如债务重组损失、公益性捐赠支出、非常损失、盘亏损失、非流动资产毁损报废损失等。

值得注意的是，上述定义的损失不包括在“日常活动”中发生的实际属于费用的损失，如买卖股票价差损失、资产减值损失、信用减值损失、交易性金融资产公允价值变动损失等，我们将其称为**日常活动损失**，以区别于非日常活动损失。

4.费用、损失包括的内容

费用主要包括主营业务成本、其他业务成本、税金及附加、销售费用、管理费用、财务费用、资产减值损失、信用减值损失、公允价值变动损失、投资损失等。

损失包括计入资本公积或其他综合收益的损失、计入营业外支出的损失。

(1) **主营业务成本**，是指企业确认销售商品、提供劳务等主营业务收入时应结转的成本，即已经销售商品的生产成本或取得成本、已经提供劳务的成本。例如，企业已销售产品的主营业务成本就是已销售产品的生产成本，应根据已销售产品的数量与其单位生产成本计算确定。

(2) **其他业务成本**，是指企业除主营业务成本以外的其他经营活动所发生的支出，包括销售材料的成本、出租固定资产的折旧额、出租无形资产的摊销额、出租包装物的成本或摊销额。

我们将主营业务成本、其他业务成本统称为**营业成本**。

(3) **税金及附加**，是指企业经营活动发生的消费税、城市维护建设税、资源税、教育费附加及房产税、城镇土地使用税、车船税、印花税等相关税费。

(4) **销售费用**，是指企业销售商品和材料、提供劳务的过程中发生的各种费用，包括保险费、包装费、展览费和广告费、运输费、装卸费等以及为销售本企业商品而专设的销售机构（含销售网点、售后服务网点等）的职工薪酬、业务费、折旧费等经营费用。

(5) **管理费用**，是指企业行政管理部门为组织和管理生产经营活动而发生的各项费用，具体包括企业在筹建期间发生的开办费、董事会和行政管理部门在企业的经营管理中发生的或者应由企业统一负担的公司经费（包括行政管理部门职工薪酬、修理费、物料消耗、低值易耗品摊销、办公费和差旅费等）、工会经费、董事会费（包括董事会成员津贴、会议费和差旅费等）、聘请中介机构费、咨询费（含顾问费）、诉讼费、业务招待费、技术转让费、矿产资源补偿费、研究费用等。

(6) **财务费用**，是指企业为筹集生产经营所需资金等而发生的筹资费用，包括利息支出（减利息收入）、汇兑损失（减汇兑收益）以及相关的手续费、企业收到的现金折扣等。

(7) **信用减值损失**，是指企业计提的各项金融工具减值准备所形成的预期信用损失。

(8) **公允价值变动损失**，是指交易性金融资产、交易性金融负债以及采用公允价值计量的投资性房地产、衍生工具、套期保值业务等在资产负债表日，由于公允价值变动形成的应计入当期损益的日常活动的损失。

(9) **投资损失**，是指企业在日常活动中以各种方式对外投资所发生的损失。

值得注意的是，上面所说的费用是狭义费用，不包括所得税费用，以及非日常活动中形成的，直接计入当期利润的损失，即计入营业外支出的损失。

(10) **所得税费用**，是指企业确认的应当从当期利润总额中扣除的按税法规定向国家缴纳的所得税，作为计入当期损益的一项费用。所得税费用既包括日常活动形成的所得税费用，又包括非日常活动形成的所得税费用，因此所得税费用既不属于（狭义）费用，又不属于“损失”。

(11) **营业外支出**，反映企业发生的营业利润及所得税费用以外的支出，主要包括债务重组损失、公益性捐赠支出、非常损失、盘亏损失、非流动资产毁损报废损失、罚款支出等。

我们将费用、营业外支出、所得税费用统称为**广义费用**。

（六）利润

1.利润的定义

视频1-8

会计要素：利润

利润是指一定会计期间的经营成果。利润包括收入减去费用后的净额、直接计入当期利润的利得和损失等。

利润具有以下特征：

（1）利润既反映企业日常活动的经营业绩，又反映非日常活动的业绩。

（2）利润的实现，其结果是演变为所有者权益的增值。

2.利润的确认

利润反映的是收入减去费用、直接计入当期利润的利得减去损失后的净额，因此，利润的确认主要依赖于收入和费用以及直接计入当期利润的利得和损失的确认。

3.利润包括的内容

利润包括营业利润和营业外收支净额。

营业利润是指主营业务收入加上其他业务收入，减去主营业务成本、其他业务成本、税金及附加、销售费用、管理费用、研发费用、财务费用、资产减值损失、信用减值损失，加上其他收益、投资收益（损失用“-”号）、净敞口套期收益、公允价值变动收益（损失用“-”号）、资产处置收益。

本书均不考虑“研发费用”“资产减值损失”“其他收益”“净敞口套期收益”“资产处置收益”，其内容见“中级财务会计”课程。此时：

营业利润是指主营业务收入加上其他业务收入，减去主营业务成本、其他业务成本、税金及附加、销售费用、管理费用、财务费用、信用减值损失，再加上公允价值变动收益（损失用“-”号）、投资收益（损失用“-”号）等，即：

营业利润（也称狭义利润）=（狭义）收入-（狭义）费用

利润（也称利润总额或税前利润）=营业利润+营业外收支净额

值得注意的是，除了上面所说的营业利润、利润（即六要素中的利润）外，还有净利润（也称税后利润、广义利润）：

净利润=利润-所得税费用=广义收入-广义费用

它们共同构成了利润表中的前三个层次。

收入、费用、直接计入当期利润的利得与损失包括的内容及其与广义收入、广义费用的关系见表1-2。

上述六要素中，资产、负债、所有者权益反映了企业在一定时点上（月末、季末、半年末、年末）的资金运动静态表现，称为反映财务状况的会计要素，又称为**资产负债表要素**。收入、费用、利润反映了企业在一定期间（月度、季度、半年度、年度）的资金运动动态表现，称为反映经营成果的会计要素，又称为**利润表要素**。

表1-2 收入、费用、直接计入当期利润的利得与损失包括的内容及其与广义收入、广义费用的关系

名称		内容
广义收入	收入	主营业务收入、其他业务收入、投资收益、公允价值变动收益等
	直接计入当期利润的利得	计入“营业外收入” 主要包括：债务重组利得、捐赠利得、与企业日常活动无关的政府补助、盘盈利得、捐赠利得等
广义费用	费用	主营业务成本、其他业务成本、税金及附加、销售费用、管理费用、财务费用、信用减值损失、投资损失、公允价值变动损失等
	所得税费用	
	直接计入当期利润的损失	计入“营业外支出” 主要包括：债务重组损失，公益性捐赠支出，非常损失，盘亏损失，非流动资产毁损报废损失等

第三节 会计核算的基本程序、核算方法与会计循环

基础会计学的核心内容是会计核算，本节的内容就是如何进行会计核算，也就是会计核算的基本程序、核算方法与会计循环。

一、会计核算的基本程序

所谓**会计核算的基本程序**，是指会计数据处理与会计信息加工的程序，也就是对会计要素进行确认、计量、记录和报告的过程。

（一）会计确认

会计确认是指确定过去的交易或者事项是否涉及会计要素，如果涉及会计要素，应作为什么会计要素加以记录和如何进行报告的过程。

视频1-9

会计核算的组织程序（一）：会计确认

确认主要解决交易或者事项应否确认为会计要素，如何确认和何时确认的问题，包括在会计记录中的初始确认和最终确认。

1.应否确认及如何确认

应否确认和如何确认的关键是确定会计要素的确认条件。符合确认条件的就应当确认；不符合确认条件的，就不予以确认。符合哪个会计要素的确认条件，就确认为哪个会计要素。

（1）初始确认。

初始确认是指对已经发生的交易或者事项，按照资产、负债、所有者权益、收入、费用、利润的定义和确认条件进行的确认。

初始确认应满足下列条件：

① 必须符合会计要素定义。

② 有关经济利益很可能流入或流出企业。这里的“很可能”表示经济利益流入或流出的可能性在50%以上。

③ 经济利益的流入、流出额或成本、价值额能够可靠地计量。

同时满足上述三个条件的，确认为某一要素，否则不予确认。

（2）最终确认。

最终确认是指对已经记入会计账簿的交易或者事项，在会计期末，编制财务报告前，通过期末账项调整、资产清查、对账、结账等一系列会计手段，对资产、负债、收入、费用，根据其定义和确认条件进行的再次确认。最终确认主要是如何进行报告的确认，除了对资产、负债、收入、费用的定义和条件的重新确认外，还包括对其金额的确认，以便作为编制财务报告的依据。

2.何时确认

确认会计要素的时间基础分为以下两种情况：

（1）以交易或者事项实际发生的会计期间为确认的时间基础。资产、负债和所有者权益一般都是以此为确认的时间基础。

（2）以收取款项的权利或支付款项的责任应当发生的会计期间为确认的时间基础，通常称为权责发生制。收入、费用和利润就是以权责发生制为确认的时间基础。

所谓**权责发生制**，就是对于收入和费用，不论是否有款项的收付，按其是否影响各会计期间经营成果的收益情况，确定其归属期。就是说，凡属本期的收入，不管其款项是否收到，都应作为本期收入；凡属本期应当负担的费用，不管其款项是否付出，都应作为本期费用。反之，凡不归属本期的收入，即使款项已经收妥，也不能作为本期收入；凡不应归属本期的费用，即使款项已经付出，也不能作为本期费用。由于权责发生制确定本期收入和费用以“应收应付”作为确认标准，而不问款项的收付，所以又称为“应计制”或“应收应付制”。

与权责发生制相对应的是收付实现制。所谓收付实现制是指以实际收到或付出款项的日期确定其归属期。就是说，凡属本期收到的收入和支付的费用，不管其是否应归属于本期，都作为本期的收入和费用；反之，凡本期未收到的收入和未支付的费用，即使应归属本期，也不能作为本期的收入和费用。由于收付实现制确定本期收入和费用是以现金收付为准，所以又称为“**现金制**”或“**实收实付制**”。《企业会计准则——基本准则》明确规定：“企业应当以权责发生制为基础进行会计确认、计量和报告。”

【例1-1】某企业20××年1月份发生下列交易或者事项（假设销售商品均不考虑增值税）：

（1）企业于1月2日销售商品一批，款项为117 000元，于1月7日收到，存入银行。

（2）企业于1月8日销售商品一批，款项为58 500元，将于7月8日收回。

（3）企业于1月9日预收A单位购货款100 000元，存入银行，按合同规定2月份交付商品。

（4）企业上月销售商品70 200元，于1月10日收到款项并存入银行。

（5）企业于1月11日以银行存款48 000元预付全年财产保险费。

（6）企业于1月13日购办公用品6 200元，已交付使用，款项将于2月支付。

（7）企业于1月15日用银行存款8 000元支付本月商品展销费。

（8）企业于1月16日以银行存款36 000元支付上年10—12月份经营性租入行政办公设备租赁费。

要求：分别按权责发生制和收付实现制确认1月份的收入和费用。

收入和费用的确认见表1-3。

表1-3 **1月份收入和费用的确认** 单位：元

业务序号	权责发生制		收付实现制	
	收　入	费　用	收　入	费　用
1	117 000		117 000	
2	58 500		—	
3	—		100 000	
4	—		70 200	
5		4 000		48 000
6		6 200		—
7		8 000		8 000
8		—		36 000
合　计	175 500	18 200	287 200	92 000

（二）会计计量

会计计量是指将符合确认条件的会计要素登记入账并列报于会计报表及其附注而确定其金额的过程。会计计量主要是货币计量，也不排除以实物量度或劳动量度作为辅助量度。在进行会计计量时，应当按照规定的计量属性进行计量，确定其金额。计量属性是指所要计量的某一要素的特性方面，如桌子的长度、铁矿的重量、楼房的面积等。从会计角度来看，**计量属性**是指会计要素金额的确定基础。例如，一台机器可以按原来取得时的实际价格（历史成本）作为其金额，也可以按现在购买同样机器的价格（重置成本）作为其金额，还可以按现在出售它的售价（可变现净值）作为其金额等。这些都可以作为该台机器（固定资产）

视频1-10

会计核算的组织程序（二）：会计计量、会计记录和财务报告金额的确定基础。

1.会计计量属性包括的主要内容

基本准则规定的会计计量属性主要包括历史成本、重置成本、可变现净值、现值和公允价值。

（1）历史成本。

历史成本，又称**实际成本**，就是取得或制造某项资产时所实际支付的现金或现金等价物，或负债发生时承担现时义务的金额。

在历史成本计量下，资产按照其购置时支付的现金或者现金等价物的金额，或者按照购置资产时所付出的对价的公允价值计量。负债按照其因承担现时义务而实际收到的款项或者资产的金额，或者承担现时义务的合同金额，或者按照日常活动中为偿还负债预期需要支付的现金或者现金等价物的金额计量。

（2）重置成本。

重置成本，又称**现实成本**，是指按照当前市场条件，重新取得同样一项资产所需支付的现金或现金等价物金额。

在重置成本计量下，资产按照现在购买相同或者相似资产所需支付的现金或者现金等价物的金额计量。负债按照现在偿付该项债务所需支付的现金或者现金等价物的金额计量。在实务中，重置成本多应用于盘盈固定资产的计量等。

（3）可变现净值。

可变现净值是指在正常生产经营过程中，以预计售价减去进一步加工成本和预计销售费用以及相关税费后的净值。

在可变现净值计量下，资产按照其正常对外销售所能收到现金或者现金等价物的金额扣减该资产至完工时估计将要发生的成本、估计的销售费用以及相关税费后的金额计量。可变现净值通常应用于存货资产减值情况下的后续计量。

（4）现值。

现值是指对未来现金流量以恰当的折现率进行折现后的价值，是考虑货币时间价值的一种计量属性。

在现值计量下，资产按照预计从其持续使用和最终处置中所产生的未来净现金流入量的折现金额计量。负债按照预计期限内需要偿还的未来净现金流出量的折现金额计量。现值通常用于非流动资产可收回金额和以摊余成本计量的金融资产价值的确定等。

（5）公允价值。

公允价值，是指市场参与者在计量日发生的有序交易中，出售一项资产所能收到或者转移一项负债所需支付的价格。公允价值计量属性主要应用于交易性金融资产、其他债权投资和其他权益工具投资计量等。

2.会计计量属性的应用原则

《企业会计准则——基本准则》规定，企业在对会计要素进行计量时，一般应当采用历史成本；采用重置成本、可变现净值、现值、公允价值计量的，应当保证所确定的会计要素金额能够取得并可靠计量。

（三）会计记录

会计记录就是在对过去的交易或者事项进行确认、计量的基础上，将涉及的全部会计要素，进一步细分为会计科目，按复式记账的要求，填制和审核会计凭证、登记账簿的过程。

《企业会计准则——基本准则》只规范了会计确认、计量和报告的内容，没有规范会计记录，给了会计记录一定的灵活性。《企业会计准则——应用指南》根据《企业会计准则——基本准则》规定了一百多个会计科目及主要账务处理，但不是要求企业必须全部运用这些会计科目进行账务处理，而是要求企业在不违反《企业会计准则——基本准则》中确认、计量和报告规定的前提下，可以根据本单位的实际情况，自行增设、分拆、合并会计科目。企业不存在的交易或者事项，可不设置相关会计科目。

（四）财务报告

财务报告，是指企业对外提供的反映企业某一特定日期的财务状况和某一会计期间的经营成果、现金流量等会计信息的文件。

其中，**财务状况**是指企业某一特定日期的资产总额及构成，负债总额及构成，所有者权益总额及构成。**经营成果**是指企业某一会计期间的利润（或亏损）总额及构成情况。**现金流量**是指企业某一会计期间现金和现金等价物流入和流出的情况。

财务报告包括会计报表及其附注和其他应当在财务报告中披露的相关信息。

1.会计报表

会计报表至少应当包括资产负债表、利润表、现金流量表等报表。

（1）资产负债表是反映企业在某一特定日期的财务状况的会计报表。

（2）利润表是反映企业在一定会计期间的经营成果的会计报表。

（3）现金流量表是反映企业在一定会计期间的现金和现金等价物流入和流出的会计报表。

（4）所有者权益变动表是反映公司本期（年度或中期）内至期末所有者权益变动情况的报表。

2.会计报表附注

会计报表附注是对在财务报表中列示项目所做的进一步说明，以及对未能在这些报表中列示项目的说明等。

3.其他应当披露的相关信息和资料

该内容具体可以根据有关法律法规的规定和外部报告使用者的信息需求而定。如企业可以在财务报告中披露其承担的社会责任、对社区的贡献、可持续发展能力等信息，譬如“企业社会责任报告”。

会计核算的四个基本程序可用图1-2表示。

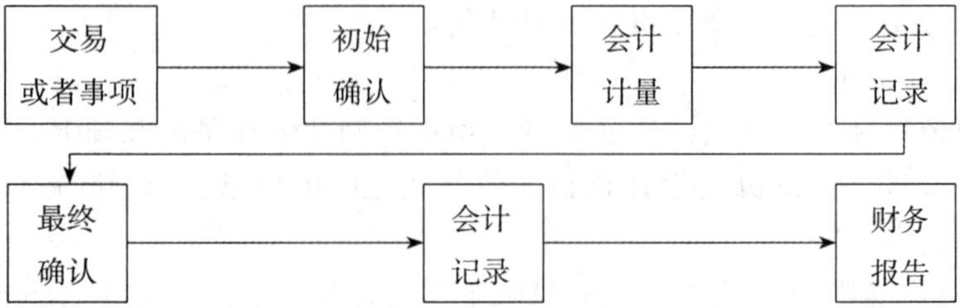

图 1-2 会计核算基本程序之间的关系

值得注意的是，在会计处理过程中，为了保证会计记录的真实、可靠，在会计记录之前必须先进行初始确认和会计计量，才能进行会计记录。为了保证财务报告的决策有用性，在编制财务报告之前也必须进行最终确认和会计记录，才能据以编制财务报告。《企业会计准则——基本准则》特别强调，在编制财务报告时，对那些符合资产、负债、收入、费用定义，但不符合确认条件的事项，不能列入财务报告。可见，最终确认和会计记录也是会计核算程序不可或缺的内容。

因此，会计核算的四个基本程序，都体现在记录和报告的过程之中。由会计记录和会计报告定义可知，记录和报告两个基本程序是通过设置会计科目、复式记账、填制审核凭证、登记账簿、编制财务报告来完成的。这就是下面介绍的会计核算方法。

二、会计核算方法

会计核算方法是会计方法的重要组成部分。会计方法是会计职能的具体化，是进行会计核算和会计管理、实行会计监督所采用的各种技术手段和方式。会计方法包括会计核算方法、会计管理方法和会计监督方法。

视频 1-11

会计核算方法和会计循环

会计核算方法是进行会计记录和财务报告所采用的方法。会计核算方法是会计方法中最基本、最主要的方法，也是会计管理方法的基础，主要包括设置会计科目和账户、复式记账、填制和审核会计凭证、登记账簿、编制财务报告。

（一）设置会计科目和账户

设置会计科目和账户就是对会计对象的具体内容——会计六要素，规定分类核算的会计科目，以便于在账簿中据以开设账户，进行会计核算的一种专门方法。所谓会计科目，就是对会计对象具体内容——会计六要素，按其内部性质和经济管理的具体要求，进一步分类的具体项目。**账户**则是根据会计科目开设的，具有一定结构的账页，用来分门别类地记录交易或者事项的发生情况，以及由此引起的会计科目内容在数量上的增减变化及结果的载体，是对会计要素进一步分类核算的工具。会计科目是账户的名称，账户是会计科目的具体应用。采用这种方法，就可以将会计要素细分，以便于分门别类地在账簿中登记各种交易或者事项。

（二）复式记账

复式记账也称**复式记账法**，就是对企业应该入账的每一笔交易或者事项，都要以相等的金额，同时在两个或两个以上的相关账户中进行记录的一种专门核算方法。也就是对同一笔交易或者事项，都要通过金额相等的双重记录，将其反映在相关的不同账户中。这样做，一方面可以清楚地反映各笔交易或者事项的来龙去脉；另一方面，可以通过相关账户保持金额相等的平衡关系，检查有关交易或者事项的记录是否正确。

（三）填制和审核会计凭证

填制和审核会计凭证是指为了审查交易或者事项是否合法、合规，保证账簿记录真实、可靠，对发生的每一笔交易或者事项，为取得发生的“凭据”和登记账簿的依据而采用的一种专门核算方法。我们将证明交易或者事项发生的“凭据”称为**原始凭证**。会计首先要审核原始凭证，同时根据审核无误的原始凭证填制的作为登记账簿直接依据的凭证，称为**记账凭证**。原始凭证和记账凭证统称为会计凭证。它们都是用来记录交易或者事项，明确经济责任的书面证明或者确定会计分录，作为登记账簿的直接或间接依据。填制和审核会计凭证是保证会计核算质量的必要手段，也是实行会计监督的重要内容。

（四）登记账簿

登记账簿是以审核无误的会计凭证为依据，按照交易或者事项发生的顺序，分门别类地记入有关账簿的一种专门核算方法。**账簿**是用来连续、系统、全面地记录各项交易或者事项的簿记，是保存会计信息的重要工具。在账簿中应按会计科目开设账户，并定期结算各个账户的各项核算指标，定期对账，使账证之间、账账之间、账实之间保持一致，为编制财务报告提供真实可靠的数据资料。

（五）编制财务报告

编制财务报告是以书面报告的形式定期地、总括地反映企业某一特定日期的财务状况和某一会计期间的经营成果、现金流量等会计信息所采用的一种专门核算方法。会计报表是财务报告的核心内容。编制财务报告是对日常核算资料的总结，就是将账簿记录的内容定期地加以分类、整理和汇总，形成会计信息使用者所需要的各种指标。它既是企业外部会计信息使用者获取并利用会计信息的有效工具，又是企业内部考核和分析财务计划和预算执行情况以及编制下期财务计划和预算的重要依据，也是国家进行宏观经济管理的重要资料。编制完成财务报告，就意味着这一会计期间会计核算工作的结束。

需要提及的是，人们通常将“成本计算”“财产清查”也作为会计核算的基本方法。我们认为，成本计算应属于对“费用”核算的内容，财产清查应属于对“资产”核算的内容。也就是说，将成本计算、财产清查作为会计核算的对象，比作为会计核算的方法更为合适一些。如果将成本计算作为会计核算方法，那么，收入计算、利润计算要不要作为会计核算方法？如果将财产清查作为会计核算方法，那么，试算平衡、编制工作底稿是否也应作为会计核算方法？我们认为，“成本计算”“财产清查”也是通过上述五个核算方法进行核算的，应不属于单独的核算方法，鉴于此，我们将“成本计算”“财产清查”作为会计核算对象，而不作为会计核算方法。

三、**会计循环**

所谓**会计循环**，是指会计人员在一定会计期间内，从取得企业发生的交易或者事项的原始凭证开始，到编制出财务报告为止，运用会计核算基本程序、会计核算方法，按一定顺序依次记录、周而复始的核算过程。这些会计核算的程序和方法，从一个会计期间的期初开始，至会计期末结束，并且循环往复。会计循环程序如图1-3所示。

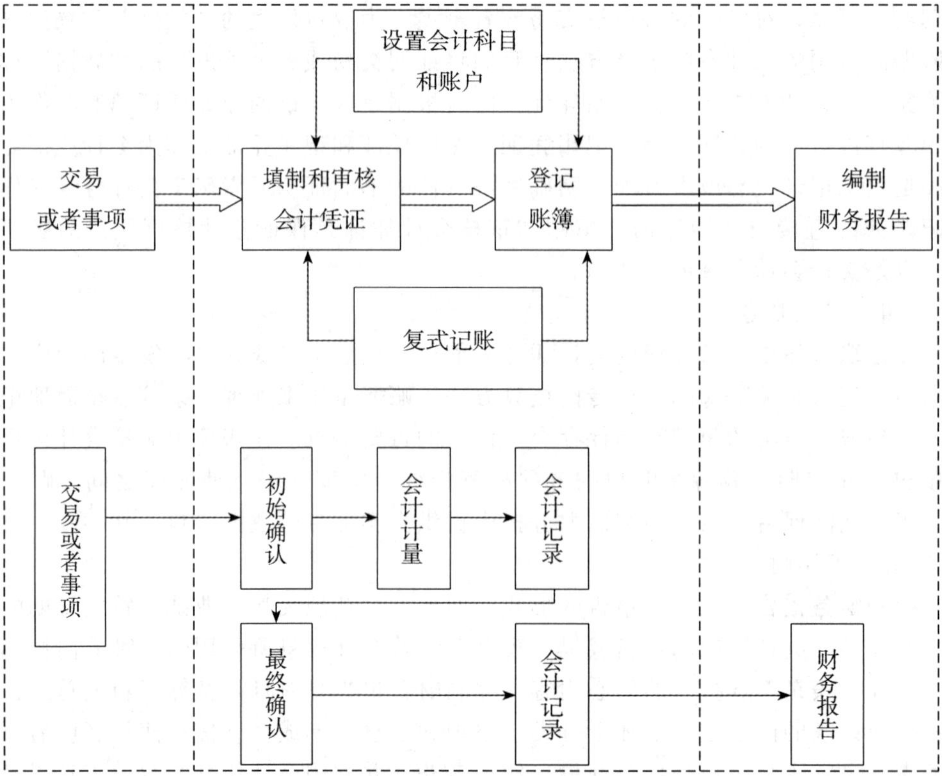

图1-3　会计循环程序

会计循环可以从两个方面来理解。

（一）从会计核算方法的角度理解

交易或者事项发生后，经办人员要填制或取得原始凭证，经会计人员审核整理后，按照设置的账户，运用复式记账的方法，编制记账凭证，并据以登记账簿，再根据账簿资料编制财务报告。

就会计核算方法来说，会计循环主要包括三个环节：填制和审核会计凭证、登记账簿、编制财务报告。在一个会计期间所发生的一切交易或者事项，都要通过这三个环节，周而复始地进行会计处理，以提供对决策有用的会计信息。

（二）从会计核算基本程序的角度理解

交易或者事项发生后，对是否涉及会计要素，涉及哪些会计要素，进行初始确认，然后对符合确认条件的会计要素进行会计计量，确定其金额，再对会计要素涉及的账户，采用复式记账的方法填制并审核会计凭证、登记账簿。会计期末，编制财务报告前，对企业的资产、负债、收入、费用，根据其定义和确认条件通过期末账项调整、资产清查、对账、结账等一系列会计手段，进行最终确认和会计记录，然后据以编制财务报告。

第四节 会计学与基础会计学

随着会计的产生和发展，会计工作内容、会计理论和会计方法也在不断丰富和发展，到了现代会计阶段，已经形成了单独的会计学科。所谓**会计学科**，简称为**会计学**，就是人们在长期会计工作实践中总结出来的专门研究会计工作、会计理论和会计方法的应用性学科。它来自会计实践，反过来又指导会计实践，属于应用管理学。其中：

会计工作是指利用会计知识和技能，从事提供会计信息、进行会计管理的一项脑力劳动，既包括会计应该做什么，又包括会计劳动过程。

会计理论是指在会计实践中概括出来的关于会计知识的有系统的结论，是概念、原理的体系，是系统化了的理性认识。

会计方法是会计职能的具体化，是进行会计核算、实行会计管理所采用的各种技术手段和方式（在讲述会计核算方法时已经述及）。会计方法包括会计核算方法、会计管理方法和会计监督方法。研究和运用会计方法，是为了更好地实现会计目标。

一、会计学科的分类及其与会计本质、会计职能、会计对象的关系

（一）会计学科的分类

（1）会计学科按所在行业和经营性质不同，分为营利组织会计和非营利组织会计。

营利组织会计也称为**企业会计**，即指以经营获利为目的的营利组织的会计，例如工业企业会计，商品流通企业会计，交通运输企业会计，施工企业会计，房地产企业会计，金融企业会计，保险企业会计，旅游、饮食、服务企业会计，通信企业会计，农业企业会计等，统称为企业会计。

非营利组织会计也称为**预算会计**，即不是以经营获利为目的的非营利组织的会计，通常指各级政府、行政单位和事业单位的会计，主要核算和管理政府资金，行政、事业单位业务资金的预算执行情况，故又称为预算会计。

（2）会计学科按专业不同，分为会计学专业、审计学专业、财务管理专业。这就是人们常说的会计学科三大专业。

（3）会计学科按研究的内容不同，分为基础会计学、中级财务会计学、高级财务会计学、成本会计学、管理会计学、财务管理学、财务报告分析、审计学、政府与非营利组织会计等，我们称其为**会计学科的分支学科**。从会计学科按其研究的内容分类可以看到，会计学科已形成了众多的分支学科，随着科学技术的进步和管理水平的提高，会计学科的内容还在不断丰富和发展，如人力资源会计、物价变动会计、网络会计、战略管理会计、国际管理会计、环境会计、法务会计等等。它们都是会计学科的新内容，但它们都在会计核算职能、会计管理职能和会计监督职能范围之内，它们使会计学科的内容更加丰富，使会计学科的理论与方法更加完善和日趋成熟。会计学科的众多分支学科，既相互独立，又相互联系，相辅相成，形成了一个完整的会计学科体系。

（二）会计学科各分支学科与会计本质、会计职能、会计对象的关系

通过对本章前述内容的学习，我们初步了解了会计本质、会计职能、会计对象和会计学分支学科的有关内容，在此基础上，将它们之间的关系概要地归纳为图 1-4。

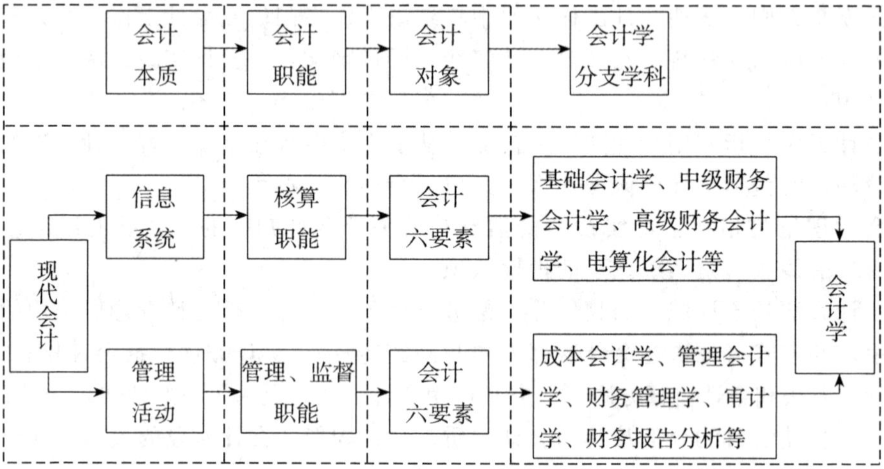

图 1-4　会计分支学科与会计本质、会计职能、会计对象的关系

图 1-4 说明，会计发展到现代会计阶段，其本质既是一个会计信息系统，又是一项管理活动。从会计理论与会计方法的角度看，会计是一个信息系统；从会计工作的角度看，会计是一项管理活动。信息系统论决定了会计职能是会计核算。管理活动论决定了会计职能是会计管理、会计监督，因而会计具有会计核算、会计管理和会计监督多重职能。如果说会计核算是记账、算账、报账，会计管理就是用账，会计监督就是查账。会计核算职能界定了会计核算具体对象是会计六要素。要想完成对会计六要素的核算，就要学习基础会计学、中级财务会计学、高级财务会计学等会计学分支学科，掌握会计核算的基本程序和核算方法，按照会计信息的质量要求完成会计报告。而会计管理职能界定了会计管理对象是会计六要素。要想完成对会计六要素的管理，就要学习成本会计学、管理会计学、财务管理学、财务报告分析等会计分支学科，掌握会计管理的基本理论和方法，并应用于会计实践。

需要说明的是，上述归纳是站在“大会计论”的立场上来分析问题的，即认为财务、审计都是会计的一部分。只要分析一下历史就不难看出，财务管理历来都是通过会计工作来完成的，因此，我们将其作为会计管理的一部分。

在我国，会计学科体系发展到现在，已经形成了以会计核算为侧重点的会计学专业、以会计管理为侧重点的财务管理专业、以会计监督为侧重点的审计学专业。上述会计学科知识体系的内容，都是这三大专业的共同课，仅仅是侧重点不同而已。

经济越发展，会计越重要，这是不争的历史事实。正如著名会计学家郭道扬教授在《会计史教程》第一卷中所说：“一部会计发展史表明，自有天下之经济，便必有天下之会计，经济世界有多大，会计世界便有多大。一部会计史还表明，自从有了国家，国家便离不开会计，会计工作牵系着国家之兴衰，政权之安危；自从有了企业，企业便离不开会计，会计事关企业经济之起落，经营之成败，乃至企业的发展速度与规模；自从一夫一妻制家庭的建立，家计便成为治家理财之重要组成部分。”可见，学习会计对个人、对家庭、对企事业单位、对社会都大有益处，对于从事或将要从事经济管理工作和企事业单位经营管理工作的人而言，其重要性是不言而喻的。

二、基础会计学

基础会计学又称为“基础会计”“会计学原理”“初级会计学”“会计基础”，是会计学知识体系中最基本的内容，是会计学的入门课，也是学好其他会计学分支学科的基础。所谓**基础会计学**，是研究各行业企业会计共同适用的基本理论、核算方法及工作组织的一门应用性极强的会计学科基础课。它是经济学科、管理学科的共同基础课，是会计学专业、财务管理专业、审计学专业的专业基础课，也是各行业企业会计的入门与基础。

基础会计学主要包括：导论（属于会计学的基本理论）、会计核算方法及会计工作组织三大部分内容，核心是会计核算方法。

本书只介绍企业会计的基本理论，并以工业企业为例，介绍会计核算方法及会计工作组织。

【课堂拓展】

通过对本章的学习，我们要深刻理解并自豪于中国会计文化的独特价值与历史贡献。从原始社会的“物物交换”记录，到商周时期的官厅会计、唐宋时期的“四柱清册”和明清时期的“龙门账”“四脚账”，无不彰显中华民族在会计领域的开创性智慧与持久影响力。这些宝贵遗产不仅是我们的文化自信之源，也是构建中国特色会计理论与实践的独特资源。无论是古代会计师在复杂社会经济环境中创制的多样记账方法，还是近现代会计人面对西学东渐、社会剧变时勇于借鉴、融会贯通的开放态度，都体现了中国会计文化在传承中求变、在变革中固本的创新特质。面对全球化浪潮与数字化革命，我们既要尊重并珍视传统会计智慧，又要敢于质疑、勇于突破，推动会计理论与实务与时俱进，以开阔的视野、批判的思维审视古今中外会计理论与实践，立足中国实际，以实际行动践行“文化自信”，为提升我国会计行业的国际话语权，服务经济社会高质量发展贡献力量。

此外，我们要积极了解会计行业国家战略，清晰认识会计行业是国家治理体系和治理能力现代化的重要组成部分，是维护市场经济秩序、防范化解重大风险、推动绿色可持续发展、促进数字经济与实体经济深度融合的关键力量。我们要剖析会计行业在服务国家战略中的具体路径与实践案例，如通过精准财务分析为企业转型升级提供决策支持，服务供给侧结构性改革；通过提供跨境审计、税收筹划等专业服务，保障投资项目合规、高效运作，推动“一带一路”建设；通过构建环境会计与绿色金融体系，引导资本流向低碳环保领域，实现“碳达峰、碳中和”等。我们还要主动了解会计人才在服务国家战略中的素质要求与能力培养。强化大数据分析、人工智能应用等新兴技能的学习，提升跨文化沟通与国际规则运用能力，坚守诚信为本、操守为重的职业道德底线，对标“国家战略”需求，主动提升自我，成长为适应新时代要求的复合型、创新型会计人才。

【练习题】

即测即评

一、名词解释

1.现代会计

2.会计职能：

（1）会计核算职能
（2）会计管理职能

3.经济业务（会计事项、交易或者事项）

4.会计对象

5.企业会计对象

6.经济利益

7.日常活动

8.会计要素：

（1）资产
（2）负债
（3）所有者权益
（4）收入
（5）费用
（6）利润
（7）利得
（8）损失
（9）广义收入
（10）广义费用
（11）所得税费用

9.会计核算的基本程序：

（1）会计确认
（2）会计计量

(3) 会计记录　　(4) 会计报告

10.权责发生制

11.会计核算方法:

(1) 设置会计科目和账户　　(2) 复式记账

(3) 填制和审核会计凭证　　(4) 登记账簿

(5) 编制财务报告

12.会计循环

13.会计学:

(1) 会计工作　　(2) 会计理论

(3) 会计方法

14.企业会计　　15.预算会计

16.基础会计学

二、简答题

1.试述会计的核算职能及特征。

2.试述会计的管理职能及特征。

3.试述会计的监督职能及特征。

4.什么是会计要素?会计要素包括哪些具体内容?

5.试述收入的确认条件及包括的内容。

6.试述费用的确认条件及包括的内容。

7.什么是会计计量属性?会计计量属性包括哪些主要内容?

8.什么是会计核算方法?会计核算方法包括哪些内容?

三、业务题

习题一

目的:练习会计要素的归类。

资料:某企业与会计要素有关的项目见表1-4。

表1-4 与会计要素有关的项目

序号	项　目	会计要素	内　容
1	机器、设备	资产	固定资产
2	库存燃料		
3	出纳员处存放的现金		
4	存放在银行的款项		
5	企业的办公楼		
6	应收的销货款		
7	专利权		
8	应付给外单位的企业购货款		
9	从银行取得的期限在1年以内的借款		

续表

序号	项　目	会计要素	内　容
10	从银行取得的期限在1年以上的借款		
11	应付给职工的工资		
12	完工验收入库的产成品		
13	投资者投入企业的资本		
14	销售产品取得的收入		
15	购买股票取得的股利收入		
16	应支付短期借款的利息		
17	企业行政管理部门的办公费		
18	广告费		

要求：指出上述项目所归属的会计要素及内容，直接填入表中。

习题二

目的：练习对收入、利得、费用、损失进行确认。

资料：某企业有关收入、利得、费用、损失的项目见表1-5。

表1-5　**有关收入、利得、费用、损失的项目**

序　号	项　目	收　入	利　得	费　用	损　失
1	销售产品取得的收入				
2	购买债券取得的利息收入				
3	股票买卖价差利得				
4	处置固定资产取得的净收益				
5	取得罚款收入				
6	信用减值损失				
7	股票买卖价差损失				
8	办公费				
9	广告费				
10	固定资产盘亏净损失				
11	罚款支出				
12	对外捐赠支出				

要求：指出上述项目是收入、利得、费用，还是损失，在表1-5对应栏目中打上“√”。

习题三

目的：掌握狭义利润、利润、广义利润的计算公式。

资料：在不考虑“研发费用”“资产减值损失”“其他收益”“净敞口套期收益”“资产处置收益”的情况下：

1. 狭义利润（营业利润）。

2. 利润（税前利润、利润总额）。

3. 广义利润（净利润、税后利润）。

要求：写出上述有关利润的计算公式。

习题四

目的：练习“权责发生制”和“收付实现制”的确认。

资料：某企业20××年7月发生下列部分交易或者事项。

1. 现销产品60 000元，款项存入银行（不考虑增值税）。

2. 赊销产品84 000元（不考虑增值税）。

3. 收到上月赊销的货款120 000元，存入银行。

4. 收到购货单位预付购货款8 000元，存入银行，下月付货。

5. 本月应付厂部水电费4 200元，下月支付。

6. 以银行存款5 300元支付厂部上月水电费。

7. 以银行存款1 300元预交下年报刊订阅费。

8. 以银行存款24 000元支付本年7—12月份财产保险费。

9. 以库存现金600元购买厂部办公用品，已交付使用。

要求：分别按权责发生制和收付实现制确认企业本月收入和费用，填入表1-6中。

表1-6 企业本月收入和费用 单位：元

序 号	权责发生制		收付实现制	
	收 入	费 用	收 入	费 用
1				
2				
3				
4				
5				
6				
7				
8				
9				
合 计				

参考答案

第二章

设置会计科目与账户

第一节 设置会计科目

视频 2-1

设置会计科目

前已述及，会计对象按照交易或者事项的经济特征划分为资产、负债、所有者权益、收入、费用、利润六大类，称为会计六要素。它们虽然将会计对象具体化了，但口径仍然太宽，无法满足企业向其内外利益相关者提供有用会计信息的需要，因此，会计要素还需要进一步明确化、具体化，即在会计要素的基础上，还需要作进一步的分类。会计科目就是对会计对象的具体内容——会计六要素，按其内部性质和经济管理的具体要求，进一步分类的具体项目。会计科目反映了同一会计要素内部的差异性，为了将同一要素各个具体项目的差异性区别开，我们人为地给每一具体项目确定一个含义清楚、简明扼要、通俗易懂的名称，如库存现金、银行存款等等。换句话说，每一个会计科目都代表着某一会计要素的一部分具体内容，如人们一看到“银行存款”这个会计科目，就知道它是企业在银行的存款，是资产这个会计要素中的一项具体项目。会计对象、会计要素和会计科目之间的关系如图 2-1 所示。

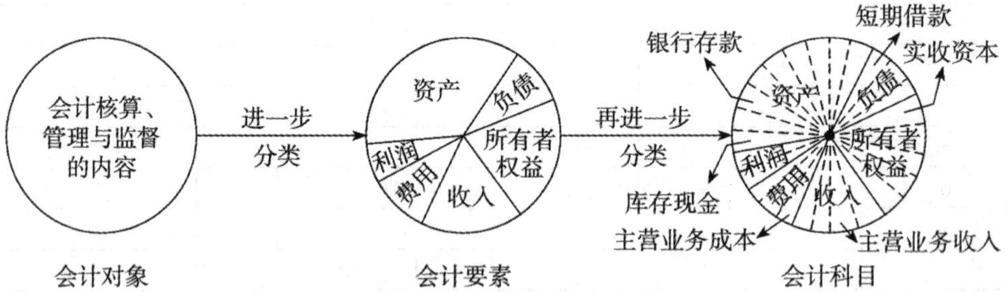

图 2-1 会计对象、会计要素和会计科目的关系

设置会计科目和账户，就是根据会计对象的具体内容——会计六要素，规定分类核算的会计科目，以便于在账簿中据以开设账户进行会计核算的一种专门方法。

一、设置会计科目的意义和原则

（一）设置会计科目的意义

（1）它使会计要素进一步明确化和具体化，便于会计核算、会计管理和会计监督，并为会计信息使用者提供企业有关财务状况、经营成果和现金流量更为全面、系统、准确的信息。

（2）会计科目的合理设置是设置账户、编制会计报表的基础。资产负债表、利润表上所列示的项目基本上都是会计科目。如果说会计报表是一台运行良好的机器设备，那么会计科目就是构成机器设备的零部件。

（二）设置会计科目的原则

为了使企业所提供的会计信息满足信息质量的要求，会计科目的设置必须在某些公认的原则指导下进行。这些原则主要包括：

1.完整性原则

全部会计科目必须包含会计要素的所有组成部分，没有遗漏，使得企业对每一笔交易或者事项进行核算时，都能找到恰当的会计科目。

2.互斥性原则

不同会计科目应有各自不同的经济内容，在内涵和外延上不存在重复和交叉，从而保证不会发生同一笔交易或者事项既可以在这个会计科目中核算，又可以在另一个会计科目中核算的情况。

3.适用性原则

会计科目是对会计要素的具体化，但究竟应具体到什么程度，应该根据会计信息使用者对会计信息的具体要求而定，既不能太过粗略，使信息使用者得不到所需的信息，又不能太过细致，使提供会计信息的成本过高。

4.可比性原则

可比性是重要的会计信息质量特征，为保证不同企业发生的相同或者相似的交易或者事项横向可比，会计科目的设置必须保证会计信息具有可比性。同一行业，业务相近的企业应使用大致相同的会计科目，不同企业使用的同一会计科目应具有相同的内涵和外延，以保证会计信息使用者不发生误解。为保证同一企业不同时期发生的交易或者事项纵向可比，一般应保持会计科目相对稳定，不得随意变更会计科目的名称、核算方式和核算内容。

5.简明性原则

为了便于理解和实际运用，会计科目的名称应该含义明确、简明扼要、通俗易懂，会计科目的名称应与其核算内容完全一致。

二、会计科目表

无论是由有关部门统一规定，还是由企业根据实际需要，对会计科目做必要的增、减或合并以设置本企业的会计科目，都需要事先编列一种目录，以便随时查阅。这种包括企业所使用的全部会计科目的目录，称为**会计科目表**。

我国以前所使用的会计科目和会计报表是通过“会计制度”加以规定的，其中涵盖了会计确认和会计计量的内容，将会计确认、计量、记录和报告融为一体。《企业会计准则——基本准则》改变了这种传统做法，明确了会计确认、计量和报告构成准则体系，从而实现了国际趋同。为使会计准则更具有可操作性，便于会计准则体系全面准确地贯彻实施，在2006年发布的《企业会计准则——应用指南》附录中，有156个会计科目。随着经济业务的不断发展变化，不断修订的《企业会计准则——应用指南》附录中的会计科目也在变化，目前已经有160多个会计科目，涵盖了各类企业的交易或者事项。企业在不违反会计准则中确认、计量和报告规定的前提下，可以根据本单位的实际情况自行增设、分拆、合并会计科目，企业不存在的交易或者事项，可不设置相关会计科目。

《企业会计准则——应用指南》附录中的160多个会计科目，除去金融、农业、石油天然气开采、建造承包、租赁等特殊行业规定的专用科目外，其余科目称为一般企业会计科目。由于本书是以工业企业为例，主要介绍各行业企业共同的交易或者事项，因此，只涉及48个会计科目，其会计科目表见表2-1。

表2-1 会计科目表

一、资产类	26.应付股利
1.库存现金	27.其他应付款
2.银行存款	28.长期借款
3.交易性金融资产	三、所有者权益类
4.应收票据	29.实收资本（股本）
5.应收账款	30.资本公积
6.预付账款	31.盈余公积
7.其他应收款	32.本年利润
8.坏账准备	33.利润分配
9.在途物资	四、成本类
10.原材料	34.生产成本
11.库存商品	35.制造费用
12.固定资产	五、损益类
13.累计折旧	36.主营业务收入
14.在建工程	37.其他业务收入
15.工程物资	38.投资收益
16.无形资产	39.营业外收入
17.待处理财产损溢	40.主营业务成本
二、负债类	41.其他业务成本
18.短期借款	42.税金及附加
19.应付票据	43.销售费用
20.应付账款	44.管理费用
21.预收账款	45.财务费用
22.合同负债	46.信用减值损失
23应付职工薪酬	47.营业外支出
24.应交税费	48.所得税费用
25.应付利息	

三、会计科目的级次

由于企业内外部会计信息使用者对会计信息的要求各不相同，比如，企业投资者、政府及监管部门等只需要比较综合的会计数据，而企业内部生产经营管理者却需要具体详细的会计资料，因此，必须对会计科目进行分级，一般将会计科目分为一级科目、二级科目、三级科目三个层次。**一级科目**又称**总账科目**、总分类科目，它是对会计要素的具体内容进行总括分类而形成的会计科目。前面会计科目表中列示的会计科目都是一级科目，资产负债表、利润表中的项目多数都是用一级科目列示的。**二级科目**是对一级科目进一步分类的结果，又称子目。**三级科目**则是对二级科目进一步分类的结果，又称细目。二级科目和三级科目统称明细科目。从一级科目到二级科目，再到三级科目。上一级科目统驭着下一级科目，下一级科目是对上一级科目的具体化。例如，某工业企业的原材料会计科目分为三个级次，见表 2-2。

表2-2 **某工业企业原材料会计科目的级次**

一级科目	二级科目	三级科目
原材料	原料及主要材料	木材、圆钢、角钢、工字钢、水泥
	辅助材料	油漆、润滑油、稀释剂
	燃料	液化气、汽油、柴油、煤

需要说明的是，会计科目一般分为三个级次，不是每个会计科目都要有一级科目、二级科目和三级科目，而是在总分类科目下，根据《企业会计准则——应用指南》附录中主要账务处理的规定，结合本单位具体情况，自行设置。例如："累计折旧"可以不设置明细科目，而只有一个级次；"应收账款"可以根据债务单位设置明细科目，而分为两个级次；"生产成本"可以设置"基本生产成本"和"辅助生产成本"两个二级科目，"基本生产成本"和"辅助生产成本"又可以按车间、部门设置三级科目，每个车间、部门又可按产品品种、提供劳务种类设置四级科目，而将"生产成本"科目分为四个级次。由于财务软件的普遍应用，为了提供更为详细的核算指标，还可以将会计科目细分为五个级次，甚至六个级次等。

第二节 设置会计账户

前已述及，设置会计科目和账户是进行会计核算的一种专门方法，由于会计科目仅仅是对会计对象的具体内容——会计六要素，按其内部性质和经济管理的具体要求，进一步分类的具体项目。对发生的每一笔交易或者事项，只能确定其应归属于哪一个会计项目，还无法连续、系统地予以记录，这就需要根据会计科目在账簿中开设账户，以便提供日常管理中的会计核算资料。

视频 2-2

设置会计账户

一、会计账户的概念及其与会计科目的关系

（一）会计账户的概念

会计账户简称**账户**，它是根据会计科目开设的，用来分门别类地记录交易或者事项的发生情况，以及由此引起的会计科目内容在数量上的增减变化及其结果，具有一定结构的账页，是对会计要素进一步分类核算的工具。在交易或者事项的原始数据记载于会计凭证之上时，还是零散的、杂乱的，而当这些原始数据根据会计科目设置的账户进行归集、整理之后，它们就形成了易于进行会计处理的初始会计信息。每个账户都可以提供其对应的会计科目内容增减变动及其结果的会计信息，而全部账户结合起来就可以反映企业的财务状况、经营成果及现金流量的全貌。

在会计实务中，会计账户要依附于会计账簿，每一个账户只表现为账簿中的某张或某些账页。

（二）会计账户与会计科目的关系

会计账户与会计科目既相互区别，又相互联系。

其区别主要是作用不同，有无结构。会计账户是对会计要素进一步分类核算的工具，是会计信息的载体，因此，必须具有一定的账户结构。所谓账户结构，就是账户必须具备一定的格式，对每一笔交易或者事项引起增减变动的金额，规定其增加金额记在哪里，减少金额记在哪里，增减变动后的结果记在哪里，表示什么。账户要反映会计要素增减变动的金额及结果。会计科目是对会计要素进一步分类的项目，只需界定包括会计要素某一部分的具体内容，作为分类核算的依据，不需要反映会计要素增减变动的金额及结果，因而不需要具备一定的结构。

其联系主要是名称相同、内容相同。会计账户是根据会计科目开设的。有什么会计科目，就必有什么会计账户；反之，有什么会计账户，就必有什么会计科目。会计账户与会计科目是一一对应的，同一名称的会计账户与会计科目，其会计账户的核算内容与会计科目的经济内容完全相同。因此，人们通常将会计账户与会计科目作为同义语来理解，在会计实务中互相通用，不加区别。

二、会计账户的基本结构

账户结构的概念前已叙及，尽管交易或者事项对会计要素的影响是多方面的，但从量的角度来看，不外乎引起会计要素金额的增减变动，及其导致的增减变动结果（即账户余额）。因此，账户结构中的账户格式一般应包括以下内容：

（1）账户的名称，即会计科目；

（2）年、月、日，即登记账簿的时间；

（3）凭证号数，即账户记录的来源及依据；

（4）摘要，即交易或者事项内容的概括说明；

（5）增加、减少的金额及余额。

在实务中，账户的格式一般有三栏式、数量金额式和多栏式，以三栏式为例见表2-3。

表2-3　　三栏式账户格式

账户名称：

年		凭证		摘要	增加（或减少）	减少（或增加）	余额
月	日	字	号				

为了便于教学和手工记账的汇总，将表2-3的格式予以简化，只保留增加、减少金额及余额部分，这种账户格式称为T形账户或丁字账户，如图2-2所示。

左方　　账户名称	右方

图2-2　T形账户

账户结构就是在上述账户格式中规定会计要素增加、减少和余额如何登记，至于在T形账户的左方和右方，哪一方登记增加额，哪一方登记减少额，则取决于所采用的记账方法以及在特定的记账方法下每一个账户的性质，但不管怎样，作为一个账户，若在账户左方登记增加额，账户右方就一定登记减少额；反之，若在账户左方登记减少额，账户右方就一定登记增加额。我们把在一个会计期间内登记的金额增加合计数称为**本期增加发生额**，金额减少合计数称为**本期减少发生额**，统称为账户的**本期发生额**。增减变动的最终结果称为**账户余额**。账户余额根据形成的时间不同分为期初余额和期末余额。**期初余额**是由上期结转下来转入到本期的账户余额。**期末余额**是由本期期初余额加上本期增加发生额减去本期减少发生额的代数和，用公式表示为：

期末余额=期初余额+本期增加发生额-本期减少发生额

期末余额一般在账户的增加方。

显然，本期的期初余额就是上期的期末余额，本期的期末余额就是下期的期初金额。一个账户的本期增加发生额、本期减少发生额、期初余额、期末余额四个项目，在T形账户中一般以图2-3或图2-4的形式存在。

增加方　　账户名称	减少方
期初余额	
本期增加发生额	本期减少发生额
期末余额	

图2-3　左方为增加、右方为减少的账户结构

减少方	账户名称	增加方
		期初余额
本期减少发生额		本期增加发生额
		期末余额

图2-4 左方为减少、右方为增加的账户结构

三、总分类账户与明细分类账户

（一）总分类账户与明细分类账户的概念

账户是按会计科目开设的，有多少会计科目，就有多少账户，会计科目有总账科目和明细科目（二级科目、三级科目……），相应地，账户也有总分类账户和明细分类账户（二级账户、三级账户……）。所谓**总分类账户**，是按照总账科目设置，提供该总账科目内容增减变动及其结果的总括情况的账户。所谓**明细分类账户**，是指按照明细科目设置，提供该明细科目内容增减变动及其结果的详细情况的账户。

（二）总分类账户与明细分类账户的联系与区别

1.总分类账户与明细分类账户的联系

总分类账户与明细分类账户之间存在着密切的联系，具体表现在：

（1）核算内容相同。总分类账户是对相同内容的汇总和概括登记，明细分类账户是对相同内容的进一步分类的详细登记。

（2）登账依据相同。虽然总分类账户是根据记账凭证登记，明细分类账户是根据记账凭证和原始凭证登记的，但是记账凭证是根据原始凭证编制的，因此，登记总分类账户和明细分类账户的原始依据均是证明交易或者事项发生的原始凭证，两者必须一致。

（3）账户余额相同。总分类账户的余额与其所属明细分类账户的余额之和相同。

（4）登记期间相同。对同一笔交易或者事项，总分类账户与明细分类账户都在同一个会计期间进行登记。

（5）登记方向相同。总分类账户登记增加，明细分类账户也登记增加；总分类账户登记减少，明细分类账户也登记减少。

2.总分类账户与明细分类账户的区别

总分类账户与明细分类账户之间也存在着区别，主要表现在：

（1）核算内容的详细程度不同。总分类账户提供的会计信息比较概括、简略；明细分类账户提供的会计信息则比较具体、详细。

（2）作用不同。总分类账户提供的经济指标，是明细分类账户资料的综合，对所属明细分类账户起着统驭和控制作用，被称为统驭账户；明细分类账户提供的会计信息，是对总分类账户资料的具体化，对总分类账户起着补充和说明作用，被称为从属账户。

（3）提供的数据指标可能不同。总分类账户只提供以货币为计量单位的价值信息；明细分类账户则可能提供包括价值信息和实物数量在内的多种信息。

（4）登记的方法可能不同。明细分类账户一般要根据原始凭证、记账凭证直接登记；总分类账户既可以根据记账凭证直接登记，又可以根据汇总记账凭证进行登记。（见第八章有关内容）

上述总分类账户与明细分类账户的联系与区别，使得企业既能根据总分类账户了解总账科目的总括情况，又能根据有关明细分类账户进一步了解该总账科目的详细情况，以满足企业提供会计信息的需要。

在会计实务中，将在总分类账户中进行的核算称为**总分类核算**，将在明细分类账户中进行的核算称为**明细分类核算**。

第三节　会计恒等式

视频 2-3

会计恒等式

在第一章第二节会计要素的内容中，我们已经知道，会计六要素并不是彼此孤立存在、毫无联系的，而是存在着稳定的数量关系，从所有者权益的定义可以得到：

所有者权益=资产-负债

从利润的定义可以得到：

（广义）利润=（广义）收入-（广义）费用

在此基础上，本节进一步讨论会计六要素之间的数量关系，即会计恒等式。

一、会计恒等式的含义

会计恒等式也称**会计平衡公式**，也有人称其为“**会计等式**”“**会计方程式**”，是指无论发生什么样的交易或者事项，都不会影响会计要素之间客观存在的、固有的数量等式。会计恒等式分为存量会计恒等式和增量会计恒等式。

（一）存量会计恒等式与增量会计恒等式

存量会计恒等式：

资产+（广义）费用=负债+所有者权益+（广义）收入　　①

增量会计恒等式：

Δ资产+Δ（广义）费用=Δ负债+Δ所有者权益+Δ（广义）收入　　②

其中：

Δ资产=资产增加额-资产减少额

Δ负债=负债增加额-负债减少额

Δ所有者权益=所有者权益增加额-所有者权益减少额

Δ（广义）费用=（广义）费用增加额-（广义）费用减少额

Δ（广义）收入=（广义）收入增加额-（广义）收入减少额

Δ资产、Δ负债、Δ所有者权益、Δ（广义）费用、Δ（广义）收入代表各因素在某一时点或某一时期的**净变动额**。

当交易或者事项不涉及（广义）收入、（广义）费用，或到会计期末时，等式①成为如下等式：

资产=负债+所有者权益 ③

这就是人们通常所说的（基本）会计恒等式。由于负债又称债权人权益，在会计上又将负债和所有者权益统称为权益，这样，等式③又可以写成：

资产=权益

等式②可以写成：

Δ资产=Δ负债+Δ所有者权益 ④

等式②、④可以从等式①、③推导而来，因此，存量会计恒等式是基本等式。存量会计恒等式与增量会计恒等式的关系是：

变动后的存量会计恒等式=原存量会计恒等式+增量会计恒等式 ⑤

到会计期末，等式⑤变为：

期末存量会计恒等式=期初存量会计恒等式+本期增量会计恒等式 ⑥

（二）存量会计恒等式和增量会计恒等式含义的举例说明

【例2-1】假设某企业20××年10月31日资产、负债、所有者权益情况见表2-4。

表2-4 **某企业资产、负债、所有者权益情况表** 单位：元

资产	金额	负债和所有者权益	金额
银行存款	600 000	短期借款	500 000
应收账款	80 000	应付账款	120 000
原材料	120 000	实收资本	1 180 000
固定资产	1 000 000		
合　计	1 800 000	合　计	1 800 000

此时，存量会计恒等式成立。

左边：资产+（广义）费用=1 800 000（元）

右边：负债+所有者权益+（广义）收入=1 800 000（元）

左右相等。

为讨论问题方便，我们将存量会计恒等式简称为“**存量等式**”，将增量会计恒等式简称为“**增量等式**”。

假设企业20××年11月发生下列交易或者事项，先对每一笔交易或者事项验证增量会计恒等式和存量会计恒等式：

（1）11月8日，赊销给甲企业产品180 000元（不考虑增值税）。

该笔交易使“应收账款”账户增加180 000元，“主营业务收入”账户增加180 000元，资产、收入账户同增相等金额。此时，

增量等式左边：Δ资产+Δ（广义）费用=（180 000−0）+0=180 000（元）

增量等式右边：Δ负债+Δ所有者权益+Δ（广义）收入=0+0+（180 000−0）=180 000（元）

左右相等。

变动后存量等式左边：资产+（广义）费用=1 980 000（元）

变动后存量等式右边：负债+所有者权益+（广义）收入=1 980 000（元）

左右相等。

变动后的存量（1 980 000）=原存量（1 800 000）+增量（180 000）

（2）11月12日，以银行存款160 000元购入一台设备（不考虑增值税）。

该笔交易使“银行存款”账户减少160 000元，“固定资产”账户增加160 000元，资产账户有增有减，增减金额相等，且总额不变，此时：

增量等式左边：Δ资产+Δ（广义）费用=（160 000−160 000）+0=0

增量等式右边：Δ负债+Δ所有者权益+Δ（广义）收入=0+0+0=0

左右相等。

变动后存量等式左边：资产+（广义）费用=1 980 000（元）

变动后存量等式右边：负债+所有者权益+（广义）收入=1 980 000（元）

左右相等。

变动后的存量（1 980 000）=原存量（1 980 000）+增量（0）

注意：此时的原存量为（1）中的存量1 980 000元。

（3）11月20日，用银行存款归还短期借款200 000元。

该笔交易使“银行存款”账户减少200 000元，“短期借款”账户也减少200 000元，资产、负债账户减少相等金额，此时有：

增量等式：Δ资产+Δ（广义）费用=（0−200 000）+0=−200 000（元）

=Δ负债+Δ所有者权益+Δ（广义）收入

=（0−200 000）+0+0=−200 000（元）

变动后存量等式：资产+（广义）费用=1 780 000元=负债+所有者权益+（广义）收入

变动后的存量（1 780 000）=原存量（1 980 000）+增量（−200 000）

注意：此时的原存量为（2）中的存量1 980 000元。

上述三笔交易或者事项引起资产、费用、负债、所有者权益、收入账户增减变动情况汇总见表2-5，可以对11月全部交易或者事项验证增量会计恒等式和存量会计恒等式。

表2-5 **资产、费用、负债、所有者权益、收入变动情况表** 单位：元

资产、费用	期初金额	增减金额	期末金额	负债、所有者权益、收入	期初金额	增减金额	期末金额
银行存款	600 000	②−160 000		短期借款	500 000	③−200 000	300 000
		③−200 000	240 000				
应收账款	80 000	①+180 000	260 000	应付账款	120 000		120 000
原材料	120 000		120 000	实收资本	1 180 000		1 180 000
固定资产	1 000 000	②+160 000	1 160 000	主营业务收入		①+180 000	180 000
合 计	1 800 000	−20 000	1 780 000	合计	1 800 000	−20 000	1 780 000

本期增量等式：Δ资产+Δ（广义）费用=（340 000-360 000）+（0-0）=-20 000（元）

=Δ负债+Δ所有者权益+Δ（广义）收入

=（0-200 000）+（0-0）+（180 000-0）

=-20 000（元）

期末存量等式：资产+费用=1 780 000元=负债+所有者权益+收入

满足存量等式与增量等式之间的数量关系：

期末存量（1 780 000）=期初存量（1 800 000）+本期增量（-20 000）

二、会计恒等式的特点与作用

（一）会计恒等式的特点

1.会计恒等式不直接涉及利润

在会计期间，企业发生的任何交易或者事项，只能直接涉及资产、负债、所有者权益、（广义）收入、（广义）费用，而不会直接涉及利润，因为利润是一定会计期间收入与费用、利得与损失配比后的结果，反映会计期间的经营成果，只有到会计期末，才能根据会计期间发生的（广义）收入、（广义）费用计算出净利润。而到会计期末，净利润实现后，又将其作为所有者权益的增值并入所有者权益。因此，利润无须单独存在于会计恒等式之中。

2.体现了资产、（广义）费用与负债、所有者权益、（广义）收入的对立统一关系

会计恒等式左边的资产、（广义）费用与右边的负债、所有者权益、（广义）收入的"对立"关系体现在：等式两边相比较而存在，相斗争而发展，任何一方失去另一方，都将不复存在。其"统一"关系体现在：不管资产、（广义）费用、负债、所有者权益、（广义）收入发生什么变化，等式这种数量平衡关系将统一在会计等式之中。

（二）会计恒等式的作用

会计恒等式是经过无数会计实践验证的客观真理，不是通过举几个例子就可以证明的一般等式，它的巨大功绩和现实意义不在于验证几个交易或者事项不违背该等式，更不是证明交易或者事项只有九种类型（实际上也不是九种类型），而是：

1.揭示了所有交易和事项的内在规律

所有交易和事项的内在规律是：对发生的每一笔交易或者事项，都要引起两个或者两个以上的账户同时发生增减变化，并且不管是一笔，还是某一会计期间的全部交易或者事项，都必须同时满足：

存量会计恒等式：资产+（广义）费用=负债+所有者权益+（广义）收入

增量会计恒等式：Δ资产+Δ（广义）费用=Δ负债+Δ所有者权益+Δ（广义）收入

换句话说，使会计恒等式不成立的交易或者事项是不存在的。

2.复式记账的理论基础

会计恒等式不仅是复式记账概念的理论依据，同时，也是复式记账法（借贷记

账法）的账户结构、记账规则、试算平衡的理论依据，从而构成复式记账的理论基础。

3.编制资产负债表的理论基础

资产负债表的编制原理就是根据会计恒等式“资产=负债+所有者权益”，依照一定的分类标准和一定的顺序，把企业某一特定日期的资产、负债和所有者权益项目，予以适当排列编制而成的。

这些作用将在有关章节中详细介绍。

【课堂拓展】

设置会计科目与账户是会计工作的第一步，其精准与否直接影响会计体系的稳固性与准确性。建账过程中的职业谨慎体现在对会计准则的严格遵循，对经济业务的深入理解，以及对细节的极致把控。这要求我们对待每一个会计科目都要有明确的定义、合理的分类，对待每一笔交易或者事项都要确保其真实、准确、完整、合规地反映在相应的账户中。通过本章的学习，不但要掌握专业知识技能，而且要领悟做人做事应保持谨慎之心的重要意义，将职业谨慎内化为个人品质，外化为实际行动，为未来职业生涯乃至人生旅途奠定坚实基础。

【练习题】

即测即评

一、名词解释

1.会计科目

2.一级科目

3.二级科目

4.会计账户

5.账户结构

6.总分类账户

7.明细分类账户

8.会计恒等式

9.存量会计恒等式

10.增量会计恒等式

二、简答题

1. 企业设置的会计科目是否必须按照应用指南中的162个会计科目设置？

2. 企业设置的会计科目是否必须分为三级？

3. 试述会计科目与会计账户的关系。

4. 试述总分类账户与明细分类账户的联系与区别。

5. 试述会计恒等式的作用。

三、业务题

习题一

目的：练习会计要素的分类。

资料：某企业与会计要素有关的项目见表2-6。

表2-6 该企业与会计要素有关的项目

序号	项目	会计科目	会计要素
1	房屋及建筑物		
2	机器设备		
3	运输汽车		
4	库存生产用钢材		
5	完工验收入库的产成品		
6	存放在银行的款项		
7	由出纳员保管的现金		
8	应收某厂购买企业产品的货款		
9	从银行借入的不超过1年的借款		
10	应付购买某厂材料的货款		
11	欠缴的税金		
12	销售产品取得的收入		
13	购买股票取得的股利收入		
14	所有者投入企业的资本		
15	应付所有者的股利		
16	为销售产品支付的广告费用		
17	支付行政管理部门的办公费用		
18	借入短期借款应支付的利息		
19	从银行借入的超过1年的借款		
20	应付给职工的工资		
21	专利权		
22	尚未完工的建筑工程		

要求：写出上述项目所归属的会计科目和会计要素，填入表2-6中。

习题二

目的：分析交易或者事项的类型。

资料：某企业发生的交易或者事项见表2-7。

表2-7　该企业发生的交易或者事项

序　号	交易或者事项	类　型
1	现购材料（不考虑增值税）	一项资产增加，另一项资产减少
2	用银行存款偿还前欠A单位购货款	
3	用银行存款支付行政管理部门水电费	
4	向银行借入长期借款存入银行	
5	收到投资者投入的设备	
6	将盈余公积转增资本	
7	将应付票据转为应付账款	
8	将企业长期借款转为债权人对企业的投资	
9	销售产品取得收入存入银行（不考虑增值税）	
10	用银行存款支付广告费	
11	用银行存款缴纳所得税	

要求：将上述交易或者事项的类型填入表2-7中。

习题三

目的：验证存量会计恒等式、增量会计恒等式以及二者之间的关系。

资料：假设A企业20××年8月31日资产、负债、所有者权益情况见表2-8。

表2-8　资产、负债、所有者权益情况表　单位：元

资　产	金　额	负债及所有者权益	金　额
银行存款	600 000	短期借款	500 000
应收账款	80 000	应付账款	120 000
原材料	120 000	实收资本	880 000
固定资产	1 000 000	资本公积	300 000
合　计	1 800 000	合　计	1 800 000

20××年9月发生下列交易和事项：

1. 以银行存款2 000元购买行政管理部门办公用品，并交付使用。
2. 赊销产品12 000元（不考虑增值税）。
3. 将资本公积200 000元转为实收资本。
4. 赊购原材料120 000元（不考虑增值税），原材料已验收入库。
5. 用银行存款归还短期借款100 000元。

要求：

1. 计算并验证本期增量会计恒等式。

2. 计算并验证期末存量会计恒等式。

3. 计算并验证“期末存量会计恒等式=期初存量会计恒等式+本期增量会计恒等式”。

习题四

目的：练习运用会计恒等式中资产与负债、所有者权益之间的数量关系。

资料：假设某企业20××年8月31日资产、负债、所有者权益情况见表2-9。

表2-9 **资产、负债、所有者权益情况** 单位：元

资　产	金　额	负债及所有者权益	金　额
库存现金	3 000	短期借款	30 000
银行存款	81 000	应付账款	96 000
应收账款	105 000	应付职工薪酬	27 000
原材料	156 000	应交税费	B
库存商品	A	实收资本	720 000
固定资产	600 000	资本公积	69 000
合　计	1 125 000	合　计	C

要求：计算表2-9中的A、B、C，并填入表2-9中。

习题五

目的：练习运用账户本期期初余额、本期增加发生额、本期减少发生额、本期期末余额四者之间的数量关系。

资料：假设某企业20××年8月31日部分账户的本期期初余额、本期增加发生额、本期减少发生额、本期期末余额有关资料见表2-10。

表2-10 **某企业部分账户有关资料** 单位：元

账户名称	期初余额	本期增加发生额	本期减少发生额	期末余额
库存现金	40 000	100 000	120 000	A
应收账款	85 000	400 000	B	60 000
短期借款	300 000	C	480 000	0
盈余公积	D	80 000	200 000	640 000

要求：计算表2-10中的A、B、C、D，并填入表2-10中。

参考答案

第三章

复式记账法

第一节 复式记账法概述

为了对企业的交易或者事项进行会计核算，在按照一定原则设置了会计科目，并按会计科目开设账户后，就需要采用一定的记账方法将会计要素的增减变动在账户中表现出来，复式记账法就是现代会计采用的记账方法。

一、记账方法概述

所谓记账方法，就是在账户中登记交易或者事项的方法。记账方法也经历了由单式记账法到复式记账法的演变过程。

（一）单式记账法

单式记账法是指对发生的每一笔交易或者事项，一般只在一个账户中登记的方法。这是一种比较简单的不完整的记账方法，通常只登记库存现金和银行存款的收付业务，以及应收、应付款的结算业务，而不登记实物的收付业务。例如，企业购买了一批原材料，企业并不记录原材料的增加，而只记录库存现金（或银行存款）的减少或负债的增加。也就是说，在单式记账法下，对支付费用以及现购或赊购方式购买实物性资产的交易或者事项，只核算现金的减少和负债的增加，而对费用的发生或实物资产的取得，一般不设置账户进行核算。至于实物资产的结存数额，只能从定期地对实物资产进行实地盘存时得到。在单式记账法下，由于各个账户之间互不联系，无法全面反映各笔交易或者事项的来龙去脉，也不能正确核算成本和盈亏，更不便于检查账户记录的正确性，因此，对企业的财务状况和经营成果的反映是不全面的，在历史上，单式记账法与不发达的经济发展水平相适应。今天，除了一些个体工商户还在利用单式记账法来进行简单的会计记录外，所有的企业都已摒弃了单式记账法。

（二）复式记账法

复式记账法是指对企业应该入账的每一笔交易或者事项，都要以相等的金额，同时在两个或两个以上的相关账户中进行记录的一种专门核算方法。例如，企业购买了一批原材料，就要以相等的金额，同时记录原材料的增加和库存现金（或银行存款）的减少或负债的增加，这样登记，就使得库存现金（或银行存款）的减少或负债的增加同原材料的购进紧密联系起来，一方面可以清楚地反映各笔交易或者事项的来龙去脉，另一方面可以通过检查相关账户是否保持金额相等的平衡关系，检查有关交易或者事项的记录是否正确。复式记账法的诞生反映了伴随企业规模扩大、资金来源多元化、经营管理复杂化而产生的对会计信息的更高要求，反映了人们对企业资金运动规律认识的深化，是会计由简单到复杂，由低级向高级发展的一个显著标志。

二、复式记账法的内容

复式记账法，应当包括以下五个方面的内容，否则，就不是完整的复式记账法。

（一）理论基础

理论基础是指作为一种完整的、系统的复式记账技术方法体系的理论依据。

（二）记账符号

记账符号是指作为一种复式记账法对会计要素增减变动进行记录时所使用的符号。

（三）账户结构

账户结构在第二章第二节已经述及，是指作为一种复式记账方法所设置的账户如何反映会计要素的增减变动及结果。

（四）记账规则

记账规则是指作为一种复式记账法，对发生的任何交易或者事项，所涉及账户之间具有的普遍性规律，如果记账时不遵守这种规律，就会发生记账错误。

（五）试算平衡

试算平衡是指作为一种复式记账方法，用于检查所有记账凭证编制、账簿登记、会计报表编制是否正确所采用的方法。

三、复式记账法的种类

凡是满足上述五个方面内容的记账方法都可称为复式记账法。在我国，近几十年曾经有过增减记账法、收付记账法、借贷记账法三种复式记账方法。

增减记账法是以“增”“减”为记账符号来反映交易或者事项的一种复式记账法。它是我国特有的一种记账方法，20世纪60年代在我国商品流通企业全面推行。

收付记账法是以“收”“付”为记账符号来反映交易或者事项的一种复式记账法。它是在我国传统的单式收付记账法的基础上发展起来的，又分为资金收付记账法（在我国行政、事业单位采用）、现金收付记账法（在我国金融企业采用）和财产收付记账法（用于我国农村社队）。

借贷记账法是以“借”“贷”为记账符号来反映交易或者事项的一种复式记账方法。20世纪90年代，为适应改革，从1993年7月1日开始实施的《企业会计准则》规定，会计记账采用借贷记账法，要求我国所有企业在进行会计核算时，都必须统一采用借贷记账法。随后，我国财政部颁布的《行政事业单位会计准则》也规定：各行政事业单位都要采用借贷记账法。也就是说，在我国的所有企业与行政事业单位，都采用借贷记账法进行会计核算，从而取代了其他复式记账法，而成为复式记账法的同义语。

借贷记账法经过500多年的锤炼，已被全世界的会计工作者普遍接受，是一种公认的，比较成熟、科学的记账方法。

第二节 借贷记账法

借贷记账法是全世界会计工作者公认的复式记账法，也是全世界通用的商业语言。**借贷记账法**是以“借”“贷”为记账符号，对发生的每一笔交易或者事项，都要以借、贷相等的金额，在两个或两个以上的相关账户中进行登记的一种复式记账法。

一、理论基础

借贷记账法的理论基础是会计恒等式。

存量会计恒等式：

资产+（广义）费用=负债+所有者权益+（广义）收入

增量会计恒等式：

Δ资产+Δ（广义）费用=Δ负债+Δ所有者权益+Δ（广义）收入

（1）会计恒等式的数量平衡关系决定了不管发生什么样的交易或者事项，会计恒等式将永远成立，因此，每一笔交易或者事项，会影响两个或两个以上的账户发生增减变化，不可能只引起某一会计要素中的某一个账户发生增减变化，否则，会计等式就不能成立。这就决定了借贷记账法对每一笔交易或者事项都必须在两个或两个以上的账户中进行记录。

（2）增量会计恒等式的数量平衡关系，决定了每一笔交易或者事项，必须使增量会计恒等式两边的增量相等，即会计恒等式两边会计要素中具体账户的变动额相等。否则，增量会计恒等式就不能成立。

不仅如此，会计恒等式的数量平衡关系和对立统一关系，还决定了借贷记账法的账户结构、记账规则和试算平衡，因而成为借贷记账法的理论基础。

二、记账符号

视频 3-1

借贷记账法（一）：记账符号、账户结构

借贷记账法是以“借”“贷”为记账符号，来反映会计要素的增减变化及结果。“借”“贷”二字最初产生于资本的收款与放款业务，经营货币资金的资本家，对收进的存款，记在贷主的名下，表示自身的债务，即欠人的增加，对付出的放款，记在借主的名下，表示自身的债权，即人欠的增加，这时，“借”“贷”二字表示债权（人欠）、债务（欠人）及其增减变化。这就是“借”“贷”二字的由来，并因此将以收款和放款为主要业务的资本家称为借贷资本家。

随着商品经济的发展，经济活动的内容日趋复杂化，会计记录的交易或者事项也不再仅限于货币资金的借贷，而逐渐扩展到实物资产、经营损益和经营资本等的增减变化，“借”“贷”二字就由记录债权债务的记账符号推广到债权债务之外的所有交易和事项的记账符号，使得“借”“贷”二字逐渐失去原有的含义，演变成纯粹的记账符号，成为会计上的专门术语。现在讲的“借”“贷”，早已不是原来意义上的“借”“贷”，仅仅作为一对单纯的记账符号，用以标明会计要素中每个账户金额增减变化的方向，至于“借”“贷”，哪个表示增加，哪个表示减少，则取决于账户的结构。

三、账户结构

在借贷记账法下，任何账户都分为借、贷两方，账户的左方称为“借方”，账户的右方称为“贷方”。**借贷记账法的账户结构**就是指账户借方登记什么，贷方登记什么，期末账户有无余额，如有余额，在账户的哪一方，表示什么。

尽管企业的交易或者事项多种多样，但其结果都是引起会计要素的增减变化，如何利用“借”“贷”符号来表示会计要素的增减变动，则要根据账户经济内容的性质，由会计恒等式来决定。

根据会计恒等式：

资产+（广义）费用=负债+所有者权益+（广义）收入

Δ资产+Δ（广义）费用=Δ负债+Δ所有者权益+Δ（广义）收入

根据借贷记账法理论基础的数量平衡关系，不管是对发生的某一笔交易或者事项，还是某一时期的全部交易或者事项，会计恒等式两边会计要素中具体账户的变动额都必须相等，否则，数量平衡关系就不成立。而对于借贷记账法理论基础的“对立统一”关系，我们可以理解为：“对立”就是恒等式两边“你增我减”“你减我增”，即方向相反；“统一”就是恒等式两边同处于一个平衡等式之中，从而决定了资产和费用类账户的结构必须一致，负债、所有者权益和收入类账户的结构必须一致，并且等式两边必须以相反的方向进行登记，才能保持会计恒等式的对立统一关系。因此，对于账户结构只能有以下两种做法。第一种做法是：资产、（广义）费用类账户用“借”表示增加，“贷”表示减少，而负债、所有者权益、（广义）收入类账户就必须用“借”表示减少，“贷”表示增加。第二种做法是：资产、（广义）费用类账户用“借”表示减少，“贷”表示增加，而负债、所有者权益、（广义）收入类账户就必须用“借”表示增加，“贷”表示减少。我们只能两种做法取其一。世界各国普遍采用第一种做法。

（一）资产（资产备抵调整账户除外）、（广义）费用类账户

借方登记其增加数额，贷方登记其减少数额。相应地，账户本期增加发生额、本期减少发生额分别称为**本期借方发生额**（或借方本期发生额）、**本期贷方发生额**（或贷方本期发生额），统称为**本期发生额**。

期末余额=期初余额+本期借方发生额-本期贷方发生额

资产、（广义）费用类账户如有余额，在借方。

资产、（广义）费用类账户结构如图3-1所示。

借方　　**资产、（广义）费用类账户**　　贷方

期初余额	×××		
增加额	×××	减少额	×××
本期发生额	×××	本期发生额	×××
期末余额	×××		

图3-1　资产、（广义）费用类账户结构

（二）负债、所有者权益和（广义）收入类账户

借方登记其减少数额，贷方登记其增加数额。账户本期增加发生额、本期减少发生额分别称为本期贷方发生额（或贷方本期发生额）、本期借方发生额（或借方本期发生额），统称为本期发生额。

期末余额=期初余额+本期贷方发生额-本期借方发生额

负债、所有者权益、（广义）收入类账户如有余额，在贷方。

负债、所有者权益和（广义）收入类账户结构如图3-2所示。

借方 负债、所有者权益、（广义）收入类账户 贷方

借方		贷方	
		期初余额	×××
减少额	×××	增加额	×××
本期发生额	×××	本期发生额	×××
		期末余额	×××

图3-2 负债、所有者权益和（广义）收入类账户结构

（三）关于账户结构的几点注意事项

（1）账户的期末余额只能在账户的一方，一般在增加方。

（2）损益类账户，其余额一般（账结法）到会计期末都要结转到“本年利润”账户，结转之后，该类账户无余额。

（3）在一定条件下，资产类账户和负债类账户可以互相转化，如果一个资产类账户的期末余额由借方变为贷方，说明该账户的性质已经发生变化，已转化为负债类账户。反之，若一个负债类账户的期末余额由贷方变为借方，说明该账户已转化为资产类账户。不仅如此，借贷记账法还允许设置双重性质账户，所谓“**双重性质账户**”是指既可以用来核算资产，又可以用来核算负债的具有资产、负债双重性质的账户，或者既可以用来核算收入或利得，又可以用来核算费用或损失的具有收入、费用双重性质的账户。例如，会计科目表中的“共同类”账户就是资产、负债双重性质账户，这些账户期末余额若在借方就是资产类账户，若在贷方就是负债类账户。再如，投资收益、公允价值变动损益就是收入、费用双重性质账户，期末若贷方发生额大于借方发生额，其差额就是净收益，若借方发生额大于贷方发生额，其差额就是净损失。任何一个双重性质账户，都是把相同内容的两个方面密切相关的账户合并在一起，并具有两个账户的功能，设置双重性质的账户，有利于简化会计核算手续。从上述可知，如果不知道一个账户的性质，则可以从账户余额的方向来判断。若一个账户的期末余额在借方，则该账户一定是资产类账户；反之，若一个账户的期末余额在贷方，则该账户一定是负债或所有者权益类账户。

（4）资产类账户中的“坏账准备”“累计折旧”等账户，按账户经济内容属于资产类账户；按账户用途和结构分类，则属于调整类账户中的资产备抵调整账户，即核算资产的损耗价值；按账户用途和结构却属于负债性质，借方登记损耗价值的减少，贷方登记损耗价值的增加，即“借减贷增”，余额在贷方。“利润分配”账

户，按账户经济内容属于所有者权益类账户，即核算企业的利润分配，按账户用途和结构却属于资产性质，借方登记利润分配增加，贷方登记利润分配减少，即“借增贷减”。

综上所述，借贷记账法的账户结构只是一般规律，不是绝对的、一成不变的。这就要求读者在掌握其一般规律的同时，也要注意其特殊性。

四、记账规则

（一）记账规则及其作用

视频 3-2

借贷记账法（二）：记账规则、会计分录及其编制要求

所谓**借贷记账法的记账规则**，就是对发生的任何交易或者事项，所涉及的账户之间具有的普遍性规律，违背了该规律，记账就将发生错误。

根据第二章第三节的内容，交易或者事项的内在规律如下：对发生的每一笔交易或者事项，都要引起两个或者两个以上的账户同时发生增减变化，并且不管是一笔，还是某一会计期间的全部交易或者事项，都必须同时满足：

1.存量会计恒等式

资产+（广义）费用=负债+所有者权益+（广义）收入

2.增量会计恒等式

Δ资产+Δ（广义）费用=Δ负债+Δ所有者权益+Δ（广义）收入

而增量会计恒等式还可以写成：

Δ（资产+（广义）费用）=Δ（负债+所有者权益+（广义）收入）

就是：

资产、(广义)费用账户增加额 − 资产、(广义)费用账户减少额 = 负债、所有者权益、(广义)收入账户增加额 − 负债、所有者权益、(广义)收入账户减少额

根据借贷记账法的账户结构，就是：

借：资产、(广义)费用账户(增加额) − 贷：资产、(广义)费用账户(减少额) = 贷：负债、所有者权益、(广义)收入账户(增加额) − 借：负债、所有者权益、(广义)收入账户(减少额)

移项得：

借：资产、(广义)费用账户(增加额) + 借：负债、所有者权益、(广义)收入账户(减少额) = 贷：负债、所有者权益、(广义)收入账户(增加额) + 贷：资产、(广义)费用账户(减少额) *

我们将其称为增量会计恒等式*，由于任何交易或者事项都会引起两个或两个以上的账户发生增减变化，因此，增量会计恒等式*中的四项不会同时为零，也不会同时有三项为零（若有三项同时为零，会计恒等式将不成立），至多有两项同时为零，且为零的两项既不会同时是借方的两项，又不会同时是贷方的两项，否则，增量会计恒等式*将不成立。由增量会计恒等式*，我们得到借贷记账法的记账规则：

对任何交易或者事项，不管是一笔，还是某一会计期间的全部交易或者事项，在进行记账时，既要有借方账户，又要有贷方账户，且借方账户金额（就是资产、（广义）费用账户增加额与负债、所有者权益、（广义）收入账户减少额）合计等于贷方账户金额（就是负债、所有者权益、（广义）收入账户增加额与资产、（广义）费用账户减少额）合计。简言之，就是“有借必有贷，借贷必相等”。

借贷记账法的记账规则，体现了任何交易或者事项所涉及账户之间的内在规律。违背了“有借必有贷，借贷必相等”的记账规则，记账就会出现错误。因此，运用借贷记账法的记账规则既可以避免记账过程中容易发生的一些记账错误，又可以用来检查记账过程中已经发生的一些记账错误。

（二）记账规则的应用

1.会计分录

对发生的每一笔交易或者事项，根据第一章第三节会计核算方法可知，在会计实务中，并不是根据证明交易或者事项发生的原始凭证，直接依据记账规则，登记账户，而是根据审核无误的原始凭证，编制记账凭证，再根据符合记账规则的记账凭证登记账户，虽然记账凭证包含很多内容（详见第四章），但其核心内容是：确定每笔交易或者事项涉及账户的名称，以及记入账户的借贷方向及金额。我们将标明每笔交易或者事项应借应贷账户及借贷金额相等的记录，称为会计分录，将“会计账户、记账符号、发生金额”称为会计分录三要素，并对会计分录格式作如下规定：

借：账户名称　　　　金额
　贷：账户名称　　　　　　金额

即：借在前，贷在后；借偏左，贷偏右（缩后两格或缩后一格）。

如从银行提取现金5 000元，其会计分录格式为：

借：库存现金　　　　5 000
　贷：银行存款　　　　　　5 000

如果涉及一个以上借方账户，除第一个账户标明“借：”外，后面账户将“借：”省略，只需将账户名称与第一个账户名称左面对齐，金额右面对齐即可，若涉及一个以上贷方账户，亦同样处理。如用现金760元和银行存款120 000元归还应付账款，其会计分录格式为：

借：应付账款　　　　120 760
　贷：库存现金　　　　　　760
　　　银行存款　　　　　　120 000

在会计实务中，会计分录是写在记账凭证上的，为了方便学习和讨论问题，常常用会计分录代替记账凭证。

编制会计分录的过程，就是对会计要素进行会计确认、计量和记录的过程，一般分为以下两个步骤：

（1）确定每笔交易或者事项涉及哪些账户，每个账户属于哪个会计要素，增加或减少的金额是多少。

（2）根据涉及账户的账户结构确定是借还是贷。

上述过程完成后，就可以根据借贷记账法的记账规则编制会计分录。

在学习借贷记账法的过程中，为了简化记账过程，突出核心内容，使读者便于掌握借贷记账法的本质，我们用会计分录代替记账凭证，用T形账户代替实际账户，其主要目的是便于学习。

视频3-3

借贷记账法（三）：会计分录编制举例

2.记账规则应用举例

假设宏伟机械制造有限责任公司20××年7月31日有关总账账户期末余额见表3-1。

表3-1　宏伟机械制造有限责任公司20××年7月31日有关总账账户期末余额　单位：元

资产类账户	期末余额	负债和所有者权益类账户	期末余额
库存现金	156 000	短期借款	120 000
银行存款	400 000	应付票据	40 000
原材料	260 000	应付账款	100 000
固定资产	1 454 000	应交税费	10 000
		实收资本	2 000 000
资产合计	2 270 000	负债和所有者权益合计	2 270 000

该公司8月发生下列交易或者事项，要求编制会计分录，并登记账户。

【例3-1】8月1日，取得短期借款200 000元，存入银行。

该笔交易涉及负债类账户“短期借款”增加200 000元，资产类账户“银行存款”增加200 000元。根据负债类账户借减贷增、资产类账户借增贷减的账户结构，编制的会计分录为：

借：银行存款　　200 000

　贷：短期借款　　200 000

根据记账凭证（这里用会计分录代替，下同）登记“银行存款”“短期借款”账户（如图3-3所示）。

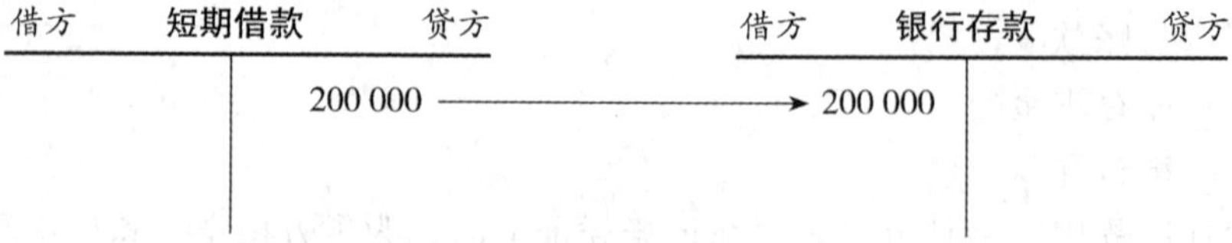

图3-3　登记“银行存款”“短期借款”账户

为了明确每笔交易或者事项涉及账户之间的相互联系，在T形账户中，我们用“箭号”把相关账户联系起来，并规定用“箭头”指向账户借方，用“箭尾”指向账户贷方，以后均假定如此。

【例3-2】8月5日，用银行存款60 000元归还应付账款。

该交易涉及资产类账户“银行存款”减少60 000元，负债类账户“应付账款”减少60 000元。根据资产类账户借增贷减、负债类账户借减贷增的账户结构，编制的会计分录为：

借：应付账款　　60 000

　贷：银行存款　　60 000

根据记账凭证登记“应付账款”“银行存款”账户（如图3-4所示）。

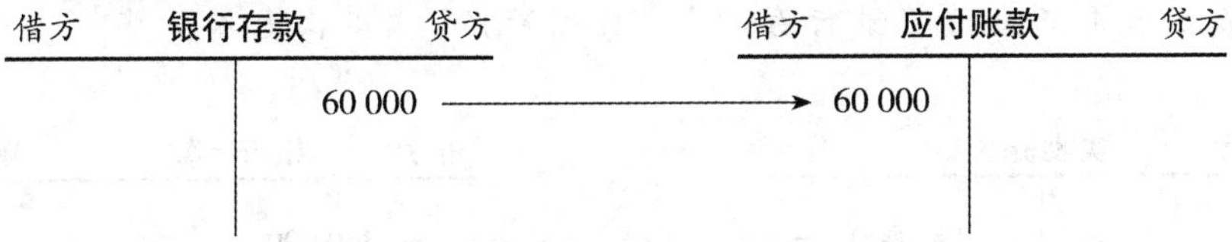

图3-4　登记“应付账款”“银行存款”账户

【例3-3】8月8日，将现金140 000元存入银行。

该笔交易涉及资产类账户“银行存款”增加140 000元，另一资产类账户“库存现金”减少140 000元。根据资产类账户借增贷减的账户结构，编制的会计分录为：

借：银行存款　　140 000

　贷：库存现金　　140 000

根据记账凭证登记“银行存款”“库存现金”账户（如图3-5所示）。

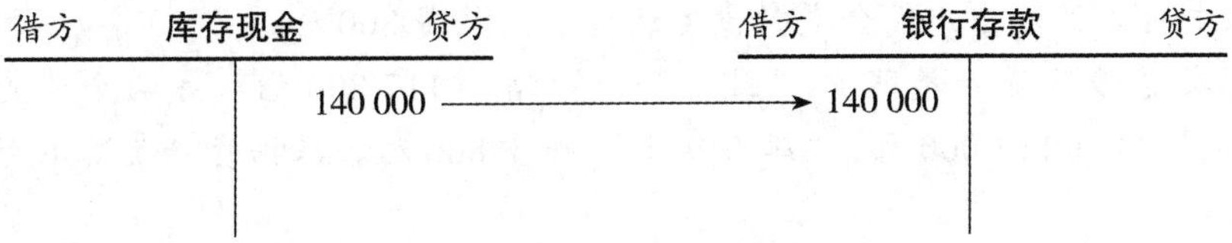

图3-5　登记“银行存款”“库存现金”账户

【例3-4】8月13日，从银行贷款（借期3个月）40 000元，以支付1张票面金额为40 000元、已到期的商业汇票。

该事项涉及负债类账户“应付票据”减少40 000元，另一负债类账户“短期借款”增加40 000元。根据负债类账户借减贷增的账户结构，编制的会计分录为：

借：应付票据　　40 000

　贷：短期借款　　40 000

根据记账凭证登记“应付票据”“短期借款”账户（如图3-6所示）。

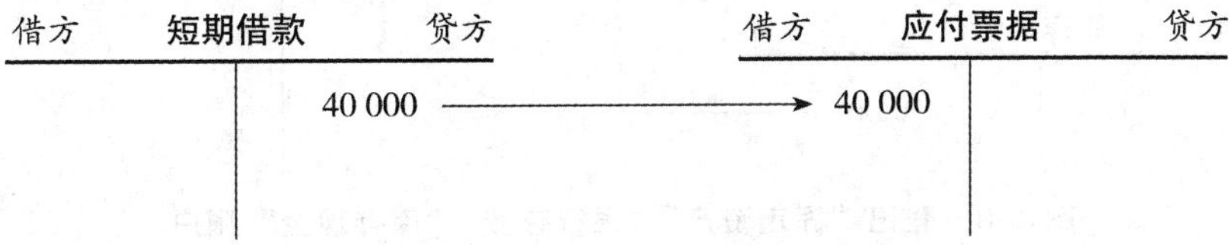

图3-6　登记“应付票据”“短期借款”账户

【例3-5】8月18日，收到投资者投入企业货币资金360 000元，存入银行；设备一台，价值480 000元（不考虑增值税），已交付使用。

该笔交易涉及资产类账户“银行存款”增加360 000元，另一资产类账户“固定资产”增加480 000元，所有者权益类账户“实收资本”增加840 000元。根据借贷记账法的账户结构，会计分录为：

借：银行存款　　　　360 000

　　固定资产　　　　480 000

　贷：实收资本　　　　　　840 000

根据记账凭证登记“银行存款”“固定资产”“实收资本”账户（如图3-7所示）。

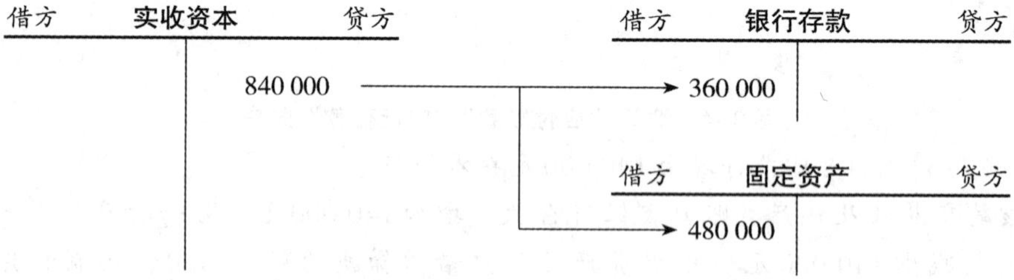

图3-7　登记“银行存款”“固定资产”“实收资本”账户

本例中，会计恒等式左边两个资产类账户的增加额等于右边一个所有者权益类账户的增加额，因此，是两借一贷的会计分录。

【例3-6】8月24日，购入一台设备，价款为117 000元（不考虑增值税），用银行存款支付。另外，用现金支付设备运费、安装费800元。

该笔交易涉及资产类账户“固定资产”增加117 800元，另两个资产类账户“银行存款”减少117 000元，“库存现金”减少800元。根据资产类账户结构，会计分录为：

借：固定资产　　　　117 800

　贷：银行存款　　　　　　117 000

　　　库存现金　　　　　　800

根据记账凭证登记“固定资产”“银行存款”“库存现金”账户（如图3-8所示）。

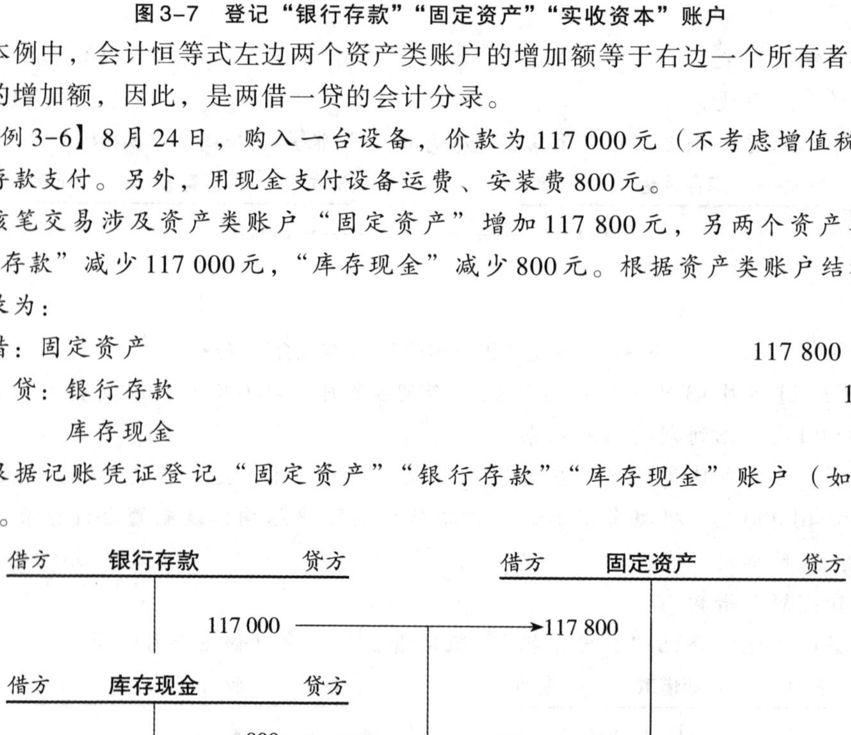

图3-8　登记“固定资产”“银行存款”“库存现金”账户

本例中，会计恒等式左边的两个资产类账户的减少额合计等于另一个资产类账户的增加额，因此，是一借两贷的会计分录。

【例 3-7】8 月 26 日，购入原材料，价款 50 000 元，增值税进项税额为 6 500 元，价税合计 56 500 元，以银行存款支付 40 000 元，余款暂欠，材料已验收入库。

该笔交易涉及资产类账户“原材料”增加 50 000 元，另一资产类账户“银行存款”减少 40 000 元，负债类账户“应付账款”增加 16 500 元（56 500−40 000），另一负债类账户“应交税费”减少 6 500 元。根据借贷记账法的账户结构，会计分录为：

借：原材料 50 000
　　应交税费——应交增值税（进项税额） 6 500
　贷：银行存款 40 000
　　　应付账款 16 500

根据记账凭证登记“原材料”“应交税费”“银行存款”“应付账款”账户（如图 3-9 所示）。

借方	银行存款	贷方
		40 000

借方	原材料	贷方
50 000		

借方	应付账款	贷方
		16 500

借方	应交税费	贷方
6 500		

图 3-9 登记“原材料”“应交税费”“银行存款”“应付账款”账户

本例中，会计恒等式左边的两个资产类账户有增有减，右边的两个负债类账户也有增有减，是两借两贷的会计分录。

3.账户对应关系与会计分录类型

（1）账户对应关系。根据借贷记账法的记账规则，每笔交易或者事项，既要有借方账户，又要有贷方账户，我们把借方账户与贷方账户这种关系称为**账户对应关系**，发生对应关系的账户互为**对应账户**。在上面账户记录中，箭头指向的账户，其对应账户就是该箭尾指向的账户，反之亦然。如【例 3-1】中，“银行存款”账户与“短期借款”账户发生了对应关系，“银行存款”账户的对应账户是“短期借款”账户，同样，“短期借款”账户的对应账户是“银行存款”账户。需要注意的是：

① 账户的对应关系不一定是一一对应的，可能几个账户对应同一个账户，也可能是一个账户有几个对应账户，如在【例 3-5】中，“银行存款”的对应账户是“实收资本”账户，“固定资产”的对应账户也是“实收资本”账户，“实收资本”账户的对应账户是“银行存款”和“固定资产”两个账户。

② 账户的对应关系也可能是模糊的，即无法准确确定其对应账户。如在【例 3-7】中，“应交税费”的对应账户既可以是“银行存款”账户，又可以是“应付账款”账户，而“应付账款”的对应账户既可以是“原材料”一个账户，又可以是“原材料”“应交税费”两个账户，这是多借多贷会计分录的一个缺陷。

（2）简单会计分录与复合会计分录。在会计分录中，我们把只涉及两个账户的会计分录，即只有一借一贷对应关系的会计分录，称为**简单会计分录**（如【例3-1】到【例3-4】的会计分录），把涉及两个以上账户的会计分录，即具有多借一贷、一借多贷、多借多贷对应关系的会计分录，称为**复合会计分录**。之所以称为复合会计分录，是因为它们可以由简单分录复合而成（【例3-5】到【例3-7】的会计分录），如在【例3-5】中，可以将复合会计分录：

借：银行存款	360 000	
固定资产	480 000	
贷：实收资本		840 000

分解为两个简单会计分录：

借：银行存款	360 000	
贷：实收资本		360 000
借：固定资产	480 000	
贷：实收资本		480 000

既可以认为具有两借一贷对应关系的复合会计分录可以分解为作用完全相同的一借一贷的两个简单会计分录，又可以认为复合会计分录是由两个简单会计分录复合而成。也就是说，两借一贷的复合会计分录等价于后面两个一借一贷的简单会计分录。

需要说明的是：除非交易或者事项本身需要，可以编制多借多贷的会计分录外，否则不许把不同的交易或者事项合并在一起，编制多借多贷的会计分录，这是因为多借多贷的会计分录，账户间的对应关系模糊，如【例3-7】，而一借一贷、多借一贷、一借多贷的会计分录，账户之间的对应关系一目了然，能够清晰反映每笔交易或者事项的来龙去脉。如果一笔交易或者事项涉及两个以上的账户，一般都要编制复合会计分录，而不编制与其等价的几个简单会计分录。这是因为，编制复合会计分录，既可以简化记账手续，又能集中反映某笔交易或者事项的全貌。

五、试算平衡

视频3-4

借贷记账法（四）：试算平衡

借贷记账法的试算平衡，是指检查记账凭证、账簿记录、编制财务报表是否正确的一种方法。

试算平衡主要检查两个方面的平衡关系：发生额平衡和余额平衡。

所谓**发生额平衡**，是指一定时期全部账户借方发生额合计与全部账户贷方发生额合计平衡。一定时期通常是指某一会计期间。发生额合计平衡可以从增量会计恒等式，根据借贷记账法的账户结构而得出，在推导借贷记账法的记账规则时，我们得到增量会计恒等式的变形：

借：资产、		借：负债、所有者权益、		贷：负债、所有者权益、		贷：资产、
(广义)费用	+	(广义)收入	=	(广义)收入	+	(广义)费用
账户(增加额)		账户(减少额)		账户(增加额)		账户(减少额)

对某一会计期间的全部交易或者事项都是成立的，这显然就是："一定时期全部账户借方发生额合计与全部账户贷方发生额合计平衡。"

所谓**余额平衡**，是指在一定时期的任意时点上，所有账户的借方余额合计与所有账户的贷方余额合计相平衡。余额平衡通常是指期初余额平衡和期末余额平衡。这可以从存量会计恒等式，根据借贷记账法账户结构中各类账户余额方向直接得出：在会计期末资产类账户的余额在借方，负债、所有者权益类账户的余额在贷方，反之，若一个账户是借方余额，一定是资产类账户，若一个账户为贷方余额，一定是负债或所有者权益类账户，而（广义）收入扣减（广义）费用形成利润并入所有者权益，即（广义）收入、（广义）费用期末无余额。因此，全部账户的借方余额合计就是资产的余额，全部账户的贷方余额合计就是负债和所有者权益的合计余额，根据存量会计恒等式：

资产=负债+所有者权益

也就是说，一定时期所有账户的借方余额合计与所有账户的贷方余额合计平衡。

综上，我们得到一定会计期间的两个试算平衡公式。

发生额平衡公式：

全部账户借方发生额合计=全部账户贷方发生额合计

余额平衡公式：

全部账户借方余额合计=全部账户贷方余额合计

由于本期的期初余额就是上期的期末余额，因此，余额平衡公式既包括期初余额，又包括期末余额。

试算平衡通常是在期末结出各个账户本期发生额和期末余额后，通过编制试算平衡表来进行的。

假设宏伟机械制造有限责任公司8月只发生了【例3-1】到【例3-7】七笔交易或者事项，现将各个账户的期初余额（见表3-1）和本期发生额（七笔会计分录中金额）过入各个账户，并结出期末余额（如图3-10所示）。

根据试算平衡计算公式，既可以分别编制"总分类账户本期发生额试算平衡表""总分类账户期末余额试算平衡表"，又可以将其合在一起编制"总分类账户本期发生额及余额试算平衡表"。

根据宏伟机械制造有限责任公司8月份各个账户的本期发生额和期初、期末余额，分别编制三种试算平衡表，见表3-2、表3-3、表3-4。

通过试算平衡表的编制，可以检查出所有引起借贷不平衡的记账和过账错误。例如：漏登或重登了借方金额或者贷方金额；登错了借方金额或者贷方金额；将借方金额登记到贷方，或者将贷方金额登记到借方等。只要试算平衡公式不平衡，就说明记账或过账一定有错误。但是，如果试算平衡公式都平衡，并不能肯定记账或过账无错误，因为有些记账或者过账错误并不影响试算平衡。例如，漏登或者重登了一笔交易或者事项，将借方或者贷方账户写错，将借方和贷方账户都写错，将借方和贷方账户同时多记或少记相同金额等，并不能通过试算平衡来发现。这说明

借方	库存现金		贷方
期初余额	156 000	(3)	140 000
		(6)	800
发生额	—	发生额	140 800
期末余额	15 200		

借方	银行存款		贷方
期初余额	400 000		
(1)	200 000	(2)	60 000
(3)	140 000	(6)	117 000
(5)	360 000	(7)	40 000
发生额	700 000	发生额	217 000
期末余额	883 000		

借方	原材料		贷方
期初余额	260 000		
(7)	50 000		
发生额	50 000	发生额	—
期末余额	310 000		

借方	固定资产		贷方
期初余额	1 454 000		
(5)	480 000		
(6)	117 800		
发生额	597 800	发生额	—
期末余额	2 051 800		

借方	短期借款		贷方
		期初余额	120 000
		(1)	200 000
		(4)	40 000
发生额	—	发生额	240 000
		期末余额	360 000

借方	应付票据		贷方
		期初余额	40 000
(4)	40 000		
发生额	40 000	发生额	—
		期末余额	—

借方	应付账款		贷方
		期初余额	100 000
(2)	60 000		
		(7)	16 500
发生额	60 000	发生额	16 500
		期末余额	56 500

借方	应交税费		贷方
		期初余额	10 000
(7)	6 500		
发生额	6 500	发生额	—
		期末余额	3 500

借方	实收资本		贷方
		期初余额	2 000 000
		(5)	840 000
发生额	—	发生额	840 000
		期末余额	2 840 000

图3-10 七笔分录的账户记录

只根据试算平衡的结果并不足以说明记账和过账没有错误，还需要对会计记录进行日常或定期的复核，才能保证账户记录的正确性。尽管如此，由于试算平衡能够检查出记账、过账过程中最容易出现的大部分错误，到目前为止，仍不失为世界上公认的检查记账、过账错误最好的办法。

表3-2 **总分类账户本期发生额试算平衡表**

20××年8月31日 单位：元

账户名称	借方发生额	贷方发生额
库存现金	—	140 800
银行存款	700 000	217 000
原材料	50 000	—
固定资产	597 800	—
短期借款	—	240 000
应付票据	40 000	—
应付账款	60 000	16 500
应交税费	6 500	—
实收资本	—	840 000
合　计	1 454 300	1 454 300

表3-3 **总分类账户期末余额试算平衡表**

20××年8月31日 单位：元

账户名称	借方余额	贷方余额
库存现金	15 200	
银行存款	883 000	
原材料	310 000	
固定资产	2 051 800	
短期借款		360 000
应付票据		—
应付账款		56 500
应交税费		3 500
实收资本		2 840 000
合　计	3 260 000	3 260 000

表3-4 总分类账户本期发生额及余额试算平衡表

20××年8月31日 单位：元

账户名称	期初余额		本期发生额		期末余额	
	借　方	贷　方	借　方	贷　方	借　方	贷　方
库存现金	156 000		—	140 800	15 200	
银行存款	400 000		700 000	217 000	883 000	
原材料	260 000		50 000	—	310 000	
固定资产	1 454 000		597 800	—	2 051 800	
短期借款		120 000	—	240 000		360 000
应付票据		40 000	40 000	—		—
应付账款		100 000	60 000	16 500		56 500
应交税费		10 000	6 500	—		3 500
实收资本		2 000 000	—	840 000		2 840 000
合　计	2 270 000	2 270 000	1 454 300	1 454 300	3 260 000	3 260 000

第三节 账户分类

上节介绍了借贷记账法的理论基础、记账符号、账户结构、记账规则、试算平衡，但这还不够；应用借贷记账法，还需要掌握交易或者事项涉及的各个账户的性质、具体内容、用途和结构。因为对发生的每一笔交易或事项，都要编制会计分录（记账凭证），即确定涉及哪些会计要素中的哪个账户。这就要求掌握每个账户的经济内容，同时还要知道：每个账户用来干什么，即经济用途；每个账户借方登记什么，贷方登记什么，有无余额，余额在哪一方，表示什么，即账户结构。要准确地做到这一点，不仅要掌握每个账户区别于其他账户的特殊性，还要掌握有关账户之间普遍存在的共同性，这样才能准确地编制会计分录，运用账户。这就需要对账户进行科学分类。

视频 3-5

账户分类

一、账户分类概述

（一）账户分类概念

所谓**账户分类**，是指对界定的全部账户按照特定标志，从某一个侧面对账户所进行的科学归类。账户分类的特定标志，实际上就是账户的共性，凡是在提供核算指标方面有共性的账户，就它们的共性而言属于同一类账户，而它们之间的共性也就成为该类账户的标志。账户分类的标志最主要有两种：一是账户的经济内容；二是账户的用途和结构。

每一个账户都有其特定的核算内容、用途和结构，并反映其核算内容的增减变动及结果。在全部账户构成的账户体系中，每一个账户都不能被其他账户所替代，使得每个账户都有区别于其他账户的特征，即所谓账户的特殊性。同时，对发生的每一笔交易或者事项，都涉及两个或两个以上的账户，并在内容上、金额上形成对应关系。也就是说，各个账户之间不是孤立存在的，而是相互联系、相互依存，构成一个完整的账户体系。账户分类主要是在各个账户特殊性的基础上，了解其共性，掌握各个账户在提供会计核算指标方面的规律性。

（二）账户分类作用

通过账户分类，不仅明确了各类账户之间的区别与联系，而且可以了解整个账户体系与会计要素之间的联系，从而掌握各类账户在提供会计核算指标方面的规律性，以便正确地设置和运用账户。虽然不同分类标准的账户分类对账户有着不同的作用，但从整体上看，具有以下作用：

1.账户分类有助于理解各类账户的作用及类内各个账户之间的关系

账户分类就是从不同角度入手，抓住账户之间的某种共性，了解各类账户的作用及类内各个账户之间的联系与区别。

2.账户分类有利于设置和运用账户

不同的账户分类标志可以从不同侧面去认识各类账户的共性，把握各类账户的区别及类内各个账户之间的联系。这显然有利于设计会计账户格式，有利于编制财务报表。如按账户的用途和结构分类以后，对具有相同结构的账户，就可以设置相同的账户格式。

3.账户分类有利于会计信息使用者经济有效地获取会计信息

企业会计核算的目标是向会计信息使用者提供与企业财务状况、经营成果等有关的会计信息。掌握账户按经济内容的分类，是会计信息使用者准确获取这些会计信息的前提，完整的账户分类对会计信息使用者有巨大的帮助，使他们能够系统有序地从相关会计账户中获取有用的会计信息。

（三）账户分类基本原则

为了更好地发挥账户分类的作用，账户分类必须遵循一定的分类原则。如果没有基本原则，而是随意进行分类，不仅不能发挥账户分类的作用，还会产生矛盾和混乱。账户分类应遵循以下原则：

1.明确性

账户分类，首先应明确是对哪些账户的分类，是对总分类账户的分类，还是对明细分类账户的分类。如果是对总分类账户的分类，也要明确是对所有总分类账户的分类，还是只对一般企业总分类账户的分类，或只是对常用部分账户的分类。只有分类对象明确，才能从整体上掌握各类账户的联系与区别，才能探明各个账户在整个账户体系中的地位和作用。本书只对一般企业共有的97个总账账户进行分类。

2.全面性

账户的分类，应是在明确性的基础上，对所限定全部账户的分类，即分类应具有全面性。也就是说，对任意一个账户，按任何标志分类，都应该属于其中某一类，而不会无类可归属，即不漏，否则，这种分类就是不完全的，就不会了解和掌握全部账户之间的个性与共性及其相互之间的关系。

3.实用性

账户分类的目的是在各个账户特殊性的基础上，了解其共性，掌握各个账户在提供会计核算指标方面的规律性，更好地设置和运用账户，有助于实现会计核算目标。因此，账户分类不仅仅是理论上的分类，更要注重其实用性。

二、账户按经济内容的分类

账户经济内容就是指账户所要核算的会计对象的具体内容。由于会计对象的具体内容，按照交易或者事项的经济特征划分为资产、负债、所有者权益、收入、费用和利润六要素；相应地，账户按其经济内容，就可分为资产类账户、负债类账户、所有者权益类账户、收入类账户、费用类账户和利润类账户六大类。

需要指出的是，为了更好地实现会计核算目标，也就是会计报告目标，向财务报告使用者提供与企业财务状况、经营成果和现金流量等有关的会计信息，从实用性的角度，在会计实务中，对上述分类作了如下调整：

（1）企业在一定会计期间实现的利润，除了缴纳所得税、分配给投资者的利润要退出企业外，提取的盈余公积归属于所有者权益，未分配利润最终也要归属于所有者权益。也就是说，企业在一定会计期间实现的利润，除了一部分退出企业外，其余部分均转化为所有者权益。所以，将利润类账户并入所有者权益类账户。

（2）有些账户内容，在某一会计期间，既可能形成企业的资产，又可能构成企业的负债，而具有资产、负债双重性质。也就是说，这类账户既不属于资产类账户，又不属于负债类账户，将具有这种共同性质的账户归为一类，称为共同类。

（3）有些企业，必须进行产品成本、劳务成本及工程成本等成本的计算，需要专门设置用来核算转化为资产的成本账户，将这类账户称为成本类账户。

（4）企业在一定期间所取得的广义收入、发生的广义费用，最终都体现在当期损益的计算中，为了便于反映企业的经营成果，即编制利润表（也称损益表），将广义收入、广义费用归为一类，称作损益类账户。

在2006年发布的《企业会计准则——应用指南》附录中，一般企业有90个账户，随着经济业务的不断发展变化，不断修订的《企业会计准则——应用指南》附录中一般企业账户也在变动，本书只对一般企业的97个总账账户按经济内容不同，分为资产类账户、负债类账户、共同类账户、所有者权益类账户、成本类账户和损益类账户六大类。具体分类如下：

（一）资产类账户

资产类账户是指用来核算企业各种资产增减变动及结存情况的账户。资产类账户按流动性不同，分为流动资产类账户和非流动资产类账户。属于流动资产类账户的有：库存现金、银行存款、其他货币资金、交易性金融资产、应收票据、应收账款、合同资产、预付账款、应收股利、应收利息、其他应收款、坏账准备、代理业务资产、材料采购、在途物资、原材料、材料成本差异、库存商品、发出商品、商品进销差价、委托加工物资、周转材料、存货跌价准备。属于非流动资产类账户的有：债权投资、债权投资减值准备、其他债权投资、其他权益工具投资、长期股权投资、长期股权投资减值准备、投资性房地产、长期应收款、未实现融资收益、固定资产、累计折旧、固定资产减值准备、在建工程、工程物资、固定资产清理、无形资产、累计摊销、无形资产减值准备、商誉、长期待摊费用、递延所得税资产、待处理财产损溢。

（二）负债类账户

负债类账户是指用来核算企业各种负债增减变动及结存情况的账户。负债类账户按其流动性不同，分为流动负债类账户和非流动负债类账户。属于流动负债类账户的有：短期借款、交易性金融负债、应付票据、应付账款、合同负债、预收账款、应付职工薪酬、应交税费、应付股利、应付利息、其他应付款、代理业务负债。属于非流动负债账户的有：递延收益、长期借款、应付债券、长期应付款、未确认融资费用、专项应付款、预计负债、递延所得税负债。

（三）共同类账户

共同类账户是指用来核算企业在某一会计期间，既可能形成企业资产，又可能构成企业负债的某类特定业务增减变动及其结果的账户。“共同”体现在该类账户都具有资产、负债共同性质，属于该类账户的有：衍生工具、套期工具、被套期项目。

（四）所有者权益类账户

所有者权益类账户是指用来核算企业所有者权益增减变动及结存情况的账户。所有者权益类账户按其形成渠道不同，分为反映注册资本的账户和反映资本积累的账户。属于注册资本账户的有：实收资本（股本），库存股。属于资本积累账户的有：资本公积、其他综合收益、盈余公积、本年利润、利润分配。

（五）成本类账户

成本类账户是指企业用来核算产品成本、劳务成本、研发成本、工程成本的构成内容及形成情况的账户。属于成本类账户的有：生产成本、制造费用、劳务成本、研发支出。

（六）损益类账户

损益类账户是指企业用来核算广义收入和广义费用的增减变动情况的账户。损益类账户按损益组成的内容分为广义收入类账户，广义费用类账户和收入、费用双重性质类账户。属于广义收入类账户的有：主营业务收入、其他业务收入、其他收益、营业外收入。属于广义费用类账户的有：主营业务成本、其他业务成本、税金及附加、销售费用、管理费用、财务费用、信用减值损失、资产减值损失、营业外支出、所得税费用。属于收入、费用双重性质类账户的有：投资收益、公允价值变动损益、以前年度损益调整、资产处置损益。账户按经济内容的分类汇总见表3-5。

表3-5 账户按经济内容的分类

大类	小类	账户名称
一、资产类	流动资产类	库存现金、银行存款、其他货币资金、交易性金融资产、应收票据、应收账款、合同资产、预付账款、应收股利、应收利息、其他应收款、坏账准备、代理业务资产、材料采购、在途物资、原材料、材料成本差异、库存商品、发出商品、商品进销差价、委托加工物资、周转材料、存货跌价准备
	非流动资产类	债权投资、债权投资减值准备、其他债权投资、其他权益工具投资、长期股权投资、长期股权投资减值准备、投资性房地产、长期应收款、未实现融资收益、固定资产、累计折旧、固定资产减值准备、在建工程、工程物资、固定资产清理、无形资产、累计摊销、无形资产减值准备、商誉、长期待摊费用、递延所得税资产、待处理财产损溢
二、负债类	流动负债类	短期借款、交易性金融负债、应付票据、应付账款、合同负债、预收账款、应付职工薪酬、应交税费、应付股利、应付利息、其他应付款、代理业务负债
	非流动负债类	递延收益、长期借款、应付债券、长期应付款、未确认融资费用、专项应付款、预计负债、递延所得税负债
三、共同类		衍生工具、套期工具、被套期项目
四、所有者权益类	注册资本类	实收资本、库存股
	资本积累类	资本公积、其他综合收益、盈余公积、本年利润、利润分配
五、成本类		生产成本、制造费用、劳务成本、研发支出
六、损益类	广义收入类	主营业务收入、其他业务收入、其他收益、营业外收入
	广义费用类	主营业务成本、其他业务成本、税金及附加、销售费用、管理费用、财务费用、信用减值损失、资产减值损失、营业外支出、所得税费用
	收入、费用双重性质类	公允价值变动损益、投资收益、以前年度损益调整、资产处置损益

在账户按经济内容的分类中，由于资产类账户、负债类账户、共同类账户、所有者权益类账户和成本类账户是编制资产负债表的依据，所以又将其统称为资产负债表账户或实账户，而损益类账户是编制利润表的依据，所以又将其称为利润表账户或虚账户。

由于账户是按会计科目设置的，有多少会计科目，就有多少与会计科目名称完全相同的账户，名称相同的账户与会计科目包含的经济内容完全相同。账户按经济内容的分类，就是对会计科目的分类。本书涉及的48个会计科目按经济内容分类，就是表2-1。

掌握账户按其经济内容的分类，目的是在学习会计记录时，对涉及表2-1的每一个账户，都应该掌握该账户按经济内容属于哪一类，有什么用途和结构，以便正确地运用账户进行会计记录。这是每个学生必须掌握的内容。

三、会计账户按其他标志的分类

账户虽然还可以按其他标志进行分类，但都离不开账户按经济内容的分类，不是对账户按经济内容分类的细化，就是对账户按经济内容分类的概括，分述如下：

（一）账户按用途和结构的分类

账户按用途和结构的分类，是账户在按经济内容分类基础上的进一步细分，是对账户按经济内容分类的必要补充。所谓**账户用途**，是指开设账户的目的，用来核算什么，即通过账户记录能够提供哪些核算资料。所谓账户结构，是指在账户中如何提供核算资料，在借贷记账法下，就是账户借方登记什么，贷方登记什么，期末账户有无余额，如有余额，在账户的哪一方，反映什么。本书只对一般企业的97个账户，按用途和结构不同，分为：盘存类账户、对外投资类账户、调整类账户、结算类账户、投资权益类账户、成本计算类账户、计价对比类账户、公允价值变动类账户、递延所得税类账户、跨期分摊类账户、代理业务类账户、无实物形态资产类账户、收入类账户、费用类账户、其他类账户共15类账户。考虑到账户按用途和结构分类涉及众多账户，有一半账户在基础会计课程中没有学到，因此，难度较大，我们将其放到本书附录中，具体讲到什么程度，可根据学生情况而定。

（二）账户按其与会计报表关系的分类

账户按其与会计报表的关系分为资产负债表账户和利润表账户。这里的资产负债表账户就是账户按经济内容分类的资产类账户、负债类账户、所有者权益类账户、共同类账户和成本类账户。利润表账户就是损益类账户。这是对账户按经济内容分类的概括。

（三）账户按期末有无余额的分类

账户按期末有无余额分为实账户和虚账户。在这里，将期末有余额的账户称为实账户，将期末无余额的账户称为虚账户。实账户就是账户按经济内容分类的资产类账户、负债类账户、所有者权益类账户、共同类账户和成本类账户。虚账户就是损益类账户。这也是对账户按经济内容分类的概括。

（四）账户按期末余额方向的分类

账户按期末余额的方向分为借方余额账户、贷方余额账户、既可能为借方余额又可能为贷方余额账户、期末无余额账户。这里的借方余额账户就是账户按经济内容分类的资产类账户、成本类账户。贷方余额账户就是负债类账户、所有者权益类账户。既可能为借方余额又可能为贷方余额账户就是共同类账户。期末无余额账户就是损益类账户。这仍然是对账户按经济内容分类的概括。

（五）账户按其提供核算指标的详细程度的分类

账户按其提供核算指标的详细程度分为总分类账户和明细分类账户。这是一个分类对象不明确的分类，因为这是一个和其他分类前提不一致的分类。其他分类都是对总分类账户的分类，而这里把不是总分类账户的明细分类账户和总分类账户合在一起进行分类，已经没有实质意义，因为在定义明细分类账户时，已经知道将总分类账户进一步分类的结果就是明细分类账户。把它再和其他分类前提不一致的分类合在一起谈分类，不仅没有必要，更容易引起混乱。

综上可知，账户按经济内容的分类是最基本的分类，也是最重要的分类。账户按用途和结构的分类是对账户按经济内容分类的进一步分类，是对账户按经济内容分类的必要补充。它可以帮助人们更深刻地理解和掌握账户在提供核算指标方面的规律性，从而更好地设置和运用账户，是账户按经济内容分类不能代替的。因此，它也是必须要掌握的分类。而其他一些标志的分类，不是对账户按经济内容分类的概括，就是没有实质意义的分类，在实务中并无多大用处。

【课堂拓展】

借贷记账法作为现代会计体系的核心组成部分，起源于13世纪的意大利威尼斯，历经数百年的发展与完善，最终成为全球通用的会计记账方法。其基本原理在于“有借必有贷，借贷必相等”。这种严谨、逻辑严密的记账规则不仅确保了会计信息的准确性和完整性，更体现了会计注重规则、精确计量和系统性思维的特点。

改革开放以来，面对全新的国内外经济环境，特别是社会主义市场经济体制的确立与发展，我国的会计制度与实践并未盲目照搬西方模式，而是坚持“立足国情，借鉴国际”的原则，进行了一系列卓有成效的改革。从1978年《会计法》的颁布，到1992年引入企业会计准则，再到2006年与国际财务报告准则实质性趋同，我国会计改革的核心理念始终与时俱进，积极回应市场经济的需求，力求实现会计信息的真实、公允反映，提升会计工作的规范化、标准化水平，为宏观经济决策提供科学依据，为企业经营管理和资本运作提供有力支持，为社会公众提供透明、可信的会计信息。

在这个过程中，借贷记账法作为国际通行的会计语言，被我国全面接纳并创新运用，实现了与国际会计惯例的深度融合。我国会计改革的成功经验，充分证明了在尊重历史传统与文化差异的基础上，开放包容、积极借鉴国际先进经验，能够有力推动本土会计体系的现代化进程，使之更好地服务于国家经济社会发展大局。

在学习复式记账法的过程中，我们要深刻理解现代会计体系的西方渊源，以及我国会计改革在借鉴国际惯例基础上的创新实践。这有助于深化对借贷记账法技术层面的认知，还能激发我们对会计工作在国家经济建设中的重要角色及其国际化发展趋势的深入思考，培养全球视野与创新意识，在未来职业生涯中，能够以更加开阔的胸怀和敏锐的洞察力，参与到我国乃至全球会计领域的持续发展与变革之中。

【练习题】

即测即评

一、名词解释

1.单式记账法

2.复式记账法

3.借贷记账法

4.借贷记账法的试算平衡

5.会计分录

6.账户对应关系

7.简单会计分录

8.复合会计分录

9.账户分类

10.账户用途

11.账户结构

二、简答题

1. 试述复式记账法包括的内容。

2. 账户分类有何作用？

3. 试述账户分类的基本原则。

4. 什么是账户的经济内容？账户按经济内容可分为哪几类？

三、业务题

习题一

目的：练习借贷记账法的账户结构。

资料：云丰有限责任公司20××年6月30日部分账户资料见表3-6。

表3-6 **部分账户资料** 单位：元

账户名称	期初余额		本期发生额		期末余额	
	借方	贷方	借方	贷方	借方	贷方
银行存款	120 000		160 000	96 000	A	
固定资产	640 000		380 000	B	700 000	
应收账款	80 000		C	120 000	45 000	
原材料	D		148 000	100 000	57 000	
短期借款		200 000	200 000	80 000		E
应付账款		156 000	170 000	F		93 000
预收账款		68 000	G	30 000		68 000
实收资本		H	—	300 000		1 500 000

要求：根据借贷记账法的账户结构，计算并填列表3-6中字母处的数字。

习题二

目的：练习编制会计分录和总分类账户发生额试算平衡表。

资料：云丰有限责任公司20××年7月发生的部分交易和事项如下：

1. 收到投资者追加投资200 000元，存入银行。

2. 用银行存款68 000元购进不需安装的生产设备（不考虑增值税），并交付使用。

3. 向银行借入期限为6个月的借款300 000元，存入银行。

4. 收回甲公司前欠企业购货款128 000元，存入银行。

5. 从银行提取现金160 000元，准备发放工资。

6. 企业职工刘玉华因公出差预借差旅费2 000元，以库存现金支付。

7. 销售A产品，取得销售收入80 000元，款项存入银行（不考虑增值税）。

8. 采购材料50 000元，已验收入库，款项尚未支付（不考虑增值税）。

9. 以银行存款6 000元支付厂部水电费。

10. 以银行存款支付广告费30 000元。

11. 以银行存款缴纳所得税40 000元。

要求：

1. 编制上述交易或者事项的会计分录。

2. 编制总分类账户发生额试算平衡表。

习题三

目的：练习编制会计分录和总分类账户本期发生额及余额试算平衡表。

资料：云丰有限责任公司20××年8月有关账户期初余额见表3-7。

表3-7 **有关账户期初余额** 单位：元

会计科目	借方余额	会计科目	贷方余额
库存现金	2 000	短期借款	380 000
银行存款	326 000	应付账款	164 000
应收账款	48 000	长期借款	200 000
原材料	163 000	实收资本	551 000
库存商品	36 000		
生产成本	20 000		
固定资产	700 000		
总　计	1 295 000	总　计	1 295 000

本月该企业发生下列交易或者事项：

1. 现购材料30吨，货款30 000元以银行存款支付，材料已验收入库（不考虑增值税）。

2. 生产车间从仓库领用生产E、F两种产品所需原材料共计86 000元。

3. 从银行提取现金160 000元，准备发放工资。

4. 从银行取得3年期借款300 000元，存入银行。

5. 以银行存款购入新汽车一辆，价值180 000元，已交付使用。

6. 用银行存款偿还应付供应单位货款64 000元。

7. 收到购货单位前欠货款48 000元，存入银行。

8. 用银行存款归还已到期短期借款120 000元。

9. 收到B单位作为投资投入的设备一台，价值240 000元，已投入使用。

10. 用库存现金650元购买零星材料，已验收入库（不考虑增值税）。

要求：

1. 编制会计分录。

2. 开设各账户T形账，登记期初余额、本期发生额，计算期末余额。

3. 编制总分类账户本期发生额及余额试算平衡表。

习题四

目的：练习总分类账户按经济内容的分类。

资料：表2-1中48个会计账户。

要求：将表2-1中的48个账户按经济内容进行分类。

参考答案

第四章

填制和审核会计凭证

第一节 会计凭证概述

《会计法》赋予会计信息真实性、完整性的质量要求。填制和审核会计凭证是会计核算的一种专门方法，也是会计核算工作的起点和基础，同时也是对交易或者事项进行日常监督的重要手段。会计主体办理任何一项交易或者事项，都必须办理凭证手续，取得或填制会计凭证，记录交易或者事项的发生日期、具体内容以及数量和金额，有关人员必须在凭证上签名或盖章，对交易或者事项的合法性、真实性和正确性负完全责任。所有会计凭证都要由会计部门审核无误后才能作为记账或者过账的依据。

一、会计凭证概念及填制和审核会计凭证的作用

1.会计凭证概念

会计凭证，简称**凭证**，是指记录交易或者事项，明确经济责任或者确定会计分录，作为登记账簿间接或者直接依据的书面凭据。

视频4-1

会计凭证概念及填制和审核会计凭证的作用、原始凭证的种类

2.填制和审核会计凭证的作用

填制和审核会计凭证是指为了审查交易或者事项是否合法、合规，保证账簿记录真实、可靠，对发生的每一笔交易或者事项，为取得发生的“凭据”和登记账簿的依据，而采用的一种专门核算方法。

企业取得和填制的会计凭证，经过审核无误后，具有如下重要作用：

（1）会计凭证是审核、监督交易或者事项真实性、合理性和合法性的依据。

会计凭证是记录交易或者事项发生和完成情况的书面证明，企业的交易或者事项是否真实、合理、合法，只能依据对会计凭证的审核来确认。因此，也只有会计凭证，才能作为交易或者事项真实性、合理性、合法性的依据。

（2）会计凭证是明确交易或者事项有关方面经济责任的依据。

各单位所发生的交易或者事项，特别是货币资金的收付，实物资产的购进、发出等经济活动，都是由有关部门协同完成的，通过填制和审核会计凭证，不仅要在会计凭证中写明交易或者事项发生的内容、时间、数量及金额等，而且要由有关业务经办人签名盖章，以示负责。这就明确了交易或者事项有关各方的经济责任。也就是说，只有审核无误的会计凭证才能作为明确交易或者事项有关各方经济责任的依据。

（3）会计凭证是登记会计账簿的依据。

财务报告的目标是向财务报告使用者提供与企业财务状况、经营成果和现金流量

等有关的会计信息，反映企业管理层受托责任履行情况，有助于财务报告使用者做出经济决策。而财务报告是根据会计账簿编制的，因此，要想保证财务报告提供符合信息质量要求的会计信息，就必须保证账簿记录的会计信息符合信息质量要求，而要保证账簿记录的会计信息符合信息质量要求，就必须依据审核无误的会计凭证登记账簿。因为只有会计凭证能够明确交易或者事项有关各方的经济责任，也只有会计凭证能够证明交易或者事项的真实性、合理性和合法性。因此，只有依据会计凭证登记账簿，才能保证账簿记录的会计信息符合信息质量要求，才能实现财务报告目标。

二、会计凭证的种类

会计凭证按其编制程序和用途的不同，可以分为原始凭证和记账凭证两大类。

（一）原始凭证

1.原始凭证的概念

原始凭证，亦称**单据**，是在交易或者事项发生后，从企业外部取得或企业自行编制或交易双方共同编制的，用以记录或证明交易或者事项发生情况，明确经济责任（一般具有法律效力）的书面证明。需要注意的是，凡不能证明交易或者事项发生情况的各种单证，如购销合同、购料申请单等，不能作为原始凭证。

2.原始凭证的分类

（1）原始凭证按其来源不同，可以分为外来原始凭证、自制原始凭证和共同编制原始凭证三种。

外来原始凭证，是指交易或者事项经办人员在交易或者事项发生后从外单位取得的原始凭证，如企业从外单位取得的电子发票和全电发票（见表4-1和表4-2）、对外支付款项时取得的收据（见表4-3）等。

表4-1　　广东增值税电子普通发票

全国统一发票监制章
国家税务总局
广东省税务局

发票代码：
发票号码：
开票日期：
校验码：

机器编号：

<table>
<tr><td colspan="4">购买方
名　　称：
纳税人识别号：
地址、电话：
开户行及账号：</td><td>密码区</td><td colspan="3"></td></tr>
<tr><td>货物或应税劳务、服务名称

合计</td><td>规格型号</td><td>单位</td><td>数量</td><td>单价</td><td>金额</td><td>税率</td><td>税额</td></tr>
<tr><td>价税合计（大写）</td><td colspan="7">（小写）　¥</td></tr>
<tr><td colspan="4">销售方
名　　称：
纳税人识别号：
地址、电话：
开户行及账号：</td><td>备注</td><td colspan="3"></td></tr>
</table>

收款人：　　复核：　　开票人：　　销售方：（章）

表4-2

电子发票（普通发票）

机器编号： 发票号码：

开票日期：

全国统一发票监制章 国家税务总局 广东省税务局

购买方信息	名　称： 统一社会信用代码/纳税人识别号	销售方信息	名　称： 统一社会信用代码/纳税人识别号
项目名称　规格型号　单位　数量　单价　金额　税率/征收率　税额 合计			
价税合计（大写）　（小写）　¥			
备注	收款人　复核人		

开票人：

表4-3

收款收据（收据联）

年　月　日

今收到________

交来：________

金额（大写）____拾____万____仟____佰____拾____元____角____分

¥________　收款单位（盖章）

核准：　会计：　记账：　出纳：　经手人：

自制原始凭证，是指由本单位经办经济业务的部门和人员，在完成某项交易或者事项后自行填制的原始凭证。如材料验收入库时仓库保管员填制的收料单（见表4-4），向仓库领用材料时，由各领料部门填制的领料单（见表4-5），在完工产品入库时填制的产品入库单（见表4-6），销售产品时填制的产品送货单（见表4-7）、差旅费报销单（见表4-8）等。

表4-4

收料单

收料部门：　材料类别：　年　月　日　收料仓库：　编号：

材料编号	名称	规格	单位	数量	单价	金额	备注

主管：　记账：　仓库保管：　检验：　交库：

表4-5

领料单

领料部门：　　　　材料类别：　　　　发料仓库：

用　　途：　　　　年　　月　　日　　　　编　　号：

材料编号	材料名称	规　格	单　位	数　量		计划单价	金　额
				请　领			实　发

主管：　　　　记账：　　　　仓库保管：　　　　领料人：

表4-6

产品入库单

交库单位：　　　　年　　月　　日　　产品仓库：　　编号：

产品编号	产品名称	规格	计量单位	交付数量	检验结果		实收数量	单价	金额
					合格				不合格
备注：							合　　计		

记账：　　　　检验：　　　　仓库：　　　　经手人：

表4-7

产品送货单

收货单位：

地　　址：　　　　年　　月　　日

货　　号	名称及规格	单　　位	数　　量	单　　价	金　　额
附　　注				合　　计	

收货单位及经手人（盖章）：　　　　送货单位及经手人（盖章）：

表4-8

差旅费报销单

报销部门：　　　　　　　　填报日期：　　年　　月　　日

姓 名		职别		出差事由	
出差起止日期　自　年　月　日起至　年　月　日止共　天　附单据　张					

日期		起讫地点	天数	机票费	车船费	市内交通费	住宿费	出差补助	住宿节约补助	其他	小计
月	日										
合　计											
总计金额（大写）　拾　万　仟　佰　拾　元　角　分　预支____元　补助____元											

负责人：　　会计：　　出纳：　　审核：　　部门主管：　　出差人：

共同编制原始凭证，是指交易发生后，由交易双方经办人员共同编制完成的原始凭证，如银行进账单（见表4-9）、现金存款凭条（也称现金缴款单）等。

表4-9

中国××银行进账单

年　月　日

收款人	全　称		付款人	全　称	
	账　号			账　号	
	开户银行			开户银行	

人民币（大写）	千	百	十	万	千	百	十	元	角	分

票据种类		收款人开户行盖章
票据张数		
单位主管　会计　复核　记账		

收款单位：　　　　审核：　　　　经办人：　　　　出纳：

上述银行进账单就是由企业与银行经办人共同编制的，即由企业经办人填制银行进账单，银行受理后要加盖银行凭证受理专用章，才能作为企业的原始凭证。

（2）原始凭证按其填制手续和方法不同，可以分为一次凭证、累计凭证、汇总原始凭证和记账编制凭证四种。

一次凭证，也称**一次有效凭证**。它是指对一项交易或者事项或若干项同类性质交易或者事项在其发生后，一次填制完毕的原始凭证。外来原始凭证、绝大多数自制原始凭证都是一次凭证。前面提到的外来原始凭证、自制原始凭证和共同编制凭证都是一次凭证。

累计凭证，也称**多次有效凭证**。它是指在一定时期内在一张凭证上多次记录重复发生的相同交易或者事项，直到期末凭证的填制手续结束才完成的原始凭证。工业企业常常使用的限额领料单就是一种典型的累计凭证（见表4-10）。累计凭证的特点是：在一张凭证内连续登记相同的交易或者事项，可以随时结出发生额累计数及结余数，以便与定额、预算、计划数进行比较，控制费用支出。同时，可以减少原始凭证的数量，简化会计核算手续。

表4-10　　**限额领料单**

领料部门：　　材料类别：　　发料仓库：

用途：　　年　月　日　　编　号：

材料编号	材料名称	规格	计量单位	领用限额	实际领用			备注
					数量	单价	金额	

日期	请领		实发			退回			限额节余（超支）
	数量	负责人	数量	发料人	领料人	数量	收料人	退料人	

生产计划部门负责人：　　供应部门负责人：　　发料人：　　领料人：

汇总原始凭证，也称**原始凭证汇总表**，是指把一定时期内反映同类交易或者事项的若干张原始凭证，按照一定标准汇总在一张凭证上，以集中反映某些交易或者事项发生情况的原始凭证，如发料凭证汇总表（见表4-11）、收料凭证汇总表、现金收入汇总表等都是汇总原始凭证。汇总原始凭证合并了同类交易或者事项，简化了核算手续，减少了记账的工作量，提高了核算工作效率，且能够使核算资料更为系统化，核算过程更为条理化，能够直接提供某些综合指标。因此，它在大中型企业中使用得非常广泛，但它本身不具备法律效力。汇总原始凭证所汇总的内容，只能是同类交易或者事项，不能汇总两类或两类以上的交易或者事项。

表4-11　　**发料凭证汇总表**

年　月　日

应借科目		应贷科目		
总账科目	明细科目	原材料	燃料	合计
基本生产成本	甲产品			
	乙产品			
	小计			
辅助生产成本	动力车间			
	机修车间			
	小计			
制造费用				
管理费用				
合计				

会计负责人：　　复核：　　制表：

企业自制的各种原始凭证一般都是以实际发生的交易或者事项为依据，由经办人员填制并签章的，但有些自制原始凭证则是由会计人员根据已经入账的结果，对某些特定事项进行归类、整理而编制的，我们将根据账簿记录填制的原始凭证，称为**记账编制凭证**。例如，月末确定已销售商品成本时，根据库存商品账簿所编制的成本计算表；月末计算产品生产成本时，所编制的制造费用分配表（见表4-12）。

表4-12 **制造费用分配表**

年 月 日

应借科目		生产工时	分配率	分配金额
生产成本	A产品			
	B产品			
	C产品			
合 计				

会计负责人： 复核： 制表：

（3）原始凭证按其填写手段不同，可以分为手工填制原始凭证和机打填制原始凭证两种。

手工填制原始凭证，是指由业务人员或会计人员手工填制的原始凭证。

机打填制原始凭证，是指通过计算机打印来完成填制的原始凭证，如火车票、飞机票等。现在随着经济的发展和计算机在经济领域的普及，为了更快捷和方便，正在逐渐普及通过计算机打印来完成原始凭证的填制（比如发票的填制）。

（4）原始凭证按其适用范围不同，可以分为通用原始凭证和单位内部使用原始凭证两种。

通用原始凭证，是指在全国或某一地区统一印制、统一格式、统一使用的原始凭证。通用原始凭证的使用范围因制作部门不同而异，可以是某一地区、某一行业通用，也可以是全国通用。如某省（市）印制的“发货票”“收据”等，在该省（市）通用，由人民银行制作的银行转账结算凭证，在全国通用等。

单位内部使用原始凭证，是指单位自行印制，仅在本单位内部使用的，有专门用途的原始凭证，如“领料单”“差旅费报销单”等。

（二）记账凭证

1.记账凭证的概念

记账凭证是会计人员根据审核无误的原始凭证编制的，用来确定交易或者事项应借、应贷的会计科目和金额，作为登记账簿直接依据的会计凭证。

视频4-2

记账凭证的种类

2.记账凭证的分类

（1）记账凭证按其用途不同可以分为专用记账凭证和通用记账凭证两种。

专用记账凭证是指专门记录某一类交易或者事项的记账凭证。专用记账凭证按其反映交易或者事项的内容不同，又可以分为收款凭证（见表4-13）、付款凭证（见表4-14）、转账凭证（见表4-15）。这种划分方法是基于记账凭证所反映的交易或者事项是否与库存现金、银行存款有关这一点来考虑的。在实际工作中，为了便于识别，避免差错，提高工作效率，各种专用记账凭证通常采用不同颜色的线条印刷。**收款凭证**是用来记录库存现金、银行存款收款业务的记账凭证，具体又分为库存现金收款凭证、银行存款收款凭证。付款凭证是用来记录库存现金、银行存款付款业务的记账凭证，具体又分为库存现金付款凭证、银行存款付款凭证。如发生用库存现金发放职工工资、以银行存款支付费用等需要填制付款凭证；收到销货款存入银行等业务时需要填制收款凭证。转账凭证是用来反映非库存现金、银行存款业务的凭证。非库存现金、银行存款业务也称为**转账业务**，是指不涉及库存现金、银行存款增减变动的经济业务，如向仓库领料、产成品交库、分配费用等。根据需要还可以将一定时期全部专用记账凭证按库存现金收款凭证、库存现金付款凭证、银行存款收款凭证、银行存款付款凭证、转账凭证分别编制汇总库存现金收款凭证、汇总库存现金付款凭证、汇总银行存款收款凭证、汇总银行存款付款凭证、汇总转账凭证，它们也属于专用记账凭证。

表4-13 **收款凭证**

借方科目： 年 月 日 字第 号

摘 要	贷方科目		金 额	记 账
	总账科目	明细科目		
附单据 张	合 计			

会计主管： 复核： 记账： 出纳： 制单：

表4-14 **付款凭证**

贷方科目： 年 月 日 字第 号

摘 要	借方科目		金 额	记 账
	总账科目	明细科目		
附单据 张	合 计			

会计主管： 复核： 记账： 出纳： 制单：

表4-15 转账凭证

年 月 日 转字第 号

摘 要	总账科目	明细科目	借方金额	贷方金额	记账
附单据 张	合 计				

会计主管： 复核： 记账： 制单：

通用记账凭证是指用来反映所有交易或者事项的记账凭证。通用记账凭证（见表4-16）的格式与专用记账凭证中的转账凭证相同，收款、付款和转账业务都使用同一种凭证。根据需要还可以将一定时期全部通用记账凭证按照相同的会计科目归类，汇总编制一张记账凭证汇总表，通常称为“科目汇总表”。它也属于通用记账凭证，其具体内容将在第八章中详细介绍。

表4-16 记账凭证

年 月 日 第 号

摘 要	总账科目	明细科目	借方金额	贷方金额	记账
附单据 张	合 计				

会计主管： 复核： 记账： 制单：

（2）记账凭证按是否经过汇总，可分为非汇总记账凭证和汇总记账凭证两种。

非汇总记账凭证是指直接根据原始凭证编制的记账凭证。前面介绍的除了汇总库存现金收款凭证、汇总库存现金付款凭证、汇总银行存款收款凭证、汇总银行存款付款凭证、汇总转账凭证的收款凭证、付款凭证和转账凭证以及除了科目汇总表以外的通用记账凭证都是非汇总记账凭证。

汇总记账凭证是指把一定时期内非汇总记账凭证按照一定标准加以汇总而重新编制的记账凭证。汇总记账凭证又分为分类汇总记账凭证和全部汇总记账凭证。

分类汇总记账凭证就是指前面专用记账凭证中提到的库存现金汇总收款凭证、银行存款汇总收款凭证、库存现金汇总付款凭证、银行存款汇总付款凭证和汇总转账凭证。在汇总记账凭证核算形式下，就需要编制分类汇总记账凭证，它是登记总分类账的直接依据。

全部汇总记账凭证就是指前面通用记账凭证中提到的“科目汇总表”，它是定期对全部非汇总记账凭证按照相同的会计科目加以归类，汇总填制的一张记账凭证汇总表，即“科目汇总表”（可参见表8-3）。在科目汇总表核算形式下，科目汇总表是登记总分类账的直接依据，在试算平衡时也经常编制科目汇总表。

（3）记账凭证按填写手段不同分为手工记账凭证和机打记账凭证。

手工记账凭证是指由会计人员根据审核无误的原始凭证用手工填写来完成填制过程的记账凭证。

机打记账凭证是指由会计人员根据审核无误的原始凭证通过计算机打印来完成填制过程的记账凭证。

前面提到的所有记账凭证既可以是手工记账凭证，又可以是机打记账凭证。随着会计电算化的普遍施行，机打记账凭证将会越来越普遍。

将上述原始凭证的分类和记账凭证的分类汇总如图4-1所示。

- 会计凭证
  - 原始凭证
    - 按来源不同
      - 外来原始凭证
      - 自制原始凭证
      - 共同编制原始凭证
    - 按填制手续和方法不同
      - 一次凭证
      - 累计凭证
      - 汇总原始凭证
      - 记账编制凭证
    - 按填写手段不同
      - 手工原始凭证
      - 机打原始凭证
    - 按适用范围不同
      - 通用原始凭证
      - 单位内部使用原始凭证
  - 记账凭证
    - 按用途不同
      - 专用记账凭证
        - 收款凭证、汇总收款凭证
        - 付款凭证、汇总付款凭证
        - 转账凭证、汇总转账凭证
      - 通用记账凭证、全部汇总记账凭证
    - 按是否经过汇总
      - 非汇总记账凭证
      - 汇总记账凭证
        - 分类汇总记账凭证
        - 全部汇总记账凭证
    - 按填写手段不同
      - 手工记账凭证
      - 机打记账凭证

图4-1 会计凭证按不同标志的分类

第二节 原始凭证的填制和审核

无论什么样的原始凭证，都要按规定的要求填制并进行审核，才能作为登记账簿的间接或直接依据。

一、原始凭证的填制

（一）原始凭证的基本内容

在会计实务中，尽管企业的交易或者事项复杂多样，记录交易或者事项的各种原始凭证的名称、格式和内容也多种多样，但都必须真实地记录交易或者事项的发生情况，明确有关人员经济责任等基本内容。这些共同要求，决定了每张原始凭证应具备以下几方面的基本内容：

1.原始凭证的名称

原始凭证的名称表明原始凭证所记录的交易或者事项的类型。例如，“限额领料单”表明企业生产车间在某一期间向仓库领用材料的业务，“增值税专用发票”表明企业的销售或采购业务等。

2.原始凭证的填制日期

填制原始凭证的日期应该是交易或者事项发生的日期。

3.交易双方单位的名称

原始凭证应该载明填制凭证单位名称或者填制人姓名、接受凭证单位名称或接受人姓名，以便查考。

4.交易或者事项的内容、单位、数量、单价和金额

如品名及规格型号：TCL彩电L32M61；单位：个；数量：2；单价：6 000.00元；金额：12 000.00元。

5.经办人员签章

如领料单上应有主管人员、记账人员、领料单位负责人、领料人和发料人的签名或盖章。

需要说明的是，上述五项基本内容是通常应具备的内容，并非必须如此。

有些原始凭证除了包括上述基本内容以外，为了满足计划、业务、统计等其他业务工作的需要，还可以增加一些其他内容。例如：有些自制原始凭证还需列入计划、定额；外来原始凭证应该使用统一的发票，发票上应该印有税务专用章等。

也有些原始凭证可能不完全包括上面五项内容，如火车票、飞机票、汽车票，没有交易双方单位名称，没有经办人员签章，但由于其特殊性，仍可作为原始凭证。

（二）原始凭证的填制要求

视频4-3

原始凭证的填制与审核

原始凭证的填制要求，可以归纳为：记录真实，内容完整，书写规范，填制及时。

1.记录真实

原始凭证是交易或者事项的真实写照，一般是具有法律效力的书面证明文件。原始凭证上记载的交易或者事项，必须与实际情况相符合，不允许在原始凭证填制中弄虚作假。为保证交易或者事项的真实性，要做到以下几个必须：

（1）从外单位取得的原始凭证，必须盖有填制单位的业务专用章；从个人取得的原始凭证，必须有填制人员的签名或者盖章。自制原始凭证必须有经办单位领导人或者其指定的人员的签名或者盖章。对外开出的原始凭证，必须加盖本单位业务专用章。需要注意的是，目前实行的全电发票（票样见表4-2），票面的基本内容

在原电子发票（票样见表4-1）的基础上进行了优化，将销售方信息栏从发票的左上角调整至右上角，取消了发票密码区、发票代码、校验码、收款人、复核人、销售方（章）。

（2）凡填有大写和小写金额的原始凭证，大写和小写金额必须相符。购买实物的原始凭证，必须有验收证明。支付款项的原始凭证，必须有收款单位和收款人的收款证明。

（3）发生销货退回的，除填制退货发票外，还必须有退货验收证明。退款时，必须取得对方的收款收据或者汇款银行的凭证，不得以退货发票代替收据。

（4）职工公出借款凭据，必须附在记账凭证之后。收回借款时，应当另开收据或者退还借据副本，不得退还原借款收据。

2.内容完整

填制原始凭证时要按规定的格式和内容逐项填写齐全，不能有遗漏。尤其需要注意的是，年、月、日要按照填制原始凭证的实际日期填写。名称要写全，不能简化。品名及规格型号要填写明确，不许含糊不清。有关人员的签章必须齐全。

经上级有关部门批准的经济业务，应当将批准文件作为原始凭证附件。如果批准文件需要单独归档的，应当在凭证上注明批准机关名称、日期和文件字号。

3.书写规范

（1）原始凭证要用蓝黑墨水或黑色墨水笔书写，字迹清楚、规范，填写支票必须使用碳素墨水笔书写，属于需要套写的凭证，必须一次套写清楚。

（2）凡填有大写金额的原始凭证，大写金额一律用正楷字或行书字体书写，如零、壹、贰、叁、肆、伍、陆、柒、捌、玖、拾、佰、仟、万、亿等易于辨认、不易涂改的字样，不得用〇、一、二（两）、三、四、五、六、七、八、九、十、毛、另等字样代替，不得使用未经国务院公布的简化字。大写金额有分的，后面不加“整”字，其余一律在末尾加“整”字，大写金额前未印有人民币字样的，还应加注“人民币”三字，且与大写金额以及各金额数字之间不得留有空隙。用外币计价、结算的凭证，大写金额前要加注外币币种名称，如“港币”“美元”等。

（3）凡填有小写金额的原始凭证，阿拉伯数字应一个一个地写，不得连笔写。阿拉伯数字金额前面应写人民币符号“¥”。人民币符号“¥”与阿拉伯数字金额之间不得留有空白。凡阿拉伯数字前写有人民币符号“¥”的，数字后面不再写“元”字。所有以元为单位的阿拉伯数字，除了表示单价等情况外，一律填写到角、分。无角位和分位可写“00”或符号“—”；有角无分的，分位应写“0”，不得用符号“—”代替。用外币计价、结算的凭证，小写金额前要加注外币符号，如港币符号“HK$”，美元符号“US$”等。

（4）阿拉伯数字金额中间有“0”时，汉字大写金额要写“零”字，如“¥101.50”，汉字大写金额应写成“人民币壹佰零壹圆伍角整”。阿拉伯数字中间连续有几个“0”时，汉字大写金额中可以只写一个“零”字，如“¥1 004.56”，汉字大写金额应写成“人民币壹仟零肆圆伍角陆分”。阿拉伯数字元位是“0”或数字中间连续有几个“0”，但角位不是“0”时，汉字大写金额可只写一个“零”字，也可不写“零”字，如“¥1 320.56”，汉字大写金额可写成“人民币壹仟叁佰贰拾圆零伍角陆分”，或“人民币壹仟叁佰贰拾圆伍角陆分”。

（5）一式几联的原始凭证，必须注明各联的用途，并且只能以一联用作报销凭证。一式几联的发票和收据，必须用双面复写纸套写，或本身具备复写功能，并连续编号，作废时应加盖“作废”戳记，连同存根一起保存，不得撕毁。

（6）收付款项或实物的凭证要按顺序或分类编号，在填制时按照编号的次序使用，跳号的凭证应加盖“作废”戳记，不得撕毁。

（7）原始凭证有错误的，不得随意涂改、刮擦、粘补，应当由出具单位重开或者划线更正。在更正处应当加盖出具单位有关人员和单位印章。原始凭证金额有错误的，应当由出具单位重开，不得在原始凭证上更正。

4.填制及时

填制及时即每当一项交易或者事项完成，都要立即填制原始凭证，做到不积压、不误时、不事后补制，并按规定的程序及时送交会计机构，由相关会计人员进行审核。

二、原始凭证的审核

审核原始凭证是正确组织会计核算和进行会计检查的一个重要环节，也是实行会计监督的一个重要手段。为了正确反映和监督各项交易或者事项，保证核算资料的真实、准确和合法，会计部门和经办业务的有关部门，必须对原始凭证进行严格而认真的审核。

（一）原始凭证审核的主要内容

《会计法》明确规定，会计机构、会计人员必须按照国家统一的会计制度的规定对原始凭证进行审核。对原始凭证的审核应当按以下三个层次进行：

1.审核原始凭证的合法性、真实性

审核原始凭证的合法性就是审核交易或者事项是否违反会计法规。所谓会计法规是指有关会计工作的各种法律、条例、准则、规章、制度等规范性文件的总称。审核原始凭证的真实性是在合法性的基础上，审核交易或者事项是否符合实际情况，如有无弄虚作假、伪造或涂改凭证等。

2.审核原始凭证的合理性、合规性

审核原始凭证的合理性是在交易或者事项合法、真实的基础上，审核原始凭证所记录的交易或者事项是否符合企业生产经营活动的需要，是否符合有关的计划和预算等。审核原始凭证的合规性是在交易或者事项合理的基础上，审核原始凭证所记录的交易或者事项是否符合企业的有关规定，如财产物资的收发、领退、报废的原始凭证是否按规定手续办理等。

3.审核原始凭证的完整性、正确性

审核原始凭证的完整性是在交易或者事项合法、真实、合理、合规的基础上，审核原始凭证所记录的交易或者事项是否完整，即应填列项目是否填列齐全，有无遗漏。审核原始凭证的正确性是在交易或者事项完整的基础上，审核原始凭证各个项目是否填列正确，如财产物资的数量、单价、金额的计算有无差错，大写与小写金额是否相符等。

原始凭证审核的三个层次，是循序渐进的，因为合法不一定真实，合法、真实不一定合理，合理不一定合规，合法、真实、合理、合规不一定完整，完整不一定正确。只有完成上述三个层次的审核，才能保证原始凭证记录交易或者事项的完成情况，明确经济责任的法律效力。

（二）原始凭证审核后的处理

（1）对于符合合法性、真实性、合理性、合规性、完整性和正确性要求的原始凭证，应按规定及时办理有关会计手续，填制相应记账凭证，并将原始凭证作为有关附件附于记账凭证之后，以备查核。

（2）对于符合合法性、真实性、合理性、合规性，但不够完整、正确的原始凭证，暂缓办理会计手续，退回给有关责任人和经办人，由其负责将有关凭证补充完整、更正错误或重开后，再办理正式会计手续。

（3）对于不符合合法性、真实性、合理性、合规性的原始凭证，不管其内容是否完整、正确，会计人员都有权拒绝受理，并及时向单位负责人报告。

第三节 记账凭证的填制和审核

由于原始凭证反映了交易或者事项的内容，是登记账簿的原始依据，从理论上讲，可以根据原始凭证直接登记账簿。但是在实践上，由于交易或者事项错综复杂，原始凭证种类繁多、格式不一、大小各异，而总分类账户及明细分类账户数量又很多，直接登记账簿难免会发生错误。倘若发生差错，不仅不易查找，而且频繁地更改又会影响账簿记录的严肃性。为保证账簿记录的正确性，就需要根据原始凭证载明的交易或者事项，对其会计要素的归属做出分析，列明其应借、应贷的会计科目及借贷金额等相关内容，这个过程就是填制记账凭证。记账凭证经审核无误后，再据以登记账簿。这就避免了根据原始凭证直接登记账簿容易发生差错的情况，保持了账簿记录的严肃性。

一、记账凭证的填制

（一）记账凭证的基本内容

视频4-4

记账凭证的填制与审核（一）

（1）记账凭证的名称；

（2）填制记账凭证的日期；

（3）记账凭证的编号；

（4）交易或者事项的内容摘要；

（5）应借、应贷账户的名称、记账方向和金额，即会计分录；

（6）记账标记；

（7）附原始凭证张数；

（8）会计主管、记账、复核、制证人员的签章，收、付款凭证还要有出纳人员的签章。

（二）记账凭证的填制要求

掌握记账凭证的填制要求，也是保证会计信息质量的一个重要环节，因为记账凭证填制发生错误，必然会导致账簿记录错误，进而导致报表编制错误，从而直接影响整个会计核算过程。记账凭证的填制应遵循以下要求：

1.必须以审核无误的原始凭证填制记账凭证

记账凭证可以根据每一张原始凭证填制，也可以根据汇总原始凭证填制，但不许把不同内容和类别的原始凭证汇总填列在一张记账凭证上。

2.记账凭证的内容必须完整、正确

这也就是记账凭证的所有项目必须填列齐全，且准确无误。它具体包括：

（1）记账凭证的日期填写要求。一般为填制记账凭证当天的日期，如果为收、付款记账凭证，一般与货币资金收付的日期相同；如果为转账凭证，一般与填制日期相同；如果为按权责发生制原则计算本月收益、分配费用、结转成本和利润等的调整分录和结账分录的记账凭证，虽然要到下月初才能填制，但仍填写当月月末的日期，以便在当月账内登记。

（2）记账凭证的编号填写要求。记账凭证应按月编号，以分清交易或者事项处理的先后顺序，便于记账凭证与会计账簿之间的核对，确保记账凭证完整无缺。记账凭证的编号主要有以下几种：

① 顺序编号法。采用通用记账凭证的，记账凭证的编号可采用顺序编号法，即按月编顺序号，总字第××号，业务极少的单位可按年编顺序号。

② 字号编号法。采用专用记账凭证的，记账凭证的编号方法可以采用字号编号法，按现收、现付、银收、银付和转账业务五类分别编号，再把同类记账凭证顺序编号。具体地编为“现收字第××号”“银收字第××号”“现付字第××号”“银付字第××号”“转字第××号”（也可以按收款、付款、转账三类编号）。

③ 双重编号法。采用专用记账凭证的，记账凭证的编号方法还可以采用双重编号法，就是既列示顺序编号法的序号，又列示字号编号法的序号，如总字第41号、现收字第12号。

④ 分数编号法。如果一笔交易或者事项需要填制一张以上的记账凭证时，记账凭证的编号可采用分数编号法，如第8笔交易需要填制3张记账凭证，则第一张编号为$8\frac{1}{3}$，第二张编号为$8\frac{2}{3}$，第三张编号为$8\frac{3}{3}$。

无论采用哪一种编号方法，都应该按月顺序标号，即每月都从1号（或01号、001号）编起，顺序编至月末。

（3）摘要的填写要求。能正确反映交易或者事项的内容，简明扼要，清楚准确，应使查阅记账凭证的人员通过“摘要”就能了解该项交易或者事项的性质，并能判断出会计分录的正确与否，一般不必再去查阅原始凭证或询问有关人员。

（4）会计科目的填写要求。要根据交易或者事项的内容，使用规范正确的会计科目。填写会计科目时，应当填写会计科目的全称和子目，甚至细目。

（5）借、贷金额的填写要求。记账凭证的金额必须与原始凭证的金额相符。不仅借贷方向正确，而且记账凭证的借方金额必须等于贷方金额，合计数必须计算正确。

（6）记账标记的填写要求。记账标记就是过账的标记，当根据记账凭证登记完账簿时，要在记账凭证“记账”栏，打上“√”或填上过入账户所在账簿的页数，以避免重登或漏登账簿。

（7）附原始凭证张数的填写要求。除结账和更正错账的记账凭证可以不附原始凭证外，其他记账凭证必须附有原始凭证。所附原始凭证的张数的计算，一般以原始凭证的自然张数为准，凡是与记账凭证中的交易或者事项记录有关的每一张原始凭证，都应作为记账凭证的附件。如果记账凭证中附有汇总原始凭证，也应将其计入附件张数之内，但报销差旅费等的零散票据，可以粘贴在凭证粘贴单上，作为一张原始凭证处理，并在原始凭证粘贴单上注明所粘贴的张数和金额。一张原始凭证如果涉及几张记账凭证的，可以将该原始凭证附在一张主要的记账凭证后面，在其他没有附有原始凭证的记账凭证上注明“原始凭证附在第××号记账凭证后面”。如果原始凭证需要另行保管的，则应在“附单据××张”栏内加以注明。

一张原始凭证所列支出需要几个单位共同负担的，应当将其他单位负担的部分，开给对方原始凭证分割单，进行结算。

（8）有关人员签名或盖章的填写要求。记账凭证填制后，必须由相关人员签名或盖章，包括会计主管、记账、复核、制证人员的签名或盖章，收、付款凭证还要有出纳人员的签名或盖章，以证明款项已收讫或付讫。

3.记账凭证应按顺序填写，不得留有空行

记账凭证金额栏的最后一行与最底部的合计行之间若有空行，用斜线或“S”线注销；所划的斜线或“S”线应自金额栏最后一笔金额数字下的空行划到合计数行上面的空行。如果在登记账簿前，发现记账凭证填写错误，应撕毁重新填制。如果是已经登记入账的记账凭证，发现填写错误，应按第五章第三节中错账更正规则进行更正。

4.机打记账凭证的填写要求

由于机打记账凭证和手工记账凭证仅仅是填制手段的不同，机打记账凭证也应当符合手工记账凭证的全部填制要求。实行会计电算化的单位，对于机打记账凭证要认真审核，做到会计科目使用正确、数字准确无误。机打记账凭证也要加盖相关人员的签名或盖章，以加强审核、明确责任。

（三）记账凭证的具体填制方法

1.非汇总记账凭证的填制方法

非汇总记账凭证的填制方法是指对专用记账凭证中，库存现金收款凭证、银行存款收款凭证、库存现金付款凭证、银行存款付款凭证、转账凭证和非汇总的通用记账凭证的填制方法。

（1）收款凭证的填制方法。收款凭证是用来记录库存现金和银行存款收款业务的记账凭证，是根据库存现金或银行存款收款业务的原始凭证填制的。收款凭证既是登记有关账簿的依据，又是出纳人员收款的依据。

收款凭证的填制方法为：收款凭证按库存现金和银行存款分别编制。收款凭证左上角的借方科目，按收款的内容填写库存现金或银行存款；日期填写编制本凭证的日期；右上角填写收款凭证的编号（采用字号编号法或双重编号法），“摘要”栏内填写所记录的交易或者事项的简要说明；“贷方科目”栏内填写与“库存现金”和“银行存款”科目相对应的会计科目（包括总账科目和所属明细科目）；“金额”栏内填写该项交易或者事项的实际发生额；“记账”栏供记账人员在根据该凭证登记有关账簿后做记账标记，表示该项金额已记入有关账户，防止重登或漏登账簿；并在“附单据××张”中填写该记账凭证所附原始凭证的张数；最下边分别由有关人员签名或盖章，以明确经济责任。

在实际工作中，出纳人员应根据会计管理人员或指定人员审核批准的收款凭证，作为记录货币资金的收入依据。出纳人员根据收款凭证收款（尤其是收入库存现金）时，要先收款，然后在凭证上加盖“收讫”戳记，以避免差错（有些小企业直接根据收款的原始凭证收款，是不规范的）。

【例4-1】兴业公司20××年6月15日，向宏信商场销售3 500元B产品（不考虑增值税），通过银行收款；会计人员根据审核无误的原始凭证，填制收款凭证（见表4-17）。

表4-17　　**收款凭证**　　单位：元

借方科目：银行存款　　20××年6月15日　　银收 字第1号

摘　要	贷方科目		金　额	记　账
	总账科目	明细科目		
销售产品，已收款	主营业务收入	B产品	3 500.00	
附单据2张	合　计		¥3 500.00	

会计主管：孙超　复核：李玉华　记账：王萍　出纳：刘四平　制单：侯进

视频4-5

记账凭证的填制与审核（二）

（2）付款凭证的填制方法。付款凭证是用来记录库存现金和银行存款付款业务的记账凭证，是根据库存现金或银行存款付款业务的原始凭证填制的。付款凭证既是登记有关账簿的依据，又是出纳人员付款的依据。

付款凭证的填制方法为：付款凭证按库存现金和银行存款分别编制。付款凭证与收款凭证相比，格式基本相同，付款凭证左上角的贷方科目，按付款的内容填写库存现金或银行存款；日期填写编制本凭证的日期；右上角填写付款凭证的编号（采用字号编号法或双重编号法），“摘要”栏内填写所记录的交易或者事项的简要说明；“借方科目”栏内填写与“库存现金”和“银行存款”科目相对应的会计科目（包括总账科目和所属明细科目）；“金额”栏内填写该项交易或事项的实际发生额；“记账”栏供记账人员在根据该凭证登记有关账簿后做记账标记，表示该项金额已记入有关账户，防止重登或漏登账簿；并在“附单据××张”中填写该记账凭证所附原始凭证的张数；最下边分别由有关人员签名或盖章，以明确经济责任。

在实际工作中，出纳人员应根据会计管理人员或指定人员审核批准的付款凭证，作为记录货币资金支出的依据。出纳人员根据付款凭证付款（尤其是支付库存现金）时，要先在凭证上加盖“付讫”戳记，然后再付款，以避免差错（有些小企业直接根据付款的原始凭证付款，是不规范的）。

【例4-2】20××年6月5日，兴业公司车间管理部门购买办公用品60元，以库存现金支付。会计人员根据审核无误的原始凭证，填制付款凭证（见表4-18）。

表4-18 **付款凭证** 单位：元

贷方科目：库存现金 20××年6月5日 现付 字第1号

摘　　要	借方科目		金　　额	记　　账
	总账科目	明细科目		
车间购办公用品	制造费用	办公费	60.00	
附单据1张	合　　计		¥60.00	

会计主管：孙超　复核：李玉华　记账：王萍　出纳：刘四平　制单：侯进

需要注意的是，涉及库存现金和银行存款之间的相互划转业务，按规定只填制付款凭证，以免重复记账。例如，从银行提取库存现金只填制一张银行存款付款凭证，不能再填制库存现金收款凭证。对于将库存现金存入银行只填制一张库存现金付款凭证，不再填制银行存款收款凭证。对于以上库存现金、银行存款之间的相互划转业务所填制的付款凭证，应据以登记库存现金日记账、银行存款日记账和有关总账。

【例4-3】兴业公司20××年6月1日，从银行提取库存现金1 000元备用；会计人员根据审核无误的原始凭证，填制付款凭证（见表4-19）。

表4-19　　付款凭证　　单位：元

贷方科目：银行存款　　20××年6月1日　　银付 字第1号

摘　要	借方科目		金　额	记　账
	总账科目	明细科目		
提取现金备用	库存现金		1 000.00	
附单据1张	合　计		¥1 000.00	

会计主管：孙超　复核：李玉华　记账：王萍　出纳：刘四平　制单：侯进

（3）转账凭证的填制方法。转账凭证是用来记录与库存现金和银行存款收、付业务无关的转账业务的记账凭证，是根据有关转账业务的原始凭证填制的。

转账凭证的填制方法：将交易或者事项所涉及的会计科目全部填列在凭证内，借方科目在先，贷方科目在后，将各会计科目所记应借应贷的金额分别填列在“借方金额”或“贷方金额”栏内。借、贷方金额合计数应该相等。制单人员在填制凭证后签名或盖章，并在“附单据××张”中填写该转账凭证所附原始凭证的张数。

【例4-4】兴业公司20××年6月13日，向欣欣商场销售B产品8 000元（不考虑增值税），未收款；会计人员根据有关审核无误的原始凭证，填制转账凭证（见表4-20）。

表4-20　　转账凭证　　单位：元

20××年6月13日　　转字第1号

摘　要	总账科目	明细科目	借方金额	贷方金额	记　账
销售产品，未收款	应收账款	欣欣商场	8 000.00		
	主营业务收入	B产品		8 000.00	
附单据1张	合　计		¥8 000.00	¥8 000.00	

会计主管：孙超　复核：李玉华　记账：王萍　制单：侯进

如果在同一笔交易或者事项中，既有库存现金或银行存款的收、付业务，又有转账业务，在采用专用记账凭证时，就要填制收款凭证或付款凭证和转账凭证。

【例4-5】兴业公司20××年6月19日，企业管理部门职工李燕报销差旅费260元，交回余款库存现金40元，就要填制转账凭证和库存现金收款凭证。其会计分录为：

借：管理费用 260

贷：其他应收款 260

借：库存现金 40

贷：其他应收款 40

（4）通用记账凭证的填制方法。通用记账凭证所记录的交易或者事项包括收、付款及转账业务，是由会计人员根据审核无误的原始凭证填制的，通用记账凭证的填制方法与转账凭证的填制方法基本相同。

【例4-6】兴业公司20××年6月15日，向宏信商场销售B产品3 500元（不考虑增值税），通过银行收款；会计人员根据审核无误的原始凭证，填制通用记账凭证（见表4-21）。

表4-21 记账凭证 第1号

20××年6月15日 单位：元

摘　要	总账科目	明细科目	借方金额	贷方金额	记账
销售产品，已收款	银行存款		3 500.00		
	主营业务收入	B产品		3 500.00	
附单据2张	合　计		¥3 500.00	¥3 500.00	

会计主管：孙超　复核：李玉华　记账：王萍　出纳：刘四平　制单：侯进

2.汇总记账凭证的填制方法

（1）分类汇总记账凭证的填制方法。分类汇总记账凭证的填制方法就是指汇总库存现金收款凭证、汇总银行存款收款凭证、汇总库存现金付款凭证、汇总银行存款付款凭证和汇总转账凭证的填制方法。汇总库存现金收款凭证、汇总银行存款收款凭证分别按库存现金和银行存款账户的借方设置，按其对应的贷方科目归类汇总；汇总库存现金付款凭证、汇总银行存款付款凭证分别按库存现金和银行存款账户的贷方设置，按其对应的借方科目归类汇总；汇总转账凭证是按转账凭证中每一贷方科目分别设置，按其对应的借方科目归类汇总。

（2）全部汇总记账凭证的填制方法。全部汇总记账凭证的填制方法就是指科目汇总表的编制方法，科目汇总表是指根据一定期间的全部通用记账凭证或专用记账凭证定期按全部会计科目加以汇总重新填制的一张记账凭证（见第八章第三节）。

二、记账凭证的审核

（一）审核内容

审核内容就是审核已经填制的记账凭证是否符合记账凭证的填制要求，具体包括：

（1）是否与原始凭证内容相符。它是指记账凭证是否完全依据原始凭证填制，包括：原始凭证是否齐全；内容是否与原始凭证相符；摘要是否准确反映原始凭证内容；

会计科目是否准确体现原始凭证中的交易或者事项；金额是否与原始凭证相一致。

（2）内容是否完整、正确。这是指记账凭证的所有项目是否填列齐全，且准确无误；所有项目是否逐一填列，有无省略或漏填；填写内容是否正确。

对于不符合填制要求的记账凭证，在过账之前，应一律撕毁重填。

（二）审核方式

（1）自审。自审即自我审核，是记账凭证填制人员对自己填制的记账凭证进行的审核，每位会计人员在填制完记账凭证时，都有责任对自己填制的记账凭证立即进行审核，以便及时发现记账凭证中的错误。

（2）专审。专审是指由单位专设的复核人员对记账凭证的审核。为保证记账凭证的准确无误，各单位都应设置专门的复核人员对已填制的记账凭证进行审核，以确保记账凭证填制的准确无误。

第四节 会计凭证的传递和保管

原始凭证和记账凭证都是重要的会计档案，很多都是具有法律效力的书面证明文件。因此，要按规定的传递路线、传递时间和传递手续进行传递并进行妥善保管。

一、会计凭证的传递

（一）正确组织会计凭证传递的意义

视频 4-6

会计凭证的传递和保管

会计凭证的传递，是指会计凭证从取得或填制时起，经过审核、记账、整理、装订到归档保管时止，在单位内部各有关部门和人员之间按规定的传递路线、传递时间和传递手续办理业务和进行处理的过程。组织会计凭证的传递，就是确定由谁填制或取得原始凭证，填制多少份数，填制的各份原始凭证或取得的原始凭证应分别交到哪一部门，由谁接办下一步手续，由谁交到会计部门，再由谁负责填制和整理记账凭证，又由谁负责审核，由谁根据会计凭证记账，由谁对会计凭证进行装订，直到最后归档保管。在这里不仅要规定各种凭证的传递路线，还要规定一定的传递时间、传递的交接手续，才能使各项工作有条不紊。

会计凭证既是对交易或者事项的记录，又是明确经济责任或确定会计分录、登记账簿的依据。因此，正确组织会计凭证的传递具有相当重要的作用，主要表现在以下三个方面：

1.有利于交易或者事项的正常开展，提高经济活动的效率

交易或者事项的发生或完成往往由单位内部多个部门和相关人员共同进行。例如，企业职工出差借差旅费业务，首先要由职工填制借款单，注明借款的用途和事由，再经主管部门负责人同意签字后，到财务部门办理职工借款手续，经财务部门相关人员审核批准填制付款凭证后，出纳人员方可据以支付这笔款项。再比如，企业销售商品，通常要经过销售部门开单，仓库提货发运，会计部门办理商品销售的会计处理和货款结算等手续。若能够合理安排会计凭证的传递，就能使各个部门协调工作，

缩短销售和回款时间，从而提高企业经济活动的效率，为企业创造更多的价值。

2.有利于完善岗位责任制，加强会计管理

会计凭证的传递体现了企业内部各部门和相关人员间的分工协作关系。任何单位在经济活动中所发生的各项交易或者事项，以及本单位与各方面的经济联系，都要借助于会计凭证加以记录和证明。而会计凭证作为记录交易或者事项，明确经济责任的书面证明，体现了岗位责任制的执行情况。因此，会计凭证的传递程序实际上还起到了相互牵制和相互监督的作用。它能够督促经办交易或者事项的相关部门和相关人员及时、正确地完成各项交易或者事项，并按规定履行办理凭证的手续，最终有利于完善岗位责任制，加强会计监督。

3.有利于及时进行会计核算和会计管理

交易或者事项从发生到完成直至登记账簿有一定的时间间隔，正确而顺畅的会计凭证传递，能使会计部门尽早了解交易或者事项的发生和完成情况，及时地进行会计核算和会计管理。

（二）会计凭证传递的程序

会计凭证传递的程序是指会计凭证流经各个环节的路线、时间和衔接手续。一般来说，会计凭证的传递程序越简单，就越有利于提高会计工作效率，保证会计核算的及时性，但也会削弱内部控制的效力，容易产生错弊，也可能会限制会计凭证其他方面作用的发挥。因此，必须根据交易或者事项的性质，单位规模的大小和人员分工情况，以及经营管理的需要和成本效益原则，恰当地规定会计凭证的传递环节，并根据各个环节办理交易或者事项所需的时间，合理规定凭证在各个环节停留的时间，使会计凭证的传递既保证有必要的控制环节，又便于提高工作效率，节约费用；在会计凭证的各个环节，办理传递手续，加强对会计凭证的管理，以保证会计凭证的安全，既能满足各方面的需要，又能确保会计信息的时效。

为了保证会计凭证传递的顺利进行，企业要以会计部门为主，会同有关部门共同研究和协商凭证的格式、份数及传递程序。然后，分别将各种主要交易或者事项的凭证的传递程序绘成流程图或流程表，以便有关部门和人员执行。会计凭证传递程序制定后，有关部门和人员要认真执行，会计部门也要经常进行检查，发现不合理的地方要及时进行修订。

1.会计凭证的传递路线

会计凭证的传递路线，是指凭证流经的各个环节及其先后次序。各单位的交易或者事项不同，内部机构设置和人员分工的情况不同，会计凭证的传递路线也相应有所不同。因此，各单位应根据自己的特点，恰当地规定会计凭证的传递路线，既要保证会计凭证经过必要的环节进行处理和审核，又要尽量避免会计凭证经过不必要的环节，做到既要有利于会计核算和管理，又要减少不必要的劳动，从而提高工作效率。

2.会计凭证的传递时间

会计凭证的传递时间，是指各种凭证在各经办部门、环节所停留的最长时间。关于凭证传递时间的确定，应考虑各环节的工作内容和工作量，以及在正常情况下完成工作所需的时间，为了保证核算的及时性，应明确规定各种凭证在各个部门和业务环节停留的最长时间，指定专人负责，按规定的顺序和时间监督凭证的传递。只有这样才能保证凭证传递畅通无阻，使其通过最短途径并以最快速度传递。

3.会计凭证的传递手续

会计凭证的传递手续，是指凭证在传递过程中的衔接手续。应尽量做到既完备严密，又简便易行。凭证的收发、交接应有一定的制度手续，以确保会计凭证的安全和完整。在会计凭证传递过程中，若遇到不合理的环节，应根据实际情况加以修改，确保会计凭证传递程序的合理化、制度化和传递时间的节约。

二、会计凭证的保管

会计凭证的保管是指会计凭证的装订、编号、存档和按规定办理调阅手续及到期销毁的全过程。会计凭证一般是一种有法律效力的重要经济档案，登记入账后要妥善保管，以便日后随时利用和查阅。

（一）装订成册

会计部门在依据会计凭证记账以后，应当按照分类和编号顺序保管，不得散乱丢失。记账凭证应当连同所附的原始凭证或者汇总原始凭证，按照编号顺序，折叠整齐，在确保记账凭证及其所附原始凭证完整无缺后，加上封面、封底，装订成册，在封面上注明单位名称、年份、月份和起讫日期、凭证种类、起讫号码，并在装订线上加贴封签，以防散失和任意拆装，设置收、付、转式记账凭证装订成册后的封面格式如图4-2所示。

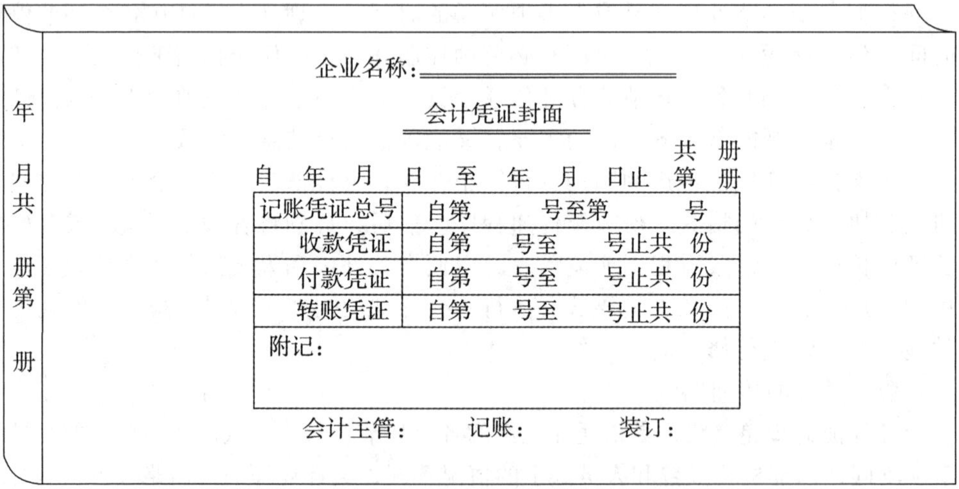

图4-2 收、付、转式记账凭证装订成册后的封面格式

记账凭证装订成册后的封底格式见表4-22。

记账凭证装订成册后，会计主管、记账、装订人员要签名或盖章，然后入档保管。记账凭证的装订有两种格式：一种是将记账凭证左端全部封死，称为“侧订”；另一种是只装订记账凭证左上角，称为“角订”。具体装订见《新编基础会计学模拟实验》。

表4-22 记账凭证装订成册后的封底格式

抽出日期	抽出附件详细名称	抽出理由	抽取人盖章	会计主管盖章	归还日期	备注

如果某些记账凭证所附原始凭证的数量过多，为了装订方便，也可另行装订保管，但应该在其封面上注明记账凭证日期、编号、种类，同时在记账凭证上注明“附件另订”和原始凭证名称及编号。对重要原始凭证，如各种经济合同、存出保证金收据、涉外文件等，为便于随时查阅，也可单独保管，但应编制目录，并在有关的记账凭证和原始凭证上相互注明日期和编号。

（二）归档保管

每年的会计凭证都应由会计部门按照归档的要求，负责整理装订成册。装订成册的会计凭证，在年度终了时可暂由单位会计机构保管一年，期满以后，应当由会计机构编制移交清册，移交本单位档案机构统一保管；未设立档案机构的，应当在会计机构内部指定专人保管。出纳人员不得兼管会计档案。档案部门接收的会计凭证，原则上要保持原卷册的封装，个别需要拆封重新整理的，应由会计部门和经办人员共同拆封整理，以明确责任。会计凭证必须做到妥善保管、存放有序、查找方便，并要严防毁损、丢失和泄密。

（三）查阅

本单位会计人员确实因工作需要查阅会计凭证，必须得到会计主管人员的同意，办理查阅手续，填写“查阅登记簿”。原始凭证不得借出，如有特殊需要，经本单位负责人批准，可以提供查阅或者复制，并办理登记手续。向外单位提供的原始凭证复制件，应在专门的登记簿上登记，并由提供人员和收取人员共同签名或者盖章。

（四）保管和销毁

严格遵守会计凭证的保管期限要求，期满前不得任意销毁。会计凭证保管期满后，按规定销毁会计凭证时，要开具清单并报经上级主管部门批准后，由档案部门和会计部门共同派员监销。在销毁会计凭证前，监督销毁人员应认真清点核对，销毁后，在销毁清册上签名或盖章，并将监销情况报告本单位负责人。

对于保管期满但未结清的债权、债务以及涉及其他未了事项的原始凭证，则不得销毁，要单独抽出另行立卷，由档案部门保管到未了事项完结时为止。

【课堂拓展】

通过本章的学习，可以培育和践行工匠精神。填制会计凭证，强调信息的真实可靠、内容完整、填写及时以及书写清晰，这些都是工匠精神在会计工作中的具体体现。会计凭证不仅是数据的简单记录，更是对企业经济活动精确无误的刻画。如同手工艺人对每一件作品的精心雕琢，会计人员也应用同样的专注与精细对待每一张会计凭证，追求工作的极致与完美。这种一丝不苟的态度，不仅能够确保会计信息的质量，也能锤炼严谨认真的工作态度，为树立良好的会计职业道德打下坚实的基础。

通过本章的学习，还可以培育遵纪守法意识。审核会计凭证，是对“遵纪守法”原则的直接应用。会计凭证作为明确经济责任或者确定会计分录的书面凭证，其会计信息的真实、正确、合法性对于维护经济秩序、保障各方权益至关重要。会计人员应当熟悉并遵循相关的法律政策，确保业务活动在法律框架内进行。审核会计凭证时，要求做到细致入微，既要理解企业复杂的业务活动，又要具备敏锐的合规意识，及时发现并纠正不合法、不合规的行为，发挥会计的监督职能，保护企业资产安全，防止经济犯罪的发生。

【练习题】

即测即评

一、名词解释

1.会计凭证
2.原始凭证
3.记账凭证
4.外来原始凭证
5.一次凭证
6.累计凭证
7.汇总原始凭证
8.记账编制凭证
9.自制原始凭证
10.会计凭证的传递
11.会计凭证的保管

二、简答题

1. 简述会计凭证的含义，以及填制和审核会计凭证的作用。
2. 原始凭证应包括哪些基本内容？
3. 原始凭证的填制应遵循哪些基本要求？
4. 应从哪些方面对原始凭证进行审核？
5. 简述记账凭证与原始凭证的区别。

6. 记账凭证包括哪些基本内容？

7. 应从哪些方面对记账凭证进行审核？

8. 简述会计凭证传递的含义，以及会计凭证传递的作用。

三、业务题

习题一

目的：练习通用记账凭证的编制。

资料：某企业20××年6月发生下列交易或者事项：

1. 6月2日，A投资者投资80 000元，存入银行；

2. 6月10日，以银行存款20 000元购买甲材料，材料已验收入库（不考虑增值税，下同）；

3. 6月11日，以银行存款300 000元购买不需安装的乙设备；

4. 6月15日，以银行存款偿还前欠B企业的货款150 000元；

5. 6月18日，收回C公司前欠货款50 000元，存入银行；

6. 6月20日，从银行提取现金4 000元；

7. 6月22日，企业管理人员王玲借款2 000元作为暂借差旅费；

8. 6月24日，以银行存款120 000元偿还短期借款；

9. 6月25日，企业管理人员王玲出差回来，报销费用1 800元，余额退回现金；

10. 6月29日，从银行借入短期借款100 000元。

要求：根据上述交易或者事项编制通用记账凭证。

习题二

目的：练习专用记账凭证的编制（以会计分录代替）。

资料：某企业20××年6月份发生的部分交易或者事项如下：

1. 向银行取得1年期借款100 000元，存入银行；

2. 某职工暂借差旅费600元；

3. 领用材料一批，其中生产车间生产产品领用60 000元，管理部门领用5 000元；

4. 以银行存款支付本月厂部办公费 7 000元；

5. 计算本月应纳所得税5 000元；

6. 计算本月固定资产折旧费，其中产品成本负担10 000元，管理费用负担6 000元；

7. 从银行提取现金3 000元。

要求：根据上述交易或者事项编制专用记账凭证的会计分录，并按现收、银收、现付、银付、转字进行编号。

参考答案

第五章

登记账簿

第一节 会计账簿概述

会计账簿，简称**账簿**，主要是由一定格式的账页组成，以经过审核无误的会计凭证为依据，全面、连续、系统地记录各项交易或者事项增减变动及结果的簿籍。我国《会计基础工作规范》第五十六条规定：“各单位应当按照国家统一会计制度的规定和会计业务的需要设置会计账簿。”填制会计凭证以后之所以还需要设置和登记账簿，是因为二者虽然都是用来记录交易或者事项的，但是其作用不同。在会计核算中，对每一项交易或者事项，都必须取得和填制会计凭证，因而会计凭证数量很多，又很分散，而且只能零散地反映个别交易或者事项的内容，不能全面、连续、系统地反映和监督某个单位在一定时期内某类以及全部交易或者事项情况，而且也不便于日后查阅。因此，为了给经济管理者提供系统的核算资料，需要设置账簿，把分散在会计凭证中的核算资料，加以集中和归类整理并登记到会计账簿中去。**登记账簿**，简称**登账**或**过账**，是以审核无误的会计凭证为依据，按照交易或者事项发生的顺序，分门别类地记入有关账簿的一种专门核算方法。

一、账簿的基本内容和登记会计账簿的意义

（一）账簿的基本内容

在实际工作中，会计账簿格式多种多样，不同账簿格式所记录的经济内容不同，所包括的具体内容也不尽一致，但其基本内容是相同的。这些基本内容包括以下三个方面：

视频5-1

会计账簿的基本内容和登记账簿的意义、会计账簿的分类

1.封面

封面用于填写账簿的名称、记账单位名称和会计年度。订本账通常将账簿的名称印刷在封面和账脊上，使用时可不必填写；活页账需要在封面上填写账簿名称，以便于查找和使用。

2.扉页

扉页一般设在封面之后，包括账簿启用表及交接表（或经管账簿人员一览表）、科目索引表。账簿启用及交接表应注明启用日期、起讫页数、册次、记账人员姓名和盖章、会计主管人员盖章、账户目录等内容。扉页分正面和反面。正面是账簿启用及交接表，其格式见表5-1；反面是科目索引表，其格式见表5-2。

表5-1　　账簿启用及交接表

贴印花处

账 簿 启 用 表

单位名称	（加盖公章）			负责人	职务	姓名
账簿名称	账簿第　册			单位领导		
账簿号码	第　号	启用日期	年　月　日	会计主管		
账簿页数	本账簿共计　页			主办会计		

经 管 账 簿 人 员 一 览 表

记账人员			接管日期			移交日期			监交人员		备注
职务	姓名	盖章	年	月	日	年	月	日	职务	姓名	

表5-2　　科目索引表

账　号	科　目	页　码	账　号	科　目	页　码	账　号	科　目	页　码

3.账页

账页是会计账簿的主要组成部分，不同账簿的账页格式有很大差别，但一般包括以下六个方面的基本内容。

（1）账户的名称及类别：账户的名称即会计科目的名称，包括一级科目、二级科目或明细科目的名称；账户的类别是指总账、明细账或日记账等内容。

（2）页次：用来填写该账页的顺序号数。有的只标明总页次，有的要标明总页次和分户页次。

（3）记账日期栏：登账时将会计凭证的日期记载于账簿的日期栏，在会计实务中，每一账页记录开始时均需填写年度、月份和日期，而登账时填写月份、日期。

（4）凭证种类及号数栏：凭证种类是指登记账簿所用的收、付、转记账凭证等凭证类别。凭证号数为记账凭证的顺序编号。

（5）摘要栏：主要用于对交易或者事项作简要的说明或简要阐明编制会计分录的原因，应与记账凭证中摘要的内容相互吻合。

（6）金额栏：是指借方、贷方、余额等金额栏和余额方向栏，用以记录交易或者事项引起资金数量的增减变化和结存情况。

（二）登记会计账簿的意义

登记会计账簿对于全面反映企业经济活动，加强经济核算，提高企业经济效益具有极为重要的作用，主要表现在以下几个方面：

1.记载、储存会计信息

登记会计账簿，可以全面记载企业在一定时期内发生的所有的交易和事项，储存企业有关资产、负债、所有者权益、收入、费用和利润方面的所有会计信息。

2.分类、汇总会计信息

登记会计账簿，可以按照交易或者事项性质的不同，在有关的分类账中进行归类核算，为会计管理提供总括或明细的分类会计信息。通过对各个账户发生额和余额的计算，归类汇总，形成全面、系统、连续的会计核算资料。

3.检查、校正会计信息

登记会计账簿，还可以通过账证核对、账账核对、账实核对，检查账簿记录的正确性，特别是通过资产清查，将资产的实存数与账面数进行核对，确认资产的盘盈和盘亏，校正账簿记录，以保证会计信息的真实、可靠。

4.综合、输出会计信息

登记会计账簿，通过调账、转账、结账和试算平衡等一系列账簿记录的处理工作，综合出企业在一定日期的财务状况和一定时期内的经营成果、现金流量等情况，并通过财务报表的形式输出这些会计信息，以利于会计信息使用者做出经济决策。而电子账簿则可随时输出各种会计信息。

二、会计账簿的种类

不同经济业务由于资金运动的特点不同，通常登记时所采用的账页格式也有所不同。在实际工作中，根据不同的标志和依据可以对账簿做出各种不同的分类。为了更好地了解和正确运用账簿，下面按账簿的不同用途、外表形式和账页格式对其进行分类。

（一）账簿按用途分类

《会计基础工作规范》规定，会计账簿包括总账、明细账、日记账和其他辅助性账簿。其中，总账和明细账都属于分类账，因此，可以将账簿分为日记账簿、分类账簿和备查账簿。

1.日记账簿

日记账簿，简称日记账，也称序时账，是按照交易或者事项发生时间的先后顺序逐日逐笔连续地进行登记的账簿。在会计实务中，日记账是会计人员按照收到会计凭证的先后顺序进行登记的。日记账按记录内容不同，又可以分为普通日记账和特种日记账两种。**普通日记账**，也称**通用日记账**、**两栏式日记账**、**分录簿**，是对全部交易和事项按照发生时间的先后顺序逐日逐笔进行登记的日记账。**特种日记账**也称专用日记账，是对某类交易或者事项按照发生时间的先后顺序逐日逐笔进行登记的日记账。对这些类别的交易或者事项进行特别、专门的账簿记录，故称特种日记账，例如，库存现金日记账和银行存款日记账。由于登记普通日记账要花费大量的时间和精力，而且查阅也不方便，因此，逐渐被各种特种日记账所代替。在会计实务中，目前我国企业主要设置有库存现金日记账和银行存款日记账两种，其主要作用在于加强对货币资金的监督和控制。

2.分类账簿

分类账簿，简称分类账，是对全部交易和事项按照总分类账户和明细分类账户分类核算和监督的账簿。分类账簿按照反映内容的详细程度不同，可分为总分类账簿和明细分类账簿两种。**总分类账簿**，也称**总分类账**，简称**总账**，是根据一级会计科目设置的，用以分类登记全部交易和事项，提供各项资产、负债、所有者权益、收入、费用、利润等总括性核算资料的账簿。**明细分类账簿**，也称**明细分类账**，简称**明细账**，是按照明细科目（二级或二级以下科目）设置的，详细记录交易或事项增减变化及结果的账簿。在会计实务中，总分类账簿和明细分类账簿包括了全部账户，整个企业的生产经营过程和财务情况，都能从分类账簿中得到反映。设置分类账簿，有利于对经济活动过程中的违法行为进行监督。

3.备查账簿

备查账簿，简称**备查账**，也称**辅助账簿**，是对日记账和分类账未能记载或记载不全面，而在经营管理中又必须掌握其信息数据的交易或者事项，进行补充登记的辅助性账簿，是属于备查性质的一种辅助登记账簿。例如，租入包装物、代管商品物资、受托加工材料以及某些无价财产等就需要在备查账簿中登记。

（二）账簿按外表形式分类

账簿按外表形式的不同可以分为订本式账簿、活页式账簿、卡片式账簿和电子账簿。

1.订本式账簿

订本式账簿，简称**订本账**，是在启用前，就将印有专门格式的账页按顺序标明页码，并装订成册的账簿。其优点是账页页数固定，在使用中能避免账页散失，并能防止抽换账页等舞弊行为的发生。其缺点是使用订本账时，由于账页固定，不能增减，容易出现账页的余缺，从而造成浪费或影响连续记账；同时，在同一时间只能由一人登记账簿，不便于同时分工协作记账，不便于用电子计算机打印记账。在会计实务中，采用订本账必须预先估计账页的需用总数。订本账一般用于库存现金日记账、银行存款日记账和总分类账的登记。

2.活页式账簿

活页式账簿，简称**活页账**，是指平时登账时账页并不固定装订在一起，而是将一定数量的账页放入活页账夹内，可以根据记账内容的变化随时增添或取出部分账页，到会计年度结束之后才装订成册的账簿。活页账的优缺点与订本账正好相反，活页账的优点是在使用中可以根据需要随时添加或抽减账页，不会浪费账页；同时，有利于分工记账，提高登账工作效率。其缺点是账页容易丢失和被抽换。在会计实务中，采用活页账，平时使用时应将每个账户所使用的账页按顺序编号，并在账页上由相关的记账人员加盖图章，明确经济责任，以防产生弊端，并在会计期末加上封面、扉页、封底后装订成册；装订完毕后，应按照实际账页顺序进行编号，记入扉页科目索引表。活页账主要用于明细分类账的登记。

3.卡片式账簿

卡片式账簿，简称**卡片账**，是由一定数量和具有专门格式的硬纸卡片作为账页，并存放在专设的卡片箱内的账簿。这种账簿的每张卡片可以随取随放，它实际上是一种特殊的活页账。卡片账除具有一般活页账的优点外，还具有不需每年更换、可以跨年度使用、便于分类汇总，并根据管理的需要灵活移动等特点。在会计实务中，卡片账在使用中应在卡片上连续编号并加盖相关人员图章。在使用结束不再继续用于登记时，必须装订成册，编订页数，并由专人妥善保管。卡片账主要用于固定资产明细账和低值易耗品明细账等需要特殊管理项目的登记。

4.电子账簿

电子账簿，简称**电子账**，是指用磁盘或光盘等多媒体介质记录交易或者事项的账簿。

其优点是账簿体积小、信息量大，可以随时启用和分析。其缺点是这种账簿没有“账”的形式，一旦存放的多媒体介质因意外发生损坏，则会造成不可估量的损失。在会计实务中，每隔一段时间，应将在电脑内的“账”作为文件打印输出，形成实体账簿进行保管。随着电子信息化和存储设施的发展，电子账的运用越来越广泛。

（三）账簿按账页格式分类

账簿按账页格式分类，分为两栏式账簿、三栏式账簿、多栏式账簿、数量金额式账簿和横线登记式账簿。

1.两栏式账簿

两栏式账簿，简称**两栏账**，是在账页中只设两个金额栏的账簿。它按经济业务引起资金数量的增加和减少的两种变化，只设置借方和贷方两个金额栏，不设余额栏。普通日记账一般采用这种格式。

2.三栏式账簿

三栏式账簿，简称**三栏账**，是在账页中设立三个金额栏的账簿。它是根据经济业务数量变化及结果，分别设置借方、贷方和余额三个金额栏。三栏式账簿是账簿的基本格式，是最常见的账簿，适用于只需要进行金额核算的交易或者事项，如库存现金日记账、银行存款日记账、总分类账、结算类账户的明细账等。

3.多栏式账簿

多栏式账簿，简称**多栏账**，是在账页中设立三个以上金额栏的账簿。其格式有按项目设置借方多栏、贷方多栏、借贷方均多栏，或按会计科目设专栏等多种形式，以便反映交易或者事项的具体内容。在会计实务中，金额栏的多少往往取决于项目的多少。这种账簿适用于需要进行分项目反映的交易或者事项，如收入、费用、成本和利润等明细账。

4.数量金额式账簿

数量金额式账簿，简称**数量金额账**，亦称三大栏式账簿，是指在每一大栏内，又设置由数量、单价、金额等小栏目的账页组成的账簿。其基本结构也采用“借方（收入）”、“贷方（发出）”和“余额（结存）”三大栏，但是在每大栏下面再分别设置“数量”“单价”“金额”三小栏。这种账簿适用于既需要进行金额核算，又需要进行数量核算的交易或者事项，如“原材料”、“库存商品”和“自制半成品”等账户的明细账。

5.横线登记式账簿

横线登记式账簿，又称**平行式账簿**，是指将前后密切相关的经济业务登记在同一行上，以便检查每笔业务的发生和完成情况的账簿。这种账簿适用于需要逐笔进行结转的交易或者事项，如“材料采购”明细账。

账簿按不同标志分类汇总如图5-1所示。

- 会计账簿
  - 按用途分类
    - 日记账簿
      - 普通日记账
      - 特种日记账
    - 分类账簿
      - 总分类账簿
      - 明细分类账簿
    - 备查账簿
  - 按外表形式分类
    - 订本式账簿
    - 活页式账簿
    - 卡片式账簿
    - 电子账簿
  - 按账页格式分类
    - 两栏式账簿
    - 三栏式账簿
    - 多栏式账簿
    - 数量金额式账簿
    - 横线登记式账簿

图5-1 账户按不同标志的分类

第二节 账簿的设置与登记

设置和登记会计账簿是会计核算的一种基本方法，是会计循环的重要环节，设置账簿是登记账簿的前提。由于各单位的交易或者事项性质、特点不同，对账簿设置的要求也因此不同。为了全面、系统地登记交易或者事项，各单位应根据自己的实际情况和经营管理的需要，设置不同的账簿。

设置账簿一般应遵循以下基本原则：

1.要遵守相关财经法律法规的规定

各单位应依照会计准则和国家统一会计制度的规定和本企业的实际情况设置账

簿。按照《会计基础工作规范》的规定，会计主体应当设置总账、明细账、日记账和其他辅助性账簿；库存现金日记账和银行存款日记账必须采用订本式账簿。同时，会计主体在符合国家统一规定和要求的前提下，应当根据自身规模的大小、交易或者事项的繁简、业务量的多少以及会计人员的构成等实际情况，从满足管理和决策需要的目标出发，合理、规范地设置会计账簿。

2.要以单位的实际业务需要为出发点

设置的会计账簿要能全面、系统地反映会计主体的经济活动，为经营管理提供会计核算资料；设置的会计账簿要贯彻“单不重填、账不重设”的原则，在满足实际业务需要的前提下，注意人力、物力的节约；设置的会计账簿所选择的账页格式要能够提供经营管理所需要的相关指标。一般来说，交易或者事项复杂、规模大的企业，账簿可以设置得细一些，对于业务简单、规模小的企业，可以相应简约一些，但是设置账簿必须以保证提供准确而全面的会计信息，以满足经营管理需要为前提。

3.要遵循内部控制原则

单位内部控制要求不相容职务应该相互分离，因此，应在账簿设计中体现出会计业务分工与岗位责任制的紧密结合，既要保证会计工作的合理分工，又要注意会计工作各岗位的职责分离，以保证会计信息的真实性、完整性和企业资产的安全性、完整性。

本书依照账簿按用途分类的结果，分别介绍日记账簿的设置与登记、分类账簿的设置与登记、备查账簿的设置与登记。

一、日记账簿的设置与登记

（一）普通日记账的设置与登记

普通日记账，也称通用日记账，是指按全部交易或者事项发生时间的先后顺序逐日逐笔进行登记的日记账。设置普通日记账可以全面、综合、及时地反映单位所发生的全部业务，便于按交易或者事项的发生时间对单位的经济活动进行检查和考核。普通日记账一般只设借方和贷方两个金额栏，所以也称为两栏式日记账。在普通日记账中，实质上是按照每日发生的交易或者事项的先后顺序，逐项编制会计分录，因而这种日记账也称为分录日记账或分录簿。其格式见表5-3。

表5-3 **普通日记账** 第 页

年		原始凭证	摘 要	一级科目	明细科目	借方金额	贷方金额	过账
月	日							
		合 计						

普通日记账的登记方法如下：

（1）日期栏。登记交易或者事项发生的日期，按交易或者事项发生的先后顺序逐项登记。

（2）原始凭证栏。登记原始凭证的内容。

（3）摘要栏。简明扼要地说明每一项交易或者事项的内容。

（4）会计科目栏。填写应借、应贷账户的名称。

（5）借方金额栏。将借方金额填入此栏，与借方账户同一行次。

（6）贷方金额栏。将贷方金额填入此栏，与贷方账户同一行次。

（7）过账栏。填写已记账的标记。

【例5-1】假设兴业公司20××年6月份发生如下经济业务（假设购、销业务均不考虑增值税）：

（1）1日，从银行提取现金1 000元备用；

（2）3日，以银行存款50 000元购买一台设备；

（3）5日，企业行政管理部门购买办公用品60元，付现金，已交付使用；

（4）7日，从明光公司购进甲材料1 000件，单价4元，合计4 000元，用银行存款付款，材料已验收入库；

（5）9日，归还前欠银行短期借款100 000元；

（6）11日，企业行政管理部门职工李燕借差旅费300元；

（7）13日，向欣欣商场销售A产品8 000元，未收款；

（8）15日，向宏信商场销售B产品3 500元，通过银行收款；

（9）17日，企业行政管理部门领用甲材料500件，单价4元，合计2 000元，用于一般性消耗；

（10）19日，企业行政管理部门职工李燕报销差旅费260元，交回余款现金40元；

（11）21日，从华威公司购进乙材料600件，单价10元，合计6 000元，通过银行付款，材料已验收入库；

（12）24日，向红旗商场销售A产品3 000元，未收款；

（13）27日，收到本月13日向欣欣商场销售A产品的货款8 000元，通过银行收款；

（14）30日，企业行政管理部门用银行存款支付水电费1 000元；

（15）30日，将主营业务收入14 500元结转到本年利润；

（16）30日，将管理费用3 320元结转到本年利润。

根据以上经济业务的原始凭证，登记普通日记账，见表5-4。需要说明的是，普通日记账没有记账凭证这一栏，由于本例还要用于其他账簿的登记，而其他账簿的登记有的要用到收款、付款、转账记账凭证，因此，在普通日记账中省去了“原始凭证”栏，增加了“记账凭证”这一栏（记账凭证编制从略）。

表 5-4　**普通日记账**　第 1 页　单位：元

20××年		记账凭证		摘　要	一级科目	明细科目	借方金额	贷方金额	过账
月	日	种类	号数						
6	1	银付	01	提取现金备用	库存现金		1 000		
					银行存款			1 000	
	3	银付	02	购入设备	固定资产	××设备	50 000		
					银行存款			50 000	
	5	现付	01	行政管理部门购办公用品	管理费用	办公费	60		
					库存现金			60	
	7	银付	03	从明光公司现购甲材料	原材料	甲材料	4 000		
					银行存款			4 000	
	9	银付	04	归还银行短期借款	短期借款	××银行	100 000		
					银行存款			100 000	
	11	现付	02	李燕预借差旅费	其他应收款	李燕	300		
					库存现金			300	
	13	转字	01	向欣欣商场赊销A产品	应收账款	欣欣商场	8 000		
					主营业务收入	A产品		8 000	
	15	银收	01	向宏信商场现销B产品	银行存款		3 500		
					主营业务收入	B产品		3 500	
	17	转字	02	行政管理部门领用一般消耗甲材料	管理费用	物料消耗	2 000		
					原材料	甲材料		2 000	
	19	转字	03	李燕报销差旅费	管理费用	差旅费	260		
					其他应收款	李燕		260	
		现收	01	李燕报销差旅费退现金	库存现金		40		
					其他应收款	李燕		40	
	21	银付	05	从华威公司现购乙材料	原材料	乙材料	6 000		
					银行存款			6 000	
	24	转字	04	向红旗商场赊销A产品	应收账款	红旗商场	3 000		
					主营业务收入	A产品		3 000	
	27	银收	02	收回欣欣商场前欠货款	银行存款		8 000		
					应收账款	欣欣商场		8 000	
	30	银付	06	支付行政管理部门水电费	管理费用	水电费	1 000		
					银行存款			1 000	
	30	转字	05	结转主营业务收入	主营业务收入		14 500		
					本年利润	主营业务收入		14 500	
	30	转字	06	结转管理费用	本年利润	管理费用	3 320		
					管理费用			3 320	

（二）特种日记账的设置与登记

视频5-2

特种日记账的设置与登记

特种日记账，也称专用日记账，是对某类交易或者事项按照发生时间的先后顺序逐日逐笔进行登记的账簿。特种日记账按记录内容的不同，分为库存现金日记账和银行存款日记账。

在会计实务中，为了坚持内部牵制原则，实行钱、账分管，出纳人员不得兼任稽核、会计档案保管和收入、支出、费用、债权债务账目的登记工作。出纳人员登记库存现金日记账和银行存款日记账后，应把各种收、付款凭证交由会计人员据以登记总分类账及有关的明细分类账。通过库存现金和银行存款总账与日记账的定期核对，以达到控制库存现金日记账、银行存款日记账的目的。

1.库存现金日记账

库存现金日记账是由出纳人员根据审核无误的库存现金收、付款凭证或银行存款付款凭证（从银行提取库存现金编制的凭证），按交易或者事项发生的先后顺序，逐日逐笔登记库存现金的收入、付出及结存情况的账簿。库存现金日记账的借方（或收入）栏根据库存现金收款凭证和银行存款付款凭证进行登记，贷方（或支出）栏根据库存现金付款凭证进行登记。需要注意的是，对于从银行提取库存现金的业务，规定只编制银行存款付款凭证，不再填制库存现金收款凭证，所以，对于从银行提取库存现金的数额，应根据银行存款付款凭证登记库存现金日记账的借方栏。

库存现金日记账的格式一般为三栏式，只有采用多栏式日记账核算组织程序时，才设置多栏式。

（1）三栏式库存现金日记账。三栏式库存现金日记账是在实际工作中广泛采用的一种库存现金日记账，其格式见表5-5，它的基本结构为“收入”“支出”“结余”三栏或者“借方”“贷方”“余额”三栏，两种格式的实质一样，因为库存现金的收入数是记在“库存现金”账户的借方，库存现金的支出是记在“库存现金”账户的贷方，收支差额就是借贷差额。出纳人员在每日业务终了时，应将收、付款项逐笔登记，并结出余额，同实存库存现金相核对，借以检查每日库存现金的收、付、存情况及库存现金限额的执行情况。

三栏式库存现金日记账的登记方法如下：

① 日期栏，指记账凭证的日期，应与库存现金实际收付日期一致。

② 凭证栏，指登记入账的收、付款凭证的种类和编号，如“库存现金收（付）款凭证”简写为“现收（付）”，“银行存款付款凭证”简写为“银付”，凭证栏还应登记凭证的编号，其作用在于便于查账和核对。

③ 摘要栏，摘要说明登记入账的交易或者事项的内容。

④ 对方科目栏，指库存现金收入的来源科目或支出的用途科目。如李燕预借差旅费，其支出的用途科目（即对方科目）为“其他应收款”，其作用在于了解交易或者事项的来龙去脉。

⑤ 借方、贷方（或收入、支出）栏，指库存现金实际收付的金额。如李燕预借差旅费300元，应在“贷方”或“支出”金额栏登记“300”。

⑥日清月结，每日终了，应分别计算库存现金收入和支出的合计数，结出余额，做到“日清”，以便将账面余额与实存库存现金核对。月终，应计算出全月库存现金收入、支出合计数和余额，并在该行的上、下各画一条通栏红线，做到“月结”。三栏式库存现金日记账的格式及登记方法见【例5-2】。

【例5-2】以前述【例5-1】资料为例，假设“库存现金”账户期初余额为900元，根据6月份交易或者事项的库存现金收、付款凭证及银行存款付款凭证登记库存现金日记账，见表5-5。

表5-5 库存现金日记账 第1页 单位：元

20××年		凭证		摘要	对方科目	借方	贷方	借或贷	余额
月	日	种类	号数						
6	1			期初余额				借	900
	1	银付	01	提取现金备用	银行存款	1 000		借	1 900
	5	现付	01	购行政管理部门办公用品	管理费用		60	借	1 840
	11	现付	02	李燕预借差旅费	其他应收款		300	借	1 540
	19	现收	01	李燕报销差旅费退现金	其他应收款	40		借	1 580
	30			本月合计		1 040	360	借	1 580

（2）多栏式库存现金日记账。多栏式库存现金日记账的账页格式是在三栏式账页的基础上，将借方按其全部对应贷方科目如“主营业务收入”“应收账款”“其他应付款”等分别设置专栏；贷方也按其全部对应借方科目如“银行存款”“原材料”“销售费用”“管理费用”“其他应付款”等分别设置专栏，从而形成多栏式库存现金日记账。因此，多栏式库存现金日记账是在三栏式库存现金日记账基础上发展起来的。多栏式库存现金日记账的收入栏和支出栏，如果分别按其对应科目设置专栏，并列入一本账簿，那么账簿的篇幅势必太大，因而一般将这种日记账分为库存现金收入日记账和库存现金支出日记账。只有企业采用多栏式日记账核算组织程序时，才设置多栏式库存现金日记账，否则，均不需设置多栏式库存现金日记账。

2.银行存款日记账

银行存款日记账是由出纳人员根据银行存款收款凭证、银行存款付款凭证或库存现金付款凭证按交易或者事项发生时间的先后顺序，逐日逐笔进行登记的账簿。银行存款日记账的“借方”（或“收入”）栏根据银行存款收款凭证和库存现金付款凭证进行登记，“贷方”（或“支出”）栏根据银行存款付款凭证进行登记。需要注意的是，对于库存现金存入银行或从本单位其他存款户转入本存款户的银行存款的业务，规定只编制库存现金付款凭证或其他存款户的银行存款付款凭证，不再填制收款凭证，所以，对于将库存现金送存银行或从本单位其他存款户转入本存款户的银行存款收入数额，应根据库存现金付款凭证或本单位其他存款户的银行存款付款凭证登记银行存款日记账的借方栏。

银行存款日记账的格式一般为三栏式，只有采用多栏式日记账核算组织程序时，才设置多栏式银行存款日记账。

（1）三栏式银行存款日记账。三栏式银行存款日记账，银行存款的收入和支出在同一张账页上，各个对方科目，不分别设专栏反映。它的基本结构为“收入”“支出”“结余”三栏或者“借方”“贷方”“余额”三栏，两种格式的实质一样，因为银行存款的收入数是记在“银行存款”账户的借方；银行存款的支出是记在“银行存款”账户的贷方；收支差额就是借贷差额。出纳人员在每日业务终了，应将收、付款项逐笔登记，并结出余额，以便定期同银行送来的对账单核对，并随时检查、监督各种款项收付，避免因超过实有余额的付款而出现透支。三栏式银行存款日记账的格式见表5-6。

表5-6 银行存款日记账 第1页 单位：元

20××年		凭证		摘要	结算凭证		对方科目	借方	贷方	借或贷	余额
月	日	种类	号数		种类	号数					
6	1			期初余额						借	200 000
	1	银付	01	提取现金备用			库存现金		1 000	借	199 000
	3	银付	02	购入设备			固定资产		50 000	借	149 000
	7	银付	03	从明光公司现购甲材料			原材料		4 000	借	145 000
	9	银付	04	归还银行短期借款			短期借款		100 000	借	45 000
	15	银收	01	向宏信商场现销B产品			主营业务收入	3 500		借	48 500
	21	银付	05	从华威公司现购乙材料			原材料		6 000	借	42 500
	27	银收	02	收回欣欣商场前欠货款			应收账款	8 000		借	50 500
	30	银付	06	支付行政管理部门水电费			管理费用		1 000	借	49 500
	30			本月合计				11 500	162 000	借	49 500

三栏式银行存款日记账的登记方法：

① 日期栏，指记账凭证的日期，应与银行存款实际收付日期一致。

② 凭证栏，指登记入账的收、付款凭证的种类和编号，如“库存现金付款凭证”简写为“现付”，“银行存款收（付）款凭证”简写为“银收（付）”，凭证栏还应登记凭证的编号，其作用在于便于查账和核对。

③ 摘要栏，摘要说明登记入账的交易或者事项的内容。

④ 结算凭证种类、号数栏，由于银行存款的收付，都是根据特定的结算凭证进行的，为了反映结算凭证的种类、号数，特设有“结算凭证——种类、号数”栏。在会计实务中，结算凭证栏可以按照实际情况填列“现支”“转支”“电汇”“信汇”等。

⑤ 对方科目栏，指银行存款的来源科目或支出的用途科目。如用银行存款购买设备，其用途科目（即对方科目）为“固定资产”，其作用在于了解交易或者事项的来龙去脉。

⑥ 借方、贷方（或收入、支出）栏，指银行存款实际收付的金额。如用银行存款50 000元购买设备，应在“贷方”或“支出”金额栏登记“50 000”。

⑦ 日清月结，每日终了，应分别计算银行存款收入和支出的合计数，结出余额，做到“日清”，以便检查监督各项收入和支出款项，避免出现透支现象，也便于定期同银行对账单核对；月终，应计算出全月银行存款收入、支出合计数和余额，并在该行的上、下各画一条通栏红线，做到“月结”。

三栏式银行存款日记账的格式及登记方法见【例5-3】。

【例5-3】以前述【例5-1】资料为例，假设“银行存款”账户期初余额为200 000元，根据6月份交易或者事项的银行存款收款凭证、银行存款付款凭证及库存现金付款凭证，登记银行存款日记账，见表5-6。

（2）多栏式银行存款日记账。多栏式银行存款日记账也和多栏式库存现金日记账一样，既可以设置一本账，又可以分设银行存款收入日记账和银行存款支出日记账两本账。只有企业采用多栏式日记账核算组织程序时，才设置多栏式银行存款日记账。否则，均不需设置多栏式银行存款日记账。

二、分类账簿的设置与登记

（一）总分类账簿的设置与登记

总分类账簿，也称总分类账，简称总账，是根据一级会计科目设置的，用以分类登记全部交易或事项，提供各项资产、负债、所有者权益、收入、费用和利润等总括性核算资料的账簿。总分类账簿只能以货币作为计量单位。总分类账簿既能提供总括经济指标，为编制财务报表提供依据，又能统驭日记账和明细分类账，因此，所有企业都必须设置总分类账簿。总分类账簿一般采用订本式账簿，如果采用的是活页式账簿，年终必须装订成册。

视频5-3

总分类账簿的设置与登记

总分类账的格式一般为三栏式，只有采用日记总账核算组织程序时，才设置多栏式。

1.三栏式总分类账簿

三栏式总分类账簿的账户基本结构一般为“借方”、“贷方”和“余额”三栏，分别记录交易或者事项所引起资金数量的增减变化和结存情况。

总分类账簿的账户登记依据和方法主要取决于所采用的会计核算组织程序，由于会计核算组织程序有多种，所以总分类账的登记依据和方法也有所不同。总分类账簿的登记方法主要有以下两种：

（1）逐笔登记。逐笔登记是根据非汇总记账凭证直接逐笔登记总分类账户。采用这种方法登记总分类账户时，记账日期、凭证种类及编号、摘要、借方金额以及贷方金额各栏，均应直接根据记账凭证注明的内容誊抄一遍，在余额栏结出账户余额，并指明余额的借贷方向。库存现金和银行存款总分类账户的余额应定期与库存现金日记账和银行存款日记账核对相符，其他总分类账户的余额在会计期末必须与之所属的明细账户核对相符。采用这种方法登记的总分类账簿既能提供总分类指标，又能提供具体资料。这种方法适用于交易或者事项较少的小型企业。

（2）汇总登记。汇总登记是根据记账凭证的汇总结果登记总分类账户。采用这种方法登记总分类账户时，与逐笔登记不同的是，应首先对一定时期的交易或者事项的记账凭证进行汇总（分类汇总或全部汇总），再将汇总结果记入总分类账户，这样就简化了总分类账登记的工作量。这种方法适用于交易或者事项较多的大中型企业。

三栏式总分类账簿的账户格式及登记方法见【例5-4】。

【例5-4】以前述【例5-1】资料为例，假设各账户期初余额资料见表5-7，根据6月份交易或者事项的记账凭证（用普通日记账代替，见表5-4），逐笔登记三栏式总分类账。

表5-7 **各账户期初余额情况表** 单位：元

会计科目	期初余额	
	借　方	贷　方
库存现金	900	
银行存款	200 000	
应收账款	10 000	
其他应收款	2 000	
原材料	3 000	
固定资产	60 000	
短期借款		100 000
本年利润		250 000
主营业务收入		0
管理费用	0	

三栏式总分类账的格式及登记方法见表5-8至表5-17。

表5-8 **三栏式总分类账（一）** 单位：元

会计科目：库存现金 第　页

20××年		凭证		摘　要	借方	贷方	借或贷	余额
月	日	种类	号数					
6	1			期初余额			借	900
	1	银付	01	提取现金备用	1 000		借	1 900
	5	现付	01	购办公用品		60	借	1 840
	11	现付	02	李燕预借差旅费		300	借	1 540
	19	现收	01	李燕报销差旅费	40		借	1 580
	30			本月合计	1 040	360	借	1 580

表 5-9 三栏式总分类账（二） 单位：元

会计科目：银行存款 第 页

20××年		凭证		摘 要	借方	贷方	借或贷	余额
月	日	种类	号数					
6	1			期初余额			借	200 000
	1	银付	01	提取现金备用		1 000	借	199 000
	3	银付	02	购入设备		50 000	借	149 000
	7	银付	03	从明光公司现购甲材料		4 000	借	145 000
	9	银付	04	归还银行短期借款		100 000	借	45 000
	15	银收	01	向宏信商场现销B产品	3 500		借	48 500
	21	银付	05	从华威公司现购乙材料		6 000	借	42 500
	27	银收	02	收回欣欣商场前欠购货款	8 000		借	50 500
	30	银付	06	支付行政管理部门水电费		1 000	借	49 500
	30			本月合计	11 500	162 000	借	49 500

表 5-10 三栏式总分类账（三） 单位：元

会计科目：应收账款 第 页

20××年		凭证		摘 要	借方	贷方	借或贷	余额
月	日	种类	号数					
6	1			期初余额			借	10 000
	13	转字	01	向欣欣商场赊销A产品	8 000		借	18 000
	24	转字	04	向红旗商场赊销A产品	3 000		借	21 000
	27	银收	02	收回欣欣商场前欠货款		8 000	借	13 000
	30			本月合计	11 000	8 000	借	13 000

表 5-11 三栏式总分类账（四） 单位：元

会计科目：其他应收款 第 页

20××年		凭证		摘 要	借方	贷方	借或贷	余额
月	日	种类	号数					
6	1			期初余额			借	2 000
	11	现付	02	李燕预借差旅费	300		借	2 300
	19	转字	03	李燕报销差旅费		260	借	2 040
	19	现收	01	李燕报销差旅费退现金		40	借	2 000
	30			本月合计	300	300	借	2 000

表 5-12　　三栏式总分类账（五）　　单位：元

会计科目：原材料　　第　页

20××年		凭证		摘　要	借方	贷方	借或贷	余额
月	日	种类	号数					
6	1			期初余额			借	3 000
	7	银付	03	从明光公司现购甲材料	4 000		借	7 000
	17	转字	02	行政管理部门一般耗用甲材料		2 000	借	5 000
	21	银付	05	从华威公司现购乙材料	6 000		借	11 000
	30			本月合计	10 000	2 000	借	11 000

表 5-13　　三栏式总分类账（六）　　单位：元

会计科目：固定资产　　第　页

20××年		凭证		摘　要	借方	贷方	借或贷	余额
月	日	种类	号数					
6	1			期初余额			借	60 000
	3	银付	02	购入设备	50 000		借	110 000
	30			本月合计	50 000	—	借	110 000

表 5-14　　三栏式总分类账（七）　　单位：元

会计科目：短期借款　　第　页

20××年		凭证		摘　要	借方	贷方	借或贷	余额
月	日	种类	号数					
6	1			期初余额			贷	100 000
	9	银付	04	归还短期借款	100 000		平	0
	30			本月合计	100 000	—	平	0

表 5-15　　三栏式总分类账（八）　　单位：元

会计科目：本年利润　　第　页

20××年		凭证		摘　要	借方	贷方	借或贷	余额
月	日	种类	号数					
6	1			期初余额			贷	250 000
	30	转字	05	结转主营业务收入		14 500	贷	264 500
	30	转字	06	结转管理费用	3 320		贷	261 180
	30			本月合计	3 320	14 500	贷	261 180

表 5-16 三栏式总分类账（九） 单位：元

会计科目：主营业务收入 第 页

20××年		凭证		摘要	借方	贷方	借或贷	余额
月	日	种类	号数					
6	13	转字	01	向欣欣商场赊销A产品		8 000	贷	8 000
	15	银收	01	向宏信商场现销B产品		3 500	贷	11 500
	24	转字	04	向红旗商场赊销A产品		3 000	贷	14 500
	30	转字	05	转入“本年利润”	14 500		平	0
	30			本月合计	14 500	14 500	平	0

表 5-17 三栏式总分类账（十） 单位：元

会计科目：管理费用 第 页

20××年		凭证		摘要	借方	贷方	借或贷	余额
月	日	种类	号数					
6	5	现付	01	行政管理部门购办公用品	60		借	60
	17	转字	02	行政管理部门领用一般消耗甲材料	2 000		借	2 060
	19	转字	03	李燕报销差旅费	260		借	2 320
	30	银付	06	支付行政管理部门水电费	1 000		借	3 320
	30	转字	06	转入“本年利润”		3 320	平	0
	30			本月合计	3 320	3 320	平	0

2.多栏式总分类账

多栏式总分类账，也称日记总账，是按会计科目分设专栏，将所有科目的总分类核算集中在一张账页上进行，这种总分类账只在进行日记总账核算组织程序时采用，只适用于企业交易或者事项较少，所涉及会计科目不多的情况。其格式见表5-18。由于多栏式总分类账几乎已没有企业采用，故其登记从略。

表5-18 多栏式总分类账 单位：元

第 页

年		凭证号数	摘要	发生额	库存现金		银行存款		…	所得税费用	
月	日				借方	贷方	借方	贷方	…	借方	贷方

（二）明细分类账簿的设置与登记

视频5-4

明细分类账簿的设置与登记

明细分类账簿，也称明细分类账，简称明细账，是按照明细科目设置的，详细记录某一类交易或者事项增减变化及结果的账簿。设置明细分类账，是对总分类账的一种明细分类和补充。企业应根据会计准则的要求，从考虑企业会计管理的需要出发，设置若干必要的明细分类账户。明细分类账一般采用活页式账簿，以便预留账页和账页不足时能够添加。

明细分类账簿的格式主要有三栏式明细分类账簿、数量金额式明细分类账簿、多栏式明细分类账簿和横线登记式明细分类账簿。

1.三栏式明细分类账簿

三栏式明细分类账簿的账户结构与总分类账簿的账户结构基本相同，只设有借方、贷方和余额三个金额栏，不设数量栏。这种格式适用于那些只要求核算金额，不需要进行数量核算的债权、债务账户的明细账户，如“应收账款”“应付账款”“其他应收款”等明细账户的核算。三栏式明细分类账是由会计人员根据审核无误的记账凭证，按交易和事项的时间先后顺序逐日逐笔进行登记。三栏式明细分类账的格式和登记方法见【例5-5】。

【例5-5】以前述【例5-1】和【例5-4】资料为例，根据6月份交易或者事项的记账凭证和原始凭证登记“应收账款”三栏式明细分类账。其中，假设“应收账款——欣欣商场”期初余额为4 000元，“应收账款——红旗商场”期初余额为6 000元。“应收账款”三栏式明细分类账的格式及登记方法见表5-19和表5-20。

表5-19 **应收账款明细分类账（一）** 单位：元

明细科目：欣欣商场 第 页

20××年		凭证		摘要	借方	贷方	借或贷	余额
月	日	种类	号数					
6	1			期初余额			借	4 000
	13	转字	01	赊销A产品	8 000		借	12 000
	27	银收	02	收回前欠货款		8 000	借	4 000
	30			本月合计	8 000	8 000	借	4 000

表5-20 **应收账款明细分类账（二）** 单位：元

明细科目：红旗商场 第 页

20××年		凭证		摘要	借方	贷方	借或贷	余额
月	日	种类	号数					
6	1			期初余额			借	6 000
	24	转字	04	赊销A产品	3 000		借	9 000
	30			本月合计	3 000	—	借	9 000

2.数量金额式明细分类账簿

数量金额式明细分类账簿的账户设有借方、贷方和结存三大栏，每一栏下又分别设置数量、单价和金额三小栏，主要适用于既要进行金额核算，又要进行数量核算的各种实物资产账户的明细账户，如“原材料”“库存商品”等账户的明细账户。数量金额式明细分类账是由会计人员根据审核无误的原始凭证和记账凭证，按交易和事项的时间先后顺序逐日逐笔进行登记。其格式见表5-21、表5-22。数量金额式明细分类账的格式及登记方法见【例5-6】。

【例5-6】以前述【例5-1】和【例5-4】资料为例，根据6月份交易和事项的记账凭证和原始凭证登记“原材料”数量金额式明细分类账。假设：“原材料——甲材料”期初余额为2 000元，数量500件，单价4元；“原材料——乙材料”期初余额为1 000元，数量100件，单价10元。购入材料单价与期初库存材料单价相同。“原材料”数量金额式明细分类账的格式及登记方法见表5-21和表5-22。

表5-21　　原材料明细分类账（甲材料）

类　别：主要材料　编　号：1376　最高储量：5 000件　第3页

品名规格：甲材料　存放地点：1号库　最低储量：400件　计量/金额单位：件/元

20××年		凭证		摘要	借方			贷方			余额		
月	日	种类	号数		数量	单价	金额	数量	单价	金额	数量	单价	金额
6	1			期初余额							500	4	2 000
	7	银付	03	从明光公司现购	1 000	4	4 000				1 500	4	6 000
	17	转字	02	行政管理部门领用				500	4	2 000	1 000	4	4 000
	30			本月合计	1 000	4	4 000	500	4	2 000	1 000	4	4 000

表5-22　　原材料明细分类账（乙材料）

类　别：辅助材料　编　号：1268　最高储量：1 000件　第2页

品名规格：乙材料　存放地点：2号库　最低储量：60件　计量/金额单位：件/元

20××年		凭证		摘要	借方			贷方			余额		
月	日	种类	号数		数量	单价	金额	数量	单价	金额	数量	单价	金额
6	1			期初余额							100	10	1 000
	21	银付	05	从华威公司现购	600	10	6 000				700	10	7 000
	30			本月合计	600	10	6 000				700	10	7 000

3.多栏式明细分类账簿

多栏式明细分类账簿，是根据交易或者事项的特点和经营管理的要求，在一张账页内按照明细账户或明细项目分设若干专栏，用以登记各个明细账户或明细项目的金额。这种账簿主要适用于成本、费用、收入类账户的明细账户，如“生产成本”、“制造费用”、“管理费用”、“营业外收入”和“本年利润”等账户的明细分类账户。多栏式明细分类账又可分为借方多栏、贷方多栏和借贷方均多栏三种格式。一般来说，成本、费用类账户的明细分类账户可设借方多栏式（见表5-23）；收入类账户的明细分类账户可设贷方多栏式（见表5-24）；本年利润账户的明细分类账户可设借贷方均多栏式（见表5-25）。

表5-23 ________明细账(借方多栏式) 第 页

年		凭证		摘要	借方						贷方	借或贷	余额
月	日	种类	号数						…	合计			…
									…				

表5-24 ________明细账(贷方多栏式) 第 页

年		凭证		摘要	借方	贷方					借或贷	余额
月	日	种类	号数						…	合计		
									…			

表5-25 ________明细账(借贷方均多栏式) 第 页

年		凭证		摘要	借方				贷方				借或贷	余额
月	日	种类	号数				…	合计			…	合计		
							…				…			

多栏式明细分类账是由会计人员根据审核无误的原始凭证和记账凭证，按交易和事项的时间先后顺序逐日逐笔进行登记。

【例5-7】以前述【例5-1】和【例5-4】资料为例，根据6月份交易或者事项的记账凭证和原始凭证登记“管理费用”借方多栏式明细分类账。

“管理费用”借方多栏式明细分类账的格式及登记方法见表5-26。

表5-26 **管理费用明细账** 第 页

20××年		凭证		摘要	借方								贷方	借或贷	余额
月	日	种类	号数		职工薪酬	折旧费	机物料	办公费	差旅费	水电费	其他	合计			
6	5	现付	01	购办公用品				60				60			
	17	转字	02	行政管理部门耗用材料			2 000					2 000			
	19	转字	03	李燕报销差旅费					260			260			
	30	银付	06	支付水电费						1 000		1 000			
	30	转字	06	转入“本年利润”									3 320		
	30			本月合计			2 000	60	260	1 000		3 320	3 320	平	0

4.横线登记式明细分类账簿

横线登记式明细分类账簿是利用平等式账页，将同一交易或者事项的若干内容在同一横行进行详细登记的账簿。这种账簿适用于需要逐笔进行结转的交易或者事项，如“材料采购”明细账，格式见表5-27。

表5-27 **材料采购明细账**

明细科目： 年 月

日期	采购凭证字号	摘要	供货单位	材料名称	型号规格	计量单位	应收数量	收料情况			借方金额				贷方金额
								日期	凭证号	实收数量	买价	运杂费	其他	合计	

横线登记式明细分类账是由会计人员根据审核无误的原始凭证和记账凭证，按交易和事项的时间先后顺序逐日逐笔进行登记。

（三）总分类账户与明细分类账户的平行登记

登记总分类账簿和明细分类账簿，就是登记总分类账簿中的有关总分类账户和明细分类账簿中的有关明细分类账户，由于总分类账户和明细分类账户是分别按照总分类科目和明细分类科目设置的，而明细分类科目又是总分类科目进一步分类的项目，因此，总分类账户和明细分类账户必然存在着十分密切的关系（见第二章第二节），从而在登记总分类账户和明细分类账户时，必须遵守一定的规则。这就是总分类账户与明细分类账户的平行登记。

总分类账户和明细分类账户之间必须按照平行登记的原则进行登记，以便互相制约和相互补充。

1.平行登记的概念

所谓平行登记，是指对每项交易或者事项根据会计凭证，一方面要在有关的总分类账户中进行总括登记，另一方面要在其所属的有关明细分类账户中进行明细登记，而且在总分类账户和明细分类账户中的登记必须独立地、互不依赖地进行。平行登记的结果应使总分类账户与所属明细分类账户之间形成统驭关系，满足以下两个等式：

总分类账户期初余额=所属明细分类账户期初余额合计数

总分类账户期末余额=所属明细分类账户期末余额合计数

2.平行登记的规则

在进行平行登记时要符合以下4点规则：

（1）依据相同。对发生的交易或者事项，总分类账户和明细分类账户都要以相同的会计凭证为依据，既登记有关总分类账户，又登记其所属明细分类账户。

（2）方向相同。将交易或者事项记入总分类账户和它所属明细分类账户时，必须方向相同。这里的方向相同，是指增加、减少的方向相同，而不一定是借、贷方向相同，比如，管理费用减少在管理费用总账贷方登记，管理费用明细账则可能在借方用红字登记，显然增加、减少方向相同，但借、贷方向不相同。

（3）期间相同。对于发生的每一笔交易或者事项，必须在同一会计期间记入总分类账户及其所属明细分类账户。登记的时间可以有先有后，但会计期间必须相同。

（4）金额相同。对于每一笔交易或者事项，记入总分类账户的金额应与记入其所属明细账户的金额合计相等。

3.总分类账户与明细分类账户平行登记的举例说明

【例5-8】以前述【例5-1】、【例5-4】和【例5-6】资料为例，说明总分类账户与明细分类账户的平行登记原理。

将有关原材料的经济业务、会计分录（从普通日记账中摘出）、总分类账和明细分类账记录从【例5-1】、【例5-4】和【例5-6】复制如下：

原材料经济业务如下：

（1）7日，从明光公司购进甲材料1 000件，单价4元，合计4 000元，通过银行付款，材料已验收入库。

（2）17日，企业行政管理部门领用甲材料500件，单价4元，合计2 000元，用于一般性消耗。

（3）21日，从华威公司购进乙材料600件，单价10元，合计6 000元，通过银行付款，材料已验收入库。

会计分录如下：

（1）银付03，从明光公司现购甲材料。

借：原材料——甲材料　　4 000

　贷：银行存款　　4 000

（2）转字02，行政管理部门领用一般消耗甲材料。

借：管理费用　　2 000

　贷：原材料——甲材料　　2 000

（3）银付05，从华威公司现购乙材料。

借：原材料——乙材料　　6 000

　贷：银行存款　　6 000

原材料总分类账见表5-12。

原材料明细分类账见表5-21、表5-22。

本题中，总分类账户与明细分类账户的平行登记是指：

（1）依据相同。购入材料时，依据相同是指原材料总分类账和甲材料明细账都是根据相同的原始凭证，即明光公司开具的甲材料“提货单”、企业付款的“银行结算凭证”和企业的甲材料“入库单”登记的。同样，原材料总账和乙材料明细账也是根据相同的原始凭证登记的。领用材料时，依据相同是指原材料总账与其所属材料明细账都是根据相同的原始凭证：“领料单”或材料“出库单”登记的。

（2）方向相同。购入材料时，方向相同是指原材料总分类账户与其所属明细分类账户都记增加，本例都记“借方”；领用材料时，方向相同是指原材料总分类账户与其所属材料明细分类账户都记减少，本例都记“贷方”。

（3）期间相同。期间相同是指原材料明细分类账要在经济业务发生的6月份登记，原材料总分类账也必须在6月份登记。

（4）金额相同。金额相同是指：

原材料总分类账期初余额3 000元=甲材料期初余额2 000元+乙材料期初余额1 000元

原材料总分类账期末余额11 000元=甲材料期末余额4 000元+乙材料期末余额7 000元

在本例中，虽然原材料总分类账借方发生额为10 000元，为甲材料借方发生额4 000元和乙材料借方发生额6 000元的合计数。原材料总分类账贷方发生额为2 000元，为甲材料贷方发生额2 000元和乙材料贷方发生额0元的合计数，但不具有普遍性。

三、备查账簿的设置与登记

备查账簿是指对日记账和分类账未能记载或记载不全面，而在经营管理中又必须掌握其信息数据的经济事项，进行补充登记的辅助性账簿，是属于备查性质的一种辅助登记账簿。备查账簿与前面两种账簿的不同之处在于：第一，它是根据表外科目设置的，不需要根据会计凭证登记入账。第二，它没有固定的账页格式，可根据企业管理的实际需要来进行具体的设计。在会计实务中，主要用文字对有关经济业务进行补充登记，备查账并非每个单位都要设置，各单位可以根据实际情况需要而设置。例如，东方机械厂为了反映租入固定资产的情况，就需要设置“租入固定资产登记簿”，其格式见表5-28。

表5-28 **租入固定资产登记簿**

固定资产名称、型号	租约合同号	租出单位名称	租入日期	月租金（元）	使用单位	使用日期	归还日期	备注
		渤海有限责任公司	20×5年1月5日	600	二车间	20×9年1月7日	20×9年5月5日	

第三节 会计账簿的使用规则

所谓会计账簿的使用规则，是指会计人员在长期的会计工作实践中形成的共同遵守的使用账簿的规定和原则。会计账簿的使用规则包括会计账簿的启用规则、会计账簿的登记规则和错账更正规则三部分。

一、会计账簿的启用规则

视频5-5

会计账簿启用与登记规则、更换和保管

会计账簿的启用规则是指在启用新账簿（新的会计年度开始或新的企业成立）时，对账簿封面、扉页内容的填写规定和原则。会计人员在启用新账簿时，应在账簿封面、扉页记录下列信息：

1.封面填写

订本账的账面就是封面，通常在中央和账脊上印有账簿名称，使用时可不必填写账簿名称，但要填写单位名称和所属会计年度；活页账需要设置封面，在封面填写账簿名称、单位名称和所属会计年度，以便于查找和使用。

2.扉页填写

扉页设在封面之后，包括账簿启用表及经管账簿人员一览表（或交接表）和科目索引表（或账簿目录表）。扉页分正面和反面，正面是账簿启用及经管账簿人员一览表（或交接表），反面是科目索引表（或账簿目录表）。

（1）填写账簿启用表。在账簿启用表中，要逐项详细填明账簿名称、单位名称（加盖公章）、账簿编号、账簿页数、起讫日期，记账人员和会计机构负责人、会计主管人员姓名和名章等全部项目，还要在账簿启用表右上角粘贴印花税票，并且划线注销，在使用缴款书缴纳印花税时，应在右上角注明“印花税已缴”及缴款金额。

（2）填写经管账簿人员一览表。经管账簿人员一览表要填写记账人员职务、姓名并加盖名章。记账人员和会计机构负责人、会计主管人员调动工作时，应当注明交接日期、接办人员或者监交人员姓名，并由交接双方人员签名或者盖章。账簿启用及经管账簿人员一览表见表5-1。

（3）填写科目索引表（或账簿目录表）。在采用订本账时，要把账簿中所有会计科目按会计科目表上的编号顺序列示在科目索引表上，要为每个账户预留账页，并标明每个账户所在账簿中的总页码。在采用活页账时，也要按会计科目表上的编号顺序给账户编号，在年度结账后，撤去空白账页，加上封面、扉页与封底，装订成册，再按实际使用的账页顺序编定总页码，填写科目索引表，记明每个账户的名称和页次。

二、会计账簿的登记规则

所谓**会计账簿**的**登记规则**，是指会计人员在对会计账簿的主要组成部分——“账页”上每个账户进行登记时应遵守的规定和原则。会计人员应根据审核无误的会计凭证及时地登记会计账簿。对于总分类账要按照各单位所选用的会计核算组织程序来确定登账的具体时间。而对于各种明细分类账，要根据原始凭证和记账凭证随时进行登记，也可以定期（由企业自行确定天数，如三天或五天）登记，但债权、债务类明细账应当随时进行登记，以便随时与对方单位结算，以确定结存数的正确性。库存现金和银行存款日记账，应当根据办理完毕的收、付款凭证，随时逐笔顺序进行登记，但不论登记哪种账簿，都应遵循以下账簿的登记规则：

1.字体书写规则

文字和数字要端正、清楚、规范。文字和数字不能顶格书写，应紧靠底线书写，一般只应占格距的1/2，以便留有改错的空间。

2.记账墨水使用规则

除特殊情况按规定可用红色墨水登记外，通常记账必须用蓝黑墨水或碳素墨水书写，不能用圆珠笔（银行的复写账簿除外）或铅笔。由于各种账簿归档保管时间一般都在1年以上，因此，要保持账簿清晰、整洁、耐久，以便长期查核使用。

3.红色墨水使用规则

红色墨水只能用于会计制度规定的下列几种用途：

（1）冲销。例如，按照红字更正法更正错账，根据记账凭证上的红字金额登记账簿，此时账簿也要使用红字登记，表示对错误数字的冲销。

（2）反向（减少）。在有些情况下，贷方金额须在借方栏内登记（表示借方金额减少），或借方金额须在贷方栏内登记（表示贷方金额减少），此时用红字金额登记。例如，发生销售退回说明销售收入减少，应在“主营业务收入”明细账户借方登记，但却在“主营业务收入”明细账户贷方用红字金额登记。再如，取得利息收入说明财务费用减少，应在“财务费用”明细账户贷方登记，但却在“财务费用”明细账户借方“利息支出”栏用红字金额登记等。

（3）负数。例如，在三栏式账户的余额栏前，如未标明余额方向，余额为负数时，用红字金额登记。

（4）划线。例如，结账或记账时跳行、隔页等情况，红色墨水用于划线。

4.过账规则

必须根据审核无误的会计凭证登记会计账簿，并将会计凭证的日期、编号、业务内容摘要、金额和其他有关资料逐项登记入账。登记完毕后，记账人员要在记账凭证上签名或盖章，并注明已经登账的标记（如打“√”等），表示已经登记入账，以避免重记或漏记。

5.跳行、隔页处理规则

各种账簿应按账户页次顺序连续登记，不得跳行、隔页。如果发生跳行、隔页现象，应在空行、空页处用红色墨水划对角线注销，并注明“此页空白”或“此行空白”字样，而且要由记账人员签章。

6.错账更正规则

对于登错的记录，不得刮擦、挖补、涂改或用药水消除字迹等手段更正错误，也不允许重抄。应采用正确的错账更正方法进行更正（更正方法见本节）。

7.余额方向规则

凡需要结出余额的账户，结出余额后，应在“借或贷”栏写明“借”或者“贷”字样。没有余额的账户，应在“借或贷”栏写“平”字，并在余额栏内用“—”或“0”表示。库存现金日记账和银行存款日记账必须逐日结出余额。

8.结转下页规则

每“登满”一张账页结转下页时，结出“本页”（实际上是本月或本年）合计数及余额，写在本页最后一行和下页第一行有关栏内，并在“摘要”栏分别注明“过次页”和“承前页”字样，此时每张账页的第一行和最后一行不用于记账。也可以将本页合计数只写在下页第一行有关栏内，并在“摘要栏”内注明“承前页”字样，此时每张账页的第一行不用于记账。

（1）对于需要结记本月累计发生额的账户，结记“过次页”的本页合计数应当为自本月初起至本页末止的发生额合计数；

（2）对于需要结记本年累计发生额的账户，结记“过次页”的本页合计数应当为自年初起至本页末止的发生额累计数；

（3）对既不需要结记本月发生额又不需要结记本年累计发生额的账户，可以只将每页末的余额结转次页。

9.电算化规则

实行会计电算化的单位，用计算机打印的会计账簿必须连续编号，经审核无误后装订成册，并由记账人员和会计机构负责人、会计主管人员签字或者盖章，以防止账页丢失或被抽换，保证会计资料的完整性。

三、错账更正规则

（一）错账的含义

视频5-6

错账更正规则

错账是指填制记账凭证或登记账簿过程中出现的差错，也就是记账和过账时出现的差错。在实际工作中，由于种种原因，仍不能避免在编制记账凭证、账簿登记中出现错误，也就是发生错账。

（二）错账的类型

1.为了方便更正错账，根据错账影响范围不同，可将错账分为单方有错和双方都错两种

（1）单方有错。单方有错是指会计凭证填制正确，而会计账簿登记出现错误。在会计实务中，如果发现仅仅是会计账簿登记有误，则进行错账更正时，只需要对会计账簿进行更正。由于会计凭证填制正确，不需要再重新填制其他会计凭证。这种情况下的错账更正就比较简单。

（2）双方都错。双方都错是指会计凭证填制出现错误，会计账簿的登记也出现错误。在实务中，如果在记账前没有发现会计凭证出现错误，而根据错误的会计凭证进行账簿登记，那么会计账簿也必然出现错误。在会计凭证和会计账簿都出现错误的情况下，进行错账更正，既需要对会计凭证进行更正，同时又需要对会计账簿

进行更正。

2.为了方便查找错账，根据错账的性质不同，可将错账分为记录错误和计算错误两种

（1）记录错误。记录错误是指记录时出现数字错误。常见的记录错误有：

① 重记，即一笔分录或一笔分录的一方重复登记。

② 漏记，即一笔分录或一笔分录的一方没有登记。

③ 错位，即末位数字为“0”的两位数以上的数字，一般“放大”或“缩小”10倍。

④ 倒码，即相邻两个数字前后颠倒。

⑤ 反向，即记账方向错误，将借方金额误记入贷方，或将贷方金额误记入借方。

⑥ 记串，即将一个科目的发生额误记入另一科目。

⑦ 尾差，即小数点后数字出现记录错误，如角、分记录出现错误。

⑧ 其他记错，即将其他数字误作为应记数字进行记录等。

（2）计算错误。计算错误是指运算中出现错误。常见的计算错误有：

① 合计算错，即计算中直接算错或漏加、重加某一金额等。

② 余额算错，即将余额直接算错或由于发生额合计算错导致余额计算出现错误。

（三）错账的更正方法

错账的更正方法一般有划线更正法、红字冲销法和补充登记法三种。根据不同的错账类型，所采用的错账更正方法也不同。

1.单方有错：划线更正法

划线更正法亦称为红线更正法，是采用在错误记录上划红线的方式注销原有记录，从而更正账簿记录错误的方法。该方法适用情况如下：在结账以前，记账凭证没有错误，而过账中出现的数字、文字错误及记错账户或记错方向等情况下适用。更正方法如下：对于数字、文字错误，先在错误的数字或文字上划一条红线，表示注销。然后，在划线的上面写上正确的数字或文字，并在划线处加盖记账人员名章，以示负责，但应注意，错误的数字要整笔划掉，不能只划去其中一个或几个记错的数字，还要保证划去的错误数字仍可清晰辨认。例如，把9 650元误记为9 560元，不能只划去其中“56”改为“65”，而是要把“9 560”全部用红线划去，并在其上方写“9 650”。

对于记错账户或记错方向等错误，也是在记错账簿或记错方向等的数字或文字上划一条红线，表示注销，并在划线处加盖记账人员名章，以示负责，然后再将正确的数字或文字记入其应在的地方。

2.双方都错

在实务中，如果会计凭证填制和会计账簿登记均出现错误，则需要对会计凭证和会计账簿同时进行更正。在这种情况下，又分为以下两种情况进行更正

错账：

（1）借贷科目正确，只金额少记。补充登记法，是指采用增记金额方式补充记账凭证和会计账簿中原有记录，从而更正记账凭证和会计账簿记录错误的方法。该方法适用情况为：记账以后发现记账凭证中所列会计科目及其对应关系都是正确的，但记账凭证出现所写金额小于应记金额的错误，从而导致账簿记录中出现错误的情况。更正方法为：如果账簿记录中金额与记账凭证少记金额相同，按少记金额编制一张与原记账凭证应借、应贷科目完全相同的记账凭证，补足少记金额，在“摘要”栏注明“补记×月×日×号凭证少记金额”字样，并据以登记账簿；如果账簿记录中所记金额与记账凭证少记金额不同，应首先采用划线更正法更正账簿数字，使其与记账凭证数字相同，然后再用补充登记法进行更正。

【例5-9】兴业公司收回A企业前欠销货款5 000元，误记为3 000元，其错误记账凭证中会计分录如下：

借：银行存款　　3 000

　贷：应收账款　　3 000

发现上述少记金额错误，更正时，将少记金额2 000元用日常记账墨水编制一张如下会计分录的记账凭证进行补充更正，并据以登记账簿。

借：银行存款　　2 000

　贷：应收账款　　2 000

将上述更正错误的记账凭证数字过入“银行存款”和“应收账款”两个账户以后，原记账凭证和会计账簿中的错误便得到更正。

（2）借贷科目正确，只金额多记或借贷科目有错（不管金额是否正确）。红字冲销法，又称红字更正法，是指采用红字方式冲销或冲减账簿原有记录，从而更正记账凭证和会计账簿记录错误的方法。该方法适用情况为：记账以后发现记账凭证借贷科目正确，只金额多记或借贷科目有错，从而导致账簿记录出现错误的情况。红字更正法中的红字金额表示“冲减”或“冲销”，它起到抵减或抵销账簿原有数字的作用。红字更正法有两种操作方式：

第一，部分冲销方式。如果借贷科目正确，只金额多记，且账簿记录金额与记账凭证多记金额相同，按多记金额编制一张与原记账凭证应借、应贷科目完全相同且金额为红字金额的记账凭证，冲销多记金额，在“摘要”栏注明“冲销×月×日×号凭证多记金额”字样，并据以用红字金额登记账簿；如果账簿记录中所记金额与记账凭证多记金额不同，应首先采用划线更正法更正账簿数字，使其与记账凭证数字相同，然后再用红字冲销法进行更正。

【例5-10】兴业公司二车间用现金购买办公用品100元，编制记账凭证时会计分录发生如下错误（金额多记900元），并已入账。

借：制造费用　　1 000

　贷：库存现金　　1 000

发现错误后，以正确数字与错误数字的差额900元，用红字金额编制一张如下会计分录的记账凭证，并据以登记账簿。

借：制造费用 900

贷：库存现金 900

注：□表示红字，下同。

将上述更正错误的记账凭证用红字金额过入“制造费用”和“库存现金”两个账户以后，原记账凭证和会计账簿中的错误便得到更正。

第二，全部冲销方式。如果借贷科目有错，不管金额是否正确，首先用红字金额编制一张与原记账凭证相同的记账凭证，冲销原记账凭证金额，在“摘要”栏注明“注销×月×日×号凭证”字样，并据以用红字金额登记账簿，再用日常记账墨水编制一张正确的记账凭证，在“摘要”栏注明“订正×月×日×号凭证”字样，并据以登记账簿。

【例5-11】兴业公司计提二车间管理人员工资8 000元。编制记账凭证时会计分录发生如下错误（误将“制造费用”记为“管理费用”）并已入账。

借：管理费用 8 000

贷：应付职工薪酬 8 000

发现错误后，先用红字金额编制一张如下会计分录（与错误凭证相同）的记账凭证，并据以登记账簿。

借：管理费用 8 000

贷：应付职工薪酬 8 000

然后用日常记账墨水编制正确的记账凭证如下，并据以记账。

借：制造费用 8 000

贷：应付职工薪酬 8 000

采用红字冲销法进行错账更正时应注意以下问题：

①不得以日常记账墨水编制与原错误记账凭证记账方向相反的记账凭证去冲销错误金额，因为这不能反映错账更正内容，而虚增某些账户的发生额。如在【例5-11】中将更正错账的会计分录写为：

借：应付职工薪酬 8 000

贷：管理费用 8 000

将会虚增“应付职工薪酬”账户借方金额8 000元和“管理费用”账户贷方金额8 000元，而不能反映错账更正内容。

②如果发现以前年度错账，因错误的账簿记录已经在以前会计年度终了进行决算，不可能再将已经决算的数字进行红字冲销，只能用日常记账墨水，通过“以前年度损益调整”账户对错误数字进行更正，并在记账凭证和会计账簿的“摘要”栏，特别注明“更正××××年度错账”字样。有关内容见《中级财务会计》教材。

第四节 会计账簿的更换和保管

会计账簿是重要的会计档案，对于总结经济工作，查验经济问题，研究经济发展都具有重要作用，因此，必须按要求更换和保管会计账簿。

一、会计账簿的更换

会计账簿的更换是指在会计年度终了时，将上年度的账簿更换为本年度的新账簿。在每一会计年度结束，新一会计年度开始时，应按会计制度的规定，更换一次总账、日记账和大部分明细账。一小部分明细账还可以继续使用，年初可以不必更换会计账簿，如固定资产明细账等。

建立新账前，要对原有的各种账簿的账户进行年结并封账。总分类账、库存现金日记账和银行存款日记账，以及各种应收账款、应付账款等明细账的记账人员，要在所经管账簿的“结转下年”余额处盖章，以明确责任。

建立新账时，要按会计账簿的启用规则填写会计账簿的封面和扉页，然后根据上年度账簿“结转下年”余额资料，在新账簿首页的第一行，“摘要”栏注明“上年结转”字样，然后计入上年转入余额，并注明余额的性质是借还是贷。

二、会计账簿的保管

会计账簿是会计工作的重要历史资料，也是重要的经济档案。在经营管理中具有重要作用。因此，每一个企业、单位都应按照国家有关规定，加强对会计账簿的管理，做好会计账簿的管理工作。在账簿保管中要注意以下几个方面的问题：

1.明确保管责任

在会计账簿使用期间，根据会计人员岗位责任制的要求，负责登记某会计账簿的会计人员，同时负责保管该账簿。

2.注意日常保管

在会计账簿使用期间，要做到书写规范、整齐，发生记账错误时，要按规定方法进行更正，不得涂抹，更不得撕扯或毁坏账簿；在日常翻阅和使用中，要保持账簿清洁、完整，没有破损；每日记录完毕，要将账簿整齐存放，加锁保存；会计账簿不得外借，以防丢失，其他部门或有关人员需要查阅本单位账簿的，须经有关负责人或会计主管人员批准，查阅后及时收妥。

3.定期归档保管

年终结账后，会计账簿要归档保管。活页账要抽出空白账页，加上封面、扉页与封底，装订成册，再按实际使用的账页顺序编定总页码，连同其他账簿一起编号，建立会计档案。当年形成的会计档案，在会计年度终了后1年内，由本单位会计机构保管。期满之后，应由会计机构编制移交清册，移交本单位的档案机构统一保管。

【课堂拓展】

在当今科技日新月异的背景下，财务数智化已成为行业发展的必然趋势，这不仅给会计工作带来前所未有的效率提升，也对会计人员的知识结构、技能水平乃至职业道德提出了新的挑战。会计人员在掌握传统手工登记账簿原理的基础上，应积极拥抱新技术，如云计算、人工智能、大数据分析等，将这些先进工具应用于会计信息处理之中，以便更高效、准确地完成工作。此外，财务数智化还带来了工作模式的变化，从前单一重复的记账工作逐渐被自动化系统取代，会计人员的角色正向分析决策支持转变。因此，会计人员应保持终身学习的心态，紧跟技术前沿，不断更新知识体系，培养跨学科整合能力、团队合作能力和创新精神。积极发展批判性思维、数据分析能力和决策支持能力，以便在未来职场中更好地适应变化，为企业提供更有价值的服务。

党的二十大报告指出："弘扬诚信文化，健全诚信建设长效机制。"在"大、智、移、云、物、区"背景下，会计信息的准确性和安全性要求更高。会计人员在使用智能工具进行账务处理和账簿登记时，应坚持诚实守信，不忘道德底线，确保会计信息的合法、合规。这既是法律的要求，也是会计职业道德的体现。

【练习题】

即测即评

一、名词解释

1.会计账簿
2.日记账簿
3.分类账簿
4.备查账簿
5.订本式账簿
6.活页式账簿
7.卡片式账簿
8.电子账簿
9.普通日记账
10.库存现金日记账
11.银行存款日记账
12.总分类账
13.明细分类账
14.平行登记
15.错账
16.划线更正法
17.补充登记法
18.红字冲销法

二、简答题

1. 设置和登记账簿有哪些作用？
2. 设置账簿应遵循哪些基本原则？

3. 简述三栏式库存现金日记账的登记方法。

4. 简述明细账的各种格式及适用范围。

5. 简述错账的更正方法及适用范围。

三、业务题

习题一

目的：练习三栏式库存现金日记账和三栏式银行存款日记账的登记方法。

资料：某企业20××年11月份发生下列有关交易或者事项：

1.1日，从银行取得短期借款90 000元，存入银行。

2.3日，从银行提取现金5 000元，以备日常开支需要。

3.5日，以银行存款6 000元缴纳各种税费。

4.7日，采购员陈云报销差旅费480元，原借600元，余款退回现金。

5.9日，以现金支付产品销售费用830元。

6.10日，购进材料一批，货款48 000元，全部款项以银行存款支付，材料已验收入库（不考虑增值税）。

7.12日，支付罚款500元，以现金付讫。

8.14日，收到银行通知，A商场偿还上月所欠货款65 000元，已入账。

9.17日，收到购货单位预付的货款9 600元，存入银行。

10.19日，以银行存款预付供应单位购料款43 000元。

11.22日，职工王燕预借差旅费300元，以现金支付。

12.24日，以银行存款支付所欠供应单位货款8 000元。

要求：

1. 编制专用记账凭证，以会计分录代替专用记账凭证，并按经济业务顺序编号。

2. 设置“库存现金日记账”和“银行存款日记账”，根据会计分录登记日记账，11月初库存现金日记账余额为1 000元，银行存款日记账余额为86 000元。

习题二

目的：练习总分类账户与明细分类账户的平行登记。

资料：

1. 某企业20××年5月31日，有关总分类账户和明细分类账户的余额如下：

“原材料”账户余额为25 000元，其中：甲材料500千克，单价20元，金额10 000元；乙材料1 500千克，单价10元，金额15 000元。

2.6月份发生下列有关交易或者事项：

（1）2日，购入甲材料200千克，单价20元，金额4 000元。材料已验收入库，货款已付。

（2）10日，购入乙材料1 000千克，单价10元，金额10 000元。材料已验收入库，货款已付。

（3）18日，仓库发出材料一批用于产品生产，其中，甲材料300千克，单价20元，金额6 000元；乙材料2 000千克，单价10元，金额20 000元。

要求：

1. 编制本月业务的会计分录。

2. 开设并登记原材料总账和明细分类账户。

3. 根据“原材料”明细分类账户的本期发生额和期末余额，编制“材料明细账本期发生额及余额明细表”，并与总分类账户进行核对。

习题三

目的：练习错账更正的方法。

资料：某企业20××年6月查账时发现下列错账：

1. 行政管理部门购买办公用品100元，以现金支付，办公用品已交付使用。原编制的记账凭证的会计分录为：

借：管理费用　　1 000

　贷：库存现金　　1 000

2. 以银行存款10 600元购入不需安装的设备一台（不考虑增值税），已交付使用。原编制的记账凭证的会计分录为：

借：固定资产　　1 060

　贷：银行存款　　1 060

3. 收到购货单位偿还上月所欠货款8 700元存入银行。原编制的记账凭证的会计分录为：

借：银行存款　　8 700

　贷：应收账款　　8 700

该记账凭证在登记总账时，其“应收账款”科目贷方所记金额为7 800元。

4. 接受某企业投资固定资产，评估确认价值90 000元。原编制的记账凭证的会计分录为：

借：固定资产　　90 000

　贷：资本公积　　90 000

5. 用银行存款支付所欠供应单位货款1 000元。原编制的记账凭证的会计分录为：

借：应付账款　　7 000

　贷：银行存款　　7 000

要求：根据以上资料，分别采用适当的错账更正方法，予以更正。

参考答案

第六章

产品制造企业主要经济业务的会计记录

第一节 产品制造企业主要经济业务和会计核算的基本前提

在第一章我们介绍了什么是现代会计：是以货币为主要计量单位，运用一系列专门方法和技术，对特定主体的经济活动，进行连续、系统、全面的核算，为特定主体内外部经济利益相关者提供以财务信息为主的经济信息系统，并在此基础上对经济活动进行预测、决策、规划、控制、分析、考评和监督的一项经济管理活动。

会计能做什么？即会计的职能——核算、管理和监督。

会计核算什么？即会计的具体对象——资产、负债、所有者权益、收入、费用、利润。

会计怎样进行核算？即会计的核算方法——设置会计科目和账户，复式记账、填制和审核会计凭证、登记账簿，编制财务会计报告。按照会计的核算程序——确认、计量、记录、报告，进行会计核算。

第二章、第三章、第四章、第五章分别介绍了五个会计核算方法中的四个会计核算方法（最后一个核算方法将在第七章中进行介绍）。它们依次是：设置会计科目与账户、复式记账法、填制和审核会计凭证、登记账簿。

本章是对前五章内容的综合运用。

从会计核算的方法来看，即利用第二章设置的会计科目与账户，把产品制造企业的主要交易和事项，具体化为第一章中的会计六要素，运用第三章复式记账法中的借贷记账法下的记账符号、账户结构、记账规则和试算平衡，利用第四章填制和审核会计凭证的核算方法，编制记账凭证（用会计分录代替），再利用第五章登记账簿的核算方法，登记总分类账簿（用T形账户代替）。在此基础上，为保证账实相符，进行资产清查，并按权责发生制进行账项调整，为保证提供连续、系统、全面的符合会计信息质量要求的会计信息，会计期末，还要进行对账、结账，试算平衡，以便提供企业一定日期的财务状况、一定时期的经营成果和现金流量情况。

从会计核算的程序来看，就是对会计六要素进行初始（会计）确认、会计计量和会计记录的过程，到会计期末，还要对会计六要素进行最终（会计）确认和会计记录，即进行资产清查，期末账项调整，对账、结账和试算平衡。

一、产品制造企业主要经济业务

产品制造企业是从事工业产品生产和销售的营利性经济组织，是按照市场经济体制的要求面向市场、自主经营、自负盈亏、自我约束、自我发展。其会计对象就是社会再生产过程中主要以货币表现的经济活动，也就是社会再生产过程中的资金运动。而不论是经济活动，还是资金运动，都是伴随着企业的资金筹集过程→供应过程→生产过程→销售过程→利润形成和分配过程来完成的。其中，资金筹集过程就是资金的投入，利润分配过程标志着一部分资金退出。其实物运动和资金运动过程详见图1-1。

图1-1不仅体现了资金运动过程，也反映了产品制造企业的主要交易和事项，分述如下：

企业从事产品的生产与销售活动，必须拥有一定数量的资金，其筹资渠道包括投资者投入资金及其从资金增值中提取留存收益、发行债券、向债权人借入资金。投资者投入资金及其从资金增值中提取的留存收益构成企业所有者权益，发行债券或向债权人借入资金形成企业的负债，资金筹集业务的完成意味着资金投入企业。

企业筹集到的资金首先进入供应过程，即企业产品生产的准备过程，在这个过程中，企业的货币资金用于建造厂房、购买机器设备等劳动资料形成固定资产，购买材料等形成企业存货，为生产产品做好物资上的准备，货币资金分别转化成固定资金和储备资金形态。

在生产过程中，劳动者借助劳动手段将劳动对象加工成特定的产品，发生的各种材料费用、固定资产折旧费用、工资费用等生产费用总和构成了产品成本。此时，资金从固定资金、储备资金和一部分货币资金形态转化为生产资金形态。随着生产的不断进行，产品完工并验收入库之后，资金又从生产资金形态转化为成品资金形态。

销售过程是产品价值的实现过程，企业将产品销售给购买单位，同时办理结算，收回货款，经过这个过程，成品资金形态又转化为货币资金形态。销售过程中还要发生运杂费、广告费等销售费用；结转已销售产品生产成本，计算并缴纳增值税、城市维护建设税、教育费附加等税费，构成了销售过程的主要经济业务。

企业一定时期的广义收入与广义费用（不包括所得税）相抵后的差额，即为企业的经营成果（盈利或亏损）。如为盈利就要进行分配；如为亏损还要进行弥补。通过分配，一部分资金退出企业（如上交各种税费、向所有者分配利润等），一部分资金重新投入生产周转。

综合上述内容，产品制造企业的主要经济业务可以概括为以下五部分内容：

（1）资金筹集业务。

（2）生产准备业务。

（3）产品生产业务。

（4）产品销售业务。

（5）利润形成和分配业务。

二、会计核算的基本前提

产品制造业和其他企业一样，都是在市场经济条件下，从事生产经营活动。由于市场经济的复杂性，会计人员在对企业的交易或者事项进行记录时，首先必须解决以下问题：会计记录的空间范围有多大；会计记录能否持续不断地进行下去；会计应该什么时候记账、算账、报账；应采用什么计量单位；以什么作为会计基础，都记录什么内容；用什么记账方法等。上述问题在会计记录之前，都要界定清楚，这就是会计核算的基本前提。

视频6-1

会计的基本假设

会计核算的基本前提是指所有企业会计人员在进行会计核算工作时，都必须遵循的先决条件，是在进行会计核算工作之前，对会计核算的已经明确或不明确的不确定情况所作的限定或姑且认定。其中：明确的不确定情况是指某事件的几种可能情况已经明确，不确定仅仅是因为没有限定而不确定，一旦作了限定，就不会出现其他情况。如会计确认只有两种情况：按权责发生制或按收付实现制确认，在没有限定之前，企业就可以在两种选择中任取其一，一旦限定了采用权责发生制，就不会出现采用收付实现制作为会计基础的情况。不明确的不确定情况是指某事件的几种可能是不明确的，即使作了限定也不能保证不出现其他情况。如企业经营的时间长度虽然只有持续经营和解散清算两种可能，但这是不明确的，即使限定了持续经营，也不能保证企业以后就一定不会解散清算。因此，对不明确的不确定情况所作的限定，实际上是姑且认定，就是人们通常所说的会计假设。会计核算的基本前提是会计核算工作的基础，离开了会计核算的基本前提，会计核算将会一片混乱，会计核算工作就无法顺利、正常地进行。关于会计核算基本前提的具体内容，到目前为止尚无一致的说法，会计界普遍认可的会计核算基本前提有以下四个方面：

（一）会计主体

会计主体是指会计为之服务的特定单位。《企业会计准则——基本准则》第五条指出："企业应当对其本身发生的交易或者事项进行会计确认、计量和报告。"会计主体就是要明确会计为谁记账、算账、报账。在会计工作中，只有那些影响企业本身经济利益的各项交易或者事项才能加以确认、计量和报告，那些不影响企业本身经济利益的各项交易或者事项则不能加以确认、计量和报告。即使是会计主体的所有者或债权人所发生的交易或者事项，只要不影响企业本身的经济利益，就不能加以确认、计量和报告。

会计主体不同于法律主体。一般说来，法律主体必然是一个会计主体，但是，会计主体不一定是法律主体，如独资企业、合伙企业都可以作为会计主体，但都不是法人。会计主体一般都是一个独立核算的经济实体，特别是需要单独反映经营成果与财务状况、编制独立财务会计报告的实体。

（二）持续经营

持续经营是指会计主体的经营活动将无限期地延续下去，在可以预见的将来不会因破产、清算、解散等而不复存在。《企业会计准则——基本准则》第六条指出："企业会计确认、计量和报告应当以持续经营为前提。"尽管客观上企业会由于市场经济的竞争而面临破产、清算等无法持续经营的情况，但是，作为一个会计主体，总是希望持续经营下去，而持续经营是企业一种基本的、正常的情况，因此，在企业从成立到清算整个期间的交易或者事项的会计处理，还是站在基本的、正常的持续经营的立场上。只有在持续经营的前提下，企业才能进行会计分期，企业的资产和负债才能区分为流动和非流动……一句话，企业会计准则体系是以企业持续经营为前提加以制定和规范的。

如果企业不具备持续经营的前提条件，而是已经或即将停止营业，进行清算，在这种情况下，将以清算基础进行会计处理，这已不属于正常的会计核算内容。

（三）会计分期

会计分期是指把企业持续不断的经营过程划分为较短的相对等距的会计期间。《企业会计准则——基本准则》第七条指出："企业应当划分会计期间，分期结算账目和编制财务会计报告。会计期间分为年度和中期。中期是指短于一个完整的会计年度的报告期间。"

会计期间是指分期结算账目和编制财务会计报告所规定的起止日期。通常将会计期间的起始日期，称为**会计期初**，终止日期称为**会计期末**。我们以日历年度作为会计年度，即从每年的公历1月1日起，至12月31日止为一个会计年度，并按日历确定会计半年度、会计季度和会计月度，统称为会计中期。

有了会计分期，才产生了本期与非本期的区别，才产生了收付实现制和权责发生制，才能将企业的资产、负债、所有者权益、收入、费用、利润按期加以确认、计量、记录和报告，才能及时、准确地向企业内外部会计信息使用者提供企业某一会计期末的财务状况，以及会计期间的经营成果和现金流量等情况。

（四）货币计量

货币计量是指会计主体在进行会计核算时，应以货币作为计量单位，反映会计主体的经营活动。《企业会计准则——基本准则》第八条指出："企业会计应当以货币计量。"

之所以选择以货币为计量单位，是由货币本身的属性决定的。货币是商品的一般等价物，是衡量一般商品价值的共同尺度，具有价值尺度、流通手段、贮藏手段和支付手段等特点。其他计量单位，如实物量度、劳动量度，只能从一个侧面反映企业的经营状况，无法在量上进行汇总和比较，不便于会计计量和经营管理，只有用货币作为计量单位，才能全面地反映企业的财务状况、经营成果和现金流量等会计信息。需要说明的是，货币计量的实质，就是要求企业对所有的交易或者事项都要以货币作为统一尺度来进行计量。但是，并没隐含"币值稳定"这一假设，因为币值是否稳定，不是以人的主观意志为转移的，并不因为假设它稳定就稳定，不假设它稳定就不稳定，而是处在不断的变化之中。

如果不顾客观事实地假设币值不变或前后波动能够互相抵销，未免有自欺欺人、掩耳盗铃之嫌。会计假设是对不明确的不确定情况，根据客观的正常情况和趋势，所作的合乎情理的姑且认定。持续的通货膨胀已经是世界范围内的公认事实，假设币值不稳定才是正常情况和趋势，假设币值稳定是不顾客观事实的，根本不符合会计假设的定义，已经不是会计假设，是将主观愿望强加于客观事实。事实上，不管币值是否稳定，也不管交易或者事项是过去、现在，还是将来发生，都不能妨碍会计核算以货币为计量单位进行会计计量。所不同的是，在恶性通货膨胀时期，需要用特殊的会计原则，如物价变动会计原则对币值进行调整，剔除其通货膨胀影响，如此等等。但不管怎样，都是以货币单位进行计量，不能因为币值不稳定就不用货币单位进行计量。会计的发展历史已经证明了这一点。

会计核算的基本前提除了会计主体、持续经营、会计分期和货币计量被会计界公认之外，颇具争议的还有权责发生制、会计六要素和借贷记账法三项基本前提。我们认为，会计核算的基本前提除了限定或认定会计核算的空间范围、时间长度，计量单位外，对会计核算对象，会计核算基础，以及会计核算所采用的记账方法也应予以限定。在我国，根据《企业会计准则——基本准则》和会计核算基本前提的定义，上述三项内容也是会计核算的基本前提。

（五）权责发生制

权责发生制在第一章第三节第一部分对于会计确认的叙述中已经提及。《企业会计准则——基本准则》第九条指出："企业应当以权责发生制为基础进行会计确认、计量和报告。"

权责发生制是限定企业会计在进行会计核算时，要以权责发生制作为会计基础。之所以选择权责发生制，而不选择收付实现制作为会计基础，是因为企业交易或者事项的发生时间，与相关货币收支时间有时并不完全一致。在真实、公允地反映会计期末的财务状况和会计期间的经营成果方面，权责发生制较收付实现制更适合企业会计，收付实现制则适合政府与非营利组织会计。

（六）会计六要素

会计要素概念已在第一章第二节叙及。会计六要素是指将会计要素按其经济特征分为资产、负债、所有者权益、收入、费用和利润六个项目，简称为会计六要素。《企业会计准则——基本准则》第十条指出："企业应当按照交易或者事项的经济特征确定会计要素。会计要素包括资产、负债、所有者权益、收入、费用和利润。"

会计六要素是限定我国企业会计在对交易或者事项进行会计确认、计量和报告时，应将会计对象具体内容划分为资产、负债、所有者权益、收入、费用和利润六个要素，而不能分为其他的会计要素，如美国财务会计准则委员会将会计要素划分为资产、负债、业主权益、业主投资、派给业主款、综合收益、营业收入、费用、溢余和损失十个要素。根据我国国情，《企业会计准则——基本准则》将会计要素分为六个项目。对会计要素的限定和规范，可以使财务会计系统更加科学严谨，为合理建立会计科目体系、设计财务会计报表提供依据和基本框架结构，便于会计信息汇总、对比，为投资者、债权人等会计信息使用者提供更加有用的信息。

（七）借贷记账法

借贷记账法是指以借贷为记账符号，对发生的每一笔交易或者事项，都要以借贷相等的金额，在两个或两个以上的相关账户中进行登记的一种复式记账法。《企业会计准则——基本准则》第十一条指出："企业应当采用借贷记账法记账。"

借贷记账法是限定企业会计在选择记账方法时，只能采用借贷记账法，而不能选择其他复式记账方法，如收付记账法、增减记账法等。之所以选定借贷记账法，是因为借贷记账法已经过数百年的实践，被全世界各国公认为一种科学的记账方法，而在世界各国广泛使用。限定采用借贷记账法记账，不仅规范了各行业企业的会计核算工作，更好地发挥会计的作用，同时，也便于同世界上其他国家进行经济交往。

需要说明的是，我们认为，从定义上看，会计核算基本前提不等于会计假设。会计核算基本前提是对已经明确或不明确的不确定情况所作的限定或姑且认定，是进行会计确认、计量、记录和报告的先决条件。而会计假设只是对不明确的不确定情况，根据客观的正常情况和趋势，所作的合乎情理的姑且认定。会计假设是会计核算的前提，但会计核算的前提不一定是会计假设。在上述公认的四个会计核算基本前提中，只有持续经营是会计假设，因为企业能否持续经营还不明确，只能根据正常情况姑且认定其将持续经营，而会计主体、会计分期和货币计量不是会计假设，是对已经明确的不确定情况所作的限定或规范。

本章介绍的产品制造企业主要经济业务的会计记录，就是建立在上述会计核算的基本前提之上的，对发生的每一笔交易或事项，按照设置的会计科目和账户，采用复式记账法，填制、审核会计凭证（本章用会计分录代替），登记账簿（本章用T形账户代替）。从而完成除编制财务会计报告以外的会计核算方法在产品制造企业的应用过程。

第二节 资金筹集业务的会计记录

企业的生存与发展离不开生产经营所需要的资金。目前，工业企业的资金来源，主要是企业的所有者投入的资金和从企业的债权人处借入的资金两种渠道。企业所有者投入的资金及从资金增值中提取的留存收益形成企业的所有者权益资金；从企业的债权人处借入的资金形成企业的债务资金，即企业的负债资金。

一、投入资本的会计记录

《中华人民共和国公司法》第四十八条规定，股东可以用货币出资，也可以用实物、知识产权、土地使用权、股权、债权等可以用货币估价并可以依法转让的非货币财产作价出资；但是，法律、行政法规规定不得作为出资的财产除外。

视频 6-2

投入资本的会计记录

（一）设置的主要账户

企业投入资本的核算主要涉及"银行存款""实收资本""资本公积""固定资产""无形资产"等账户。

1."银行存款"账户

本账户用来核算企业存入银行或其他金融机构的各种款项。它属于资产类账户。其借方反映银行存款的增加数，贷方反映银行存款的减少数，期末余额为借方余额，反映期末企业存在银行或其他金融机构的各种款项。本账户可以按照不同的银行或金融机构分别设置明细账，进行明细分类核算。

“银行存款”账户的结构可用图6-1表示。

借方	银行存款　　　　　　贷方
银行存款的增加数	银行存款的减少数
余额：期末企业存在银行或其他金融机构的各种款项	

图6-1　“银行存款”账户的结构图

2.“实收资本”账户

本账户用来核算企业按照企业章程或合同、协议的有关规定，实际收到的投资者投入企业的资本。它属于所有者权益类账户。股份有限公司应将本账户改为“股本”。其贷方反映企业实际收到的投资者投入的资本，借方反映投资者收回的资本，期末余额为贷方余额，反映期末投资者投入企业的资本总额。本账户可以按照投资者的不同分别设置明细账，进行明细分类核算。

“实收资本”账户的结构可用图6-2表示。

借方	实收资本　　　　　　贷方
投资者收回的资本	企业实际收到的投资者投入的资本
	余额：期末投资者投入企业的资本总额

图6-2　“实收资本”账户的结构图

企业收到投资者投入的资本，借记“银行存款”“固定资产”“无形资产”等账户，按其在注册资本或股本中所占份额，贷记本账户，按其差额，贷记“资本公积”账户。企业按法定程序报经批准减少的注册资本，借记本账户，贷记“库存现金”“银行存款”等账户。

3.“资本公积”账户

本账户用来核算企业收到投资者出资超过其在注册资本或股本中所占的份额以及部分直接计入所有者权益的利得和损失。它属于所有者权益类账户。其贷方反映资本公积的增加数，借方反映资本公积的减少数，期末余额为贷方余额，反映企业资本公积的结存数额。本账户应当分别设置“资本溢价”或“股本溢价”、“其他资本公积”账户进行明细分类核算。

“资本公积”账户的结构可用图6-3表示。

借方	资本公积　　　　　　贷方
资本公积的减少数	资本公积的增加数
	余额：期末资本公积的结存数额

图6-3　“资本公积”账户的结构图

注册资本与实收资本并非同一概念。有限责任公司的注册资本为在公司登记机关登记的全体股东认缴的出资额。有限责任公司的股东以其认缴的出资额为限对公司承担责任；股份有限公司的股东以其认购的股份为限对公司承担责任。实收资本是投资者按照企业章程或合同、协议的约定，实际投入到企业的资本，即企业接受投资者实际缴纳的资本数额。

企业收到投资者投入的资本，借记“银行存款”“固定资产”“无形资产”等账户，按其在注册资本或股本中所占份额，贷记“实收资本”或“股本”账户，按其差额，贷记本账户（“资本溢价”或“股本溢价”）。经过股东大会或类似机构的决议，用资本公积转增资本时，借记本账户，贷记“实收资本”或“股本”账户。

4.“固定资产”账户

本账户用来核算企业为生产商品、提供劳务、出租或经营管理而持有的，使用寿命超过一个会计年度的有形资产。它属于资产类账户。其借方反映固定资产原价的增加数，贷方反映固定资产原价的减少数。本账户期末余额为借方余额，反映企业期末固定资产的账面原价。这里的原价，也称原值，即固定资产的原始价值，是指企业取得固定资产的成本，包括购买价款、相关税费、使固定资产达到预定可使用状态前所发生的可归属于该项资产的运输费、装卸费、安装费和专业人员服务费等。本账户可以按照固定资产类别、使用部门和每项固定资产设置明细账，进行明细分类核算。

“固定资产”账户的结构可用图6-4表示。

借方	固定资产 贷方
固定资产原价的增加数	固定资产原价的减少数
余额：期末固定资产的账面原价	

图6-4 “固定资产”账户的结构图

5.“无形资产”账户

本账户用来核算企业拥有或者控制的没有实物形态的可辨认非货币性资产成本，包括专利权、非专利技术、商标权、著作权、土地使用权等。它属于资产类账户。其借方反映取得无形资产的成本，贷方反映无形资产成本的减少数，期末余额为借方余额，反映期末无形资产的成本。本账户应按不同的无形资产项目设置明细账，进行明细分类核算。

“无形资产”账户的结构可用图6-5表示。

借方	无形资产 贷方
取得无形资产的成本	无形资产成本的减少数
余额：期末无形资产的成本	

图6-5 “无形资产”账户的结构图

（二）主要交易或者事项的会计记录

本章每笔交易或者事项的会计记录只编制了会计分录（用以代替记账凭证），

而登账（过账）过程的总分类核算则统一列示在图6-49至图6-95中（用T形账户代替三栏式总分类账），明细分类核算则只列示了根据业务要求必须设置的一小部分账户，即“在途物资”“原材料”“应交税费”“生产成本”“库存商品”“利润分配”账户的明细分类账户，其余的明细分类核算将在中级财务会计课程中学习。以下例题仅登记20××年12月份的交易或事项。

1.收到投资者投入货币资金的会计记录

【例6-1】20××年12月1日，海湛股份有限公司收到投资者投入企业的股本150 000元，款项存入银行。

这项经济业务的发生，一方面使企业银行存款增加150 000元，另一方面使企业收到的投资也相应增加150 000元。因而，这项业务的发生涉及“银行存款”“股本”两个账户。银行存款增加是资产的增加，应当记入“银行存款”账户的借方；企业实际收到的投资增加是所有者权益的增加，应当记入“股本”账户的贷方。该项业务编制的会计分录如下：

借：银行存款	150 000	
贷：股本		150 000

【例6-2】20××年12月3日，海湛股份有限公司收到投资者投入企业的货币资金6 000 000元，其中，5 000 000元作为企业的股本，另外的1 000 000元作为企业的资本公积，投资款项已存入银行，相关手续已办妥。

这项经济业务的发生，一方面使企业的银行存款增加6 000 000元，另一方面使企业收到的注册资本也相应增加5 000 000元，超过注册资本的1 000 000元作为企业的资本公积。因而，这项业务的发生涉及“银行存款”“股本”“资本公积”三个账户。银行存款增加是资产的增加，应当记入“银行存款”账户的借方；企业的注册资本和资本公积的增加是所有者权益的增加，应当记入“股本”和“资本公积”账户的贷方。该项业务编制的会计分录如下：

借：银行存款	6 000 000	
贷：股本		5 000 000
资本公积——股本溢价		1 000 000

2.收到投资者投入固定资产的会计记录

【例6-3】20××年12月2日，海湛股份有限公司收到某投资者投入的一套全新设备，投资双方确认价值为400 000元的股本（不考虑增值税）。

这项经济业务的发生，一方面使企业的固定资产增加400 000元，另一方面使企业收到的投资也相应增加400 000元。因而，这项业务的发生涉及“固定资产”“股本”两个账户。固定资产增加是资产的增加，应当记入“固定资产”账户的借方；企业实际收到的投资增加是所有者权益的增加，应当记入“股本”账户的贷方。该项业务编制的会计分录如下：

借：固定资产	400 000	
贷：股本		400 000

3.收到投资者投入无形资产的会计记录

【例6-4】20××年12月3日，海湛股份有限公司收到投资者投入企业的专利权一项，投资双方确认价值为200 000元的股本，相关手续已办妥。

这项经济业务的发生，一方面使企业的无形资产增加200 000元，另一方面使企业收到的投资也相应增加200 000元。因而，这项业务的发生涉及“无形资产”“股本”两个账户。无形资产增加是资产的增加，应当记入“无形资产”账户的借方；实收资本增加是所有者权益的增加，应当记入“股本”账户的贷方。该项业务编制的会计分录如下：

借：无形资产　　200 000

　贷：股本　　200 000

二、借入资金的会计记录

视频6-3

借入资金的会计记录

企业除了接受投资者投入资金外，还可以向债权人借入资金，如企业可以向银行或其他金融机构等债权人借入资金。借款期限在1年以下（含1年）的各种借款为短期借款；借款期限在1年以上（不含1年）的各种借款为长期借款。无论借入资金的来源如何，企业均需要向债权人按期偿还借款的本金及利息。

（一）设置的主要账户

借入资金的核算主要涉及“短期借款”“财务费用”“长期借款”“应付利息”等账户。

1.“短期借款”账户

本账户核算企业向银行或其他金融机构等借入的期限在1年以下（含1年）的各种借款。它属于负债类账户。其贷方反映企业取得的各种短期借款的本金数额，借方反映偿还的各种短期借款的本金数额，期末余额为贷方余额，反映企业尚未偿还的短期借款本金。本账户可按借款种类、债权人和币种设置明细账，进行明细分类核算。

“短期借款”账户的结构可用图6-6表示。

借方　　短期借款	贷方
偿还的各种短期借款的本金数额	企业取得的各种短期借款的本金数额
	余额：期末尚未偿还的短期借款本金

图6-6　“短期借款”账户的结构图

企业从银行或其他金融机构取得各种短期借款时，借记“银行存款”账户，贷记本账户。企业偿还短期借款本金时，借记本账户，贷记“银行存款”账户。

2.“财务费用”账户

本账户核算企业为筹集生产经营所需资金等而发生的筹资费用，包括利息支出（减利息收入）、汇兑损失（减汇兑收益）以及相关的手续费、企业收到的现金折扣等。它属于损益类账户。其借方反映企业发生的各种财务费用，贷方反映企业发生的应冲减财务费用的利息收入、汇兑收益、收到的现金折扣，以及期末结转到“本年利润”账户的财务费用，结转后无余额。本账户可按财务费用的费用项目设置明细账，进行明细分类核算。

“财务费用”账户的结构可用图6-7表示。

借方 财务费用	贷方
发生的各种财务费用： 利息支出 金融机构手续费 汇兑损失	利息收入 汇兑收益 收到的现金折扣 期末转入“本年利润”账户的财务费用

图6-7 “财务费用”账户的结构图

企业发生的财务费用，借记本账户，贷记“银行存款”等账户。发生的应冲减财务费用的利息收入、汇兑收益、收到的现金折扣等，借记“银行存款”“应付账款”等账户，贷记本账户。

3. “长期借款”账户

本账户核算企业向银行或其他金融机构等借入的期限在1年以上（不含1年）的各项借款。它属于负债类账户。其贷方反映长期借款本金和利息的增加数，借方反映长期借款本金和利息的减少数，期末余额为贷方余额，反映企业尚未偿还的长期借款本金和利息。本账户可按贷款单位和贷款种类设置明细分类账，分别“本金”“利息调整”“应计利息”等进行明细核算。

“长期借款”账户的结构可用图6-8表示。

借方 长期借款	贷方
长期借款的本金和利息的减少数	长期借款的本金和利息的增加数
	余额：期末尚未偿还的长期借款本息

图6-8 “长期借款”账户的结构图

企业借入长期借款，应按实际收到的金额，借记“银行存款”账户，贷记本账户（本金），如存在差额，还应借记本账户（利息调整）。归还长期借款本息时，借记本账户，贷记“银行存款”账户，长期借款利息的处理将在“中级财务会计”课程中讲授。

4. “应付利息”账户

本账户核算企业按照合同约定应支付的期限不超过1年的利息，包括吸收存款、分期付息到期还本的长期借款、企业债券等应支付的利息。它属于负债类账户。其贷方反映企业计算确定的应该支付的利息费用，借方反映企业实际支付的利息费用，期末余额为贷方余额，反映企业应支付但尚未支付的利息。本账户可按存款人、债权人设置明细账，进行明细分类核算。

"应付利息"账户的结构可用图6-9表示。

借方	应付利息 贷方
实际支付的利息费用	计算确定的应该支付的利息费用
	余额：期末应支付但尚未支付的利息

图6-9 "应付利息"账户的结构图

企业按照计算确定的应付利息的金额，借记"财务费用"等账户，贷记本账户。企业实际支付利息时，借记本账户，贷记"银行存款"等账户。

（二）主要经济业务会计记录

1.短期借款的会计记录

【例6-5】海湛股份有限公司于20××年10月1日从银行取得生产经营用借款60 000元，期限为3个月，所得借款已存入开户银行。

这项经济业务的发生，一方面使企业的银行存款增加60 000元，另一方面使企业的短期借款相应增加60 000元。因而，这项业务的发生涉及"银行存款""短期借款"两个账户。银行存款增加是资产的增加，应当记入"银行存款"账户的借方；企业短期借款的增加是负债的增加，应当记入"短期借款"账户的贷方。该项业务编制的会计分录如下：

借：银行存款　　　　60 000

　贷：短期借款　　　　60 000

【例6-6】承上例，若海湛股份有限公司取得的借款年利率为6%，根据与银行签署的借款协议：该项借款的利息分月计提，按季支付，本金于到期后一次归还。经计算10月份应负担的利息为300元。

对于这项经济业务，首先应计算企业10月应负担的利息为300元（60 000×6%÷12×1）。企业借款利息属于企业的筹资费用，应由本月负担，形成企业的一项费用（财务费用），但由于利息是按季度支付，因而利息并未在本月支付，形成企业的一项负债（应付利息）。因而，这项业务的发生涉及"财务费用""应付利息"两个账户。财务费用的增加是费用的增加，应当记入"财务费用"账户的借方；企业应付未付利息的增加是负债的增加，应当记入"应付利息"账户的贷方。该项业务编制的会计分录如下：

借：财务费用　　　　300

　贷：应付利息　　　　300

11、12月计提利息的会计处理同上。

【例6-7】承前例，海湛股份有限公司于20××年12月31日偿还到期的短期借款本金60 000元和利息900元。

这项经济业务的发生，一方面使企业的银行存款减少60 900元，另一方面使企业的短期借款相应减少60 000元，应付未付的利息减少900元。因而，这项业务的发生涉及“银行存款”“短期借款”“应付利息”三个账户。银行存款减少是资产的减少，应当记入“银行存款”账户的贷方；企业短期借款和应付利息的减少是负债的减少，应当记入“短期借款”和“应付利息”账户的借方。该项业务编制的会计分录如下：

借：短期借款	60 000	
应付利息	900	
贷：银行存款		60 900

12月份利息费用也可以不通过“应付利息”账户计提，直接借记“财务费用”账户。

2. 长期借款的会计记录

【例6-8】海湛股份有限公司为修建厂房，于20××年12月5日从银行取得期限为3年的借款800 000元，所得借款已存入开户银行。

这项经济业务的发生，一方面使企业的银行存款增加800 000元，另一方面使企业的长期借款相应增加800 000元。因而，这项业务的发生涉及“银行存款”“长期借款”两个账户。银行存款增加是资产的增加，应当记入“银行存款”账户的借方；企业长期借款的增加是负债的增加，应当记入“长期借款”账户的贷方。该项业务编制的会计分录如下：

借：银行存款	800 000	
贷：长期借款		800 000

第三节 生产准备业务的会计记录

企业进行产品生产，必须有生产所需的厂房、机器设备等劳动手段以及生产产品所需要的各种原材料等劳动对象。因而，生产准备业务的会计记录主要内容必然就包括了固定资产购入业务的会计记录和材料采购业务的会计记录。

一、固定资产购入业务的会计记录

固定资产是企业重要的生产力要素之一，是企业赖以生存的物质基础，是企业产生效益的源泉。《企业会计准则第4号——固定资产》规定，固定资产是指同时具有下列特征的有形资产：（1）为生产商品、提供劳务、出租或经营管理而持有的；（2）使用寿命超过一个会计年度。

（一）设置的主要账户

固定资产购入业务主要涉及“固定资产”“在建工程”“工程物资”“库存现金”“银行存款”“应交税费”等账户。

1.“固定资产”账户

“固定资产”账户的结构可参见图6-4。

2.“在建工程”账户

本账户核算企业基建、更新改造、安装等在建工程发生的支出。本账户属于资产类账户。其借方反映企业各项在建工程的实际支出，贷方反映在建工程完工后结转到“固定资产”账户的成本，期末余额在借方，反映企业尚未达到预定可使用状态的在建工程的成本。本账户应当按照“建筑工程”“安装工程”“在安装设备”“待摊支出”等以及单项工程设置明细账，进行明细分类核算。

“在建工程”账户的结构可用图6-10表示。

借方　　　　　在建工程	贷方
各项在建工程的实际支出	完工工程转出的成本
余额：尚未达到预定可使用状态的在建工程的成本	

图6-10　“在建工程”账户的结构图

3.“工程物资”账户

本账户核算企业为在建工程准备的各种物资的价值，包括工程用材料、尚未安装的设备以及为生产准备的工器具等。本账户属于资产类账户。其借方登记购入的为工程准备的物资，贷方登记领用的工程物资，期末余额在借方，反映企业为在建工程准备的各种物资的价值。本账户可按“专用材料”“专用设备”“工器具”等设置明细账，进行明细分类核算。

“工程物资”账户的结构可用图6-11表示。

借方　　　　　工程物资	贷方
购入的为工程准备的物资	领用工程物资
余额：为在建工程准备的各种物资的成本	

图6-11　“工程物资”账户的结构图

4.“库存现金”账户

本账户核算存放于企业财会部门、由出纳人员经管的现款，即各种纸币、硬币。本账户属于资产类账户。其借方反映库存现金的增加数，贷方反映库存现金的减少数，期末余额为借方余额，反映期末企业持有的库存现金。有外币现金的企业，应当分别人民币和各种外币设置“库存现金日记账”进行明细分类核算。

“库存现金”账户的结构可用图6-12表示。

借方　　　　　库存现金	贷方
库存现金的增加数	库存现金的减少数
余额：期末持有的库存现金	

图6-12　“库存现金”账户的结构图

企业收到库存现金，借记本账户，贷记有关账户；支出库存现金，借记有关账户，贷记本账户。

5.“应交税费”账户

本账户核算企业按照税法规定计算应缴纳的各种税费，包括增值税、消费税、所得税、资源税、土地增值税、城市维护建设税、房产税、城镇土地使用税、车船税、教育费附加、矿产资源补偿费等。本账户属于负债类账户。其贷方反映企业计算出的应缴未缴的各种税费，借方反映实际缴纳的各种税费，期末余额方向不固定。期末若为贷方余额，反映企业尚未缴纳的税费；期末若为借方余额，反映企业多缴或尚未抵扣的税费。本账户应当按照应交税费的税种设置明细账，进行明细分类核算。

其中："应交税费——应交增值税"还应分别"进项税额""销项税额""进项税额转出""已交税金"等设置专栏进行明细分类核算。增值税是对在我国境内销售货物或者提供加工、修理修配劳务，销售服务、无形资产、不动产以及进口货物的单位和个人就其实现的增值额征收的一种流转税。增值税的纳税人分为一般纳税人和小规模纳税人。

一般纳税人应纳增值税额采用购进扣税法计算，计算公式为：

一般纳税人应交增值税额=（售价-进价）×税率

=售价×税率-进价×税率

=销项税额-进项税额

小规模纳税人应纳增值税额采用简易办法征收，计算公式为：

小规模纳税人应交增值税额=销售额×征收率

"应交税费"账户的结构可用图6-13表示。

借方　　应交税费	贷方
实际缴纳的各种税费	应该缴纳的各种税费
余额：期末多缴或尚未抵扣的税费	余额：期末尚未缴纳的税费

图6-13　"应交税费"账户的结构图

"应交税费——应交增值税"账户的结构可用图6-14表示。

借方　　应交税费——应交增值税	贷方
进项税额 已交税金 转出未交增值税	销项税额 进项税额转出 转出多交增值税
余额：尚未抵扣的增值税	

图6-14　"应交税费——应交增值税"账户的结构图

（二）主要经济业务的会计记录

1.购入不需安装固定资产的会计记录

视频6-4

固定资产购入业务的会计记录

【例6-9】20××年12月6日海湛股份有限公司购入不需要安装的生产设备一台，买价9 500元，增值税税率为13%，包装及保险费等1 885元，全部价款使用银行存款支付，设备购回即投入使用。（包装及保险费不考虑增值税，以下同）

由于该设备不需要安装，购回即可投入使用，达到预定可使用状态。固定资产的原价为买价和包装及保险费等，共计11 385元（9 500+1 885）。这项经济业务的发生，一方面使企业的固定资产增加11 385元，增值税进项税额增加1 235元（9 500×13%），另一方面使企业的银行存款减少12 620元。因而，这项业务涉及“固定资产”、“应交税费”和“银行存款”三个账户。固定资产增加是资产的增加，应当记入“固定资产”账户的借方；增值税进项税额的增加，会导致应交税费的减少，应记入“应交税费”账户的借方，企业银行存款的减少是资产的减少，应当记入“银行存款”账户的贷方。该项业务编制的会计分录如下：

借：固定资产	11 385	
应交税费——应交增值税（进项税额）	1 235	
贷：银行存款		12 620

2.购入需要安装的固定资产的会计记录

【例6-10】20××年12月7日海湛股份有限公司购入需要安装的生产设备一台，买价10 000元，增值税税率13%，包装及保险费等1 300元，全部价款使用银行存款支付。

由于该设备没有达到预定可使用状态，需要安装才能投入使用，因而，在购买过程中发生的买价和包装及保险费等11 300元（10 000+1 300），应先记入“工程物资”账户进行核算。这项经济业务的发生，一方面使企业的工程物资增加11 300元，增值税进项税额增加1 300元（10 000×13%），另一方面使企业的银行存款减少12 600元。因而，这项业务涉及“工程物资”、“应交税费”和“银行存款”三个账户。工程物资的增加应记入“工程物资”账户的借方；增值税进项税额的增加，会导致应交税费的减少，应记入“应交税费”账户的借方，银行存款的减少应记入“银行存款”账户的贷方。会计分录如下：

借：工程物资	11 300	
应交税费——应交增值税（进项税额）	1 300	
贷：银行存款		12 600

【例6-11】承上例，20××年12月8日海湛股份有限公司进行设备安装，并用库存现金支付安装费1 000元。

这项经济业务的发生，一方面使企业的工程物资减少11 300元，库存现金减少1 000元，另一方面使在建工程增加12 300元。因而，这项业务涉及“工程物资”、“库存现金”和“在建工程”三个账户。工程物资、库存现金的减少都是资产的减少，应当记入“工程物资”“库存现金”账户的贷方；在建工程的增加是资产的增加，应当记入“在建工程”账户的借方。会计分录如下：

借：在建工程	12 300	
贷：工程物资		11 300
库存现金		1 000

【例6-12】承【例6-10】和【例6-11】，20××年12月9日海湛股份有限公司购入的设备安装完毕，达到预定可使用状态，并经验收合格，交付使用。

设备安装完毕，达到预定可使用状态，并经验收合格交付使用，意味着该设备由正在建造的工程变成了可以投入使用的固定资产，此时，应将在建工程的全部支出12 300元，转入固定资产的入账价值。这项经济业务的发生，一方面使企业的固定资产增加12 300元，另一方面使企业的在建工程减少12 300元。因而，这项业务涉及"固定资产"和"在建工程"两个账户。固定资产增加是资产的增加，应记入"固定资产"账户的借方；在建工程减少是资产的减少，应记入"在建工程"账户的贷方。该项业务编制的会计分录如下：

借：固定资产　　12 300

　贷：在建工程　　12 300

二、材料采购业务的会计记录

企业为了保证产品的生产经营活动正常进行，必须购买和储存一定品种和数量的原材料。在原材料的采购过程中，一方面，企业从供应单位购进各种原材料，确定材料的采购成本。原材料的采购成本，是指原材料从采购到入库前所发生的全部支出，包括购买价款和采购费用。其中，采购费用包括相关税费、运输费、装卸费、保险费以及其他可归属于存货采购成本的费用。

材料采购成本=材料买价+采购费用

另一方面，企业需要支付原材料的买价和各种采购费用、增值税进项税额，并与供应单位进行货款结算。企业外购的原材料经验收入库后即成为可供生产领用的库存材料。

（一）设置的主要账户

为了总括地核算材料采购业务，需要设置两类账户：一类反映企业购进原材料增减变化的账户，如"在途物资""原材料"；另一类反映款项结算的账户，如"应付账款""应付票据""预付账款""应交税费""银行存款""库存现金"等。

1."在途物资"账户

本账户核算企业采用实际成本（进价）进行材料（或商品）日常核算，企业已取得物资所有权，但尚未验收入库的各种物资（即在途物资）的采购成本。本账户属于资产类账户。其借方反映企业购入原材料、商品等在途物资的实际成本，贷方反映验收入库的原材料、商品等在途物资的实际成本，期末余额在借方，反映企业原材料、商品等在途物资的实际成本。本账户应当按照物资品种设置明细账，进行明细分类核算。

"在途物资"账户的结构可用图6-15表示。

借方　　在途物资　　贷方

借方	贷方
购入原材料等在途物资的实际成本	入库的原材料等在途物资的实际成本
余额：在途物资的实际成本	

图6-15　"在途物资"账户的结构图

2.“原材料”账户

本账户核算企业库存的各种材料，包括原料及主要材料、辅助材料、外购半成品（外购件）、修理用备件（备品备件）、包装材料、燃料等的实际成本（或计划成本）。它属于资产类账户。其借方反映验收入库材料的实际成本（或计划成本），贷方反映发出材料的实际成本（或计划成本），期末余额在借方，反映企业库存材料的实际成本（或计划成本）。本账户应当按照材料的保管地点（仓库）、材料的类别、品种和规格等设置明细账，进行明细分类核算。

“原材料”账户的结构可用图6-16表示。

借方　　　　原材料	贷方
入库材料的实际成本（或计划成本）	发出材料的实际成本（或计划成本）
余额：期末库存材料的实际成本（或计划成本）	

图6-16　“原材料”账户的结构图

3.“应付账款”账户

本账户核算企业因购买材料、商品和接受劳务供应等经营活动应支付的款项，包括购买材料、商品的买价、增值税进项税额和供应单位为企业代垫的运杂费。它属于负债类账户。其贷方反映企业因购买材料、商品和接受劳务供应等尚未支付的款项，借方反映已经偿还的应付账款，期末余额一般在贷方，反映企业尚未支付的应付账款。本账户应当按照不同的债权人设置明细账，进行明细分类核算。

“应付账款”账户的结构可用图6-17表示。

借方　　　　应付账款	贷方
偿还供应单位的应付账款	尚未支付给供应单位的应付账款
	余额：期末尚未支付的应付账款

图6-17　“应付账款”账户的结构图

4.“应付票据”账户

本账户核算企业因购买材料、商品和接受劳务供应等开出、承兑的商业汇票，包括银行承兑汇票和商业承兑汇票。它属于负债类账户。其贷方反映企业开出、承兑商业汇票的增加，借方反映到期商业汇票的减少，期末余额在贷方，反映企业尚未到期的商业汇票的票面金额。本账户应当按照债权人的不同设置明细账，进行明细分类核算。企业应当设置“应付票据备查簿”，详细登记每一商业汇票的种类、号数和出票日期、到期日、票面余额、交易合同号和收款人姓名或单位名称以及付款日期和金额等资料。应付票据到期结清时，应当在备查簿内逐笔注销。

“应付票据”账户的结构可用图6-18表示。

借方	应付票据 贷方
到期应付票据的减少	应付票据的增加
	余额：期末尚未到期的应付票据款

图6-18 “应付票据”账户的结构图

5. “预付账款”账户

本账户核算企业按照合同规定预付的款项。它属于资产类账户（账户结构具有资产、负债双重性质）。其借方反映企业向交易方预付的款项及向交易方补付的款项，贷方反映应冲销的预付账款及收到交易方退回的企业多付的款项。期末余额方向不固定。期末若为借方余额，反映企业预付的款项；期末若为贷方余额，反映企业尚未补付的款项。本账户应当按照供应单位设置明细账，进行明细分类核算。预付款项情况不多的，也可以不设置“预付账款”账户，将预付的款项直接在“应付账款”账户的借方核算。

“预付账款”账户的结构可用图6-19表示。

借方	预付账款 贷方
企业预付给交易方的款项 企业补付给交易方的款项	冲销的预付账款 收到交易方退回的企业多付款项
余额：期末已经预付的款项	余额：期末企业尚未补付给交易方的款项

图6-19 “预付账款”账户的结构图

（二）主要经济业务的会计记录

企业在材料采购过程中主要涉及现购材料、赊购材料、预购材料、材料采购费用的分配以及结转材料采购成本等经济业务。原材料既可以按实际成本核算，也可以按计划成本核算。原材料按实际成本核算会涉及“在途物资”“原材料”“应付账款”“应付票据”“预付账款”“应交税费”“银行存款”“库存现金”等账户；按计划成本核算还要设置“材料采购”“材料成本差异”账户。

视频6-5

材料采购业务的会计记录

本节只介绍原材料按实际成本核算的会计记录，原材料按计划成本核算的会计记录见中级财务会计类教材。

举例说明如下：

1.现购

【例6-13】20××年12月9日，海湛股份有限公司从A单位购入甲材料2 500千克，每千克2元，材料尚未运达，增值税税率13%，款项已用银行存款支付。

这项经济业务的发生：一方面使企业的材料采购支出增加5 000元，增值税进项税额增加650元（5 000×13%）；另一方面也使企业的银行存款减少5 650元。这项经济业务的发生涉及“在途物资”“应交税费”“银行存款”三个账户。会计分录如下：

借：在途物资——甲材料 5 000
　　应交税费——应交增值税（进项税额） 650
　贷：银行存款 5 650

2.赊购

【例 6-14】20××年 12 月 10 日，海湛股份有限公司从 A 单位购入乙材料 5 500 千克，每千克 1.1 元。材料尚未运达，增值税税率 13%，款项尚未支付。

这项经济业务的发生：一方面使企业的材料采购支出增加 6 050 元，增值税进项税额增加 786.5 元（6 050×13%）；另一方面也使企业的应付账款增加 6 836.5 元。这项经济业务的发生涉及“在途物资”“应交税费”“应付账款”三个账户。会计分录如下：

借：在途物资——乙材料 6 050
　　应交税费——应交增值税（进项税额） 786.5
　贷：应付账款 6 836.5

【例 6-15】20××年 12 月 10 日，海湛股份有限公司从 C 单位购入丙材料 1 000 千克，每千克 40 元。C 单位代垫运杂费 200 元（假定本书的运输费不考虑增值税的问题，下同），材料尚未运达，增值税税率 13%，款项采用商业承兑汇票结算，20××年 12 月 11 日海湛股份有限公司开出并承兑 4 个月期限的商业承兑汇票一张。

这项经济业务的发生：一方面使企业的材料采购支出增加 40 200 元，其中丙材料买价 40 000 元，运杂费 200 元，增值税进项税额增加 5 200 元（40 000×13%）；另一方面使企业的应付票据增加 45 400 元。这项经济业务的发生涉及“在途物资”“应交税费”“应付票据”三个账户。会计分录如下：

借：在途物资——丙材料 40 200
　　应交税费——应交增值税（进项税额） 5 200
　贷：应付票据 45 400

3.预购

【例 6-16】20××年 12 月 8 日，海湛股份有限公司根据购销合同以银行存款 20 000 元预付货款给 D 单位，用于购买丁材料。

这项经济业务的发生，一方面使企业的预付账款增加 20 000 元，另一方面使银行存款减少 20 000 元。这项经济业务的发生涉及“预付账款”“银行存款”两个账户。会计分录如下：

借：预付账款 20 000
　贷：银行存款 20 000

【例 6-17】20××年 12 月 12 日，海湛股份有限公司收到 D 单位已预付款的丁材料，材料尚未验收入库。该批材料的货款为 20 000 元，增值税税率 13%，同时以库存现金支付采购费用 600 元。

这项经济业务的发生，一方面使材料采购成本增加 20 600 元（20 000+600），增值税进项税额增加 2 600 元（20 000×13%）；另一方面使库存现金减少 600 元，预付货款减少22 600元。这项经济业务的发生涉及“在途物资”“应交税费”“预付账款”“库存现金”四个账户。会计分录如下：

借：在途物资——丁材料　　20 600
　　应交税费——应交增值税（进项税额）　　2 600
　贷：库存现金　　600
　　　预付账款　　22 600

【例6-18】20××年12月12日，海湛股份有限公司以银行存款2 600元补付采购D单位丁材料的货款。

这项经济业务的发生，一方面使预付账款增加2 600元，另一方面使银行存款减少2 600元。这项经济业务的发生涉及“预付账款”“银行存款”两个账户。会计分录如下：

借：预付账款　　2 600
　贷：银行存款　　2 600

【例6-19】20××年12月13日，海湛股份有限公司偿还前欠（见【例6-14】）A单位购入乙材料的货款，价税合计6 836.5元，用银行存款支付。

这项经济业务的发生，一方面使企业的前欠货款减少6 836.5元，另一方面使企业的银行存款减少6 836.5元。这项经济业务的发生涉及“应付账款”“银行存款”两个账户。会计分录如下：

借：应付账款　　6 836.5
　贷：银行存款　　6 836.5

4.采购费用的分配

【例6-20】承前例，20××年12月13日，海湛股份有限公司同时收到A单位发来的甲、乙两种材料，以银行存款支付甲、乙两种材料的搬运费400元，以库存现金支付甲、乙两种材料的搬运费40元，搬运费按照甲、乙材料的重量比例进行分配。

搬运费应该计入材料采购成本，但需要按照一定的方法分配甲、乙两种材料共同负担的搬运费，共计440元。对于各该材料共同发生的采购费用，通常采用比例分配法进行分配。所谓比例分配法，就是确定比较合理的分配标准，先计算出单位分配标准所分担的采购费用，即费用分配率（采购费用÷每种材料的分配标准之和），再用每种材料的分配标准乘以费用分配率，计算出每种材料所分担的采购费用，这里所采用的分配标准应能够表明各该材料对该采购费用的合理分担关系，一般有重量、体积、件数、价值等标准。本例以甲、乙材料的重量为标准将搬运费在甲、乙两种材料之间进行分配。

费用分配率=440÷（2 500+5 500）=0.055（元/千克）

甲材料负担的搬运费=2 500×0.055=137.5（元）

乙材料负担的搬运费=5 500×0.055=302.5（元）

这项经济业务的发生，一方面使企业的材料采购成本增加440元，其中，甲材料采购成本增加137.5元，乙材料采购成本增加302.5元；另一方面使企业的银行存款减少400元，库存现金减少40元。这项经济业务的发生涉及“在途物资”“银行存款”“库存现金”三个账户。会计分录如下：

借：在途物资——甲材料　　137.5
　　　　　　——乙材料　　302.5
　贷：银行存款　　400
　　　库存现金　　40

5.结转材料采购成本

【例6-21】承前例，20××年12月14日，海湛股份有限公司本月采购的甲、乙、丙、丁四种材料已经验收入库，结转这四种材料的采购成本。

先计算本月采购的各种材料的实际采购成本（买价+采购费用）：

甲材料实际采购成本=5 000+137.5=5 137.5（元）

乙材料实际采购成本=6 050+302.5=6 352.5（元）

丙材料实际采购成本=40 200元

丁材料实际采购成本=20 600元

这项经济业务的发生，表明甲、乙、丙、丁四种材料的采购过程已经完成，各种材料的实际采购成本已分别计算确定，该业务一方面使企业已经验收入库材料的实际成本增加了，另一方面使企业的在途物资减少了。这项经济业务的发生涉及“原材料”“在途物资”两个账户。会计分录如下：

借：原材料——甲材料　　5 137.5
　　　　　——乙材料　　6 352.5
　　　　　——丙材料　　40 200
　　　　　——丁材料　　20 600
　贷：在途物资——甲材料　　5 137.5
　　　　　　　——乙材料　　6 352.5
　　　　　　　——丙材料　　40 200
　　　　　　　——丁材料　　20 600

第四节　产品生产业务的会计记录

工业企业的主要经济活动是生产符合社会需求的产品，生产过程就是生产资料和劳动力结合起来生产产品的过程。在这个过程中，既有物化劳动（劳动资料和劳动对象）的耗费，又有活劳动的耗费。物化劳动的耗费主要包括：原材料、动力的消耗和厂房、机器等固定资产的损耗；活劳动的耗费主要是指生产工人的职工薪酬、生产管理者的职工薪酬等。产品生产过程中所发生的应当计入产品成本的各种耗费，称为**生产费用**。企业的生产费用，不论发生在何处，都要归集、分配到一定种类的产品中，形成各种产品的成本。工业企业为生产一定种类、一定数量的产品

视频6-6

产品生产业务的会计分录（一）

所支出的各种生产费用之和，称为**产品生产成本**，也称**产品成本**、**生产成本**、**制造成本**。企业发生的各项生产费用，应按成本计算对象和成本项目归集，其中：成本计算对象可以是产品品种、产品批别和产品生产步骤；成本项目是生产费用按经济用途分类的项目，一般分为直接材料、直接人工和制造费用三个成本项目。此时：

产品成本=直接材料+直接人工+制造费用

其中：**直接材料**是指直接构成产品实体的原料、主要材料以及有助于产品形成的辅助材料等；**直接人工**是指直接参加产品生产的生产工人职工薪酬；**制造费用**是指除了直接材料、直接人工以外的生产费用。

随着产品完工入库，生产费用转化为完工产品成本。企业的产品生产业务就是对生产费用的发生、归集、分配，产品成本的形成等进行会计记录。

一、设置的主要账户

产品生产要耗费资源（人、财、物），反过来说就是资源转化为成本、费用，为了总括地核算生产业务，反映和监督各项生产费用的发生、归集和分配，正确核算产品生产成本，需要设置资源账户："应付职工薪酬""银行存款""原材料""累计折旧"。成本账户："生产成本""制造费用"。费用账户："管理费用"。产成品账户："库存商品"等。

（一）"生产成本"账户

本账户用来核算企业进行工业性生产发生的各项生产费用，包括生产各种产品（产成品、自制半成品）、自制材料、自制工具、自制设备等。本账户属于成本类账户。其借方登记当期发生的、应计入本期产品生产成本的各项费用，包括直接计入产品生产成本的直接材料和直接人工，以及分配计入产品生产成本的制造费用；贷方登记完工入库产品的生产成本；余额在借方，表示月末尚未完工产品（在产品）的生产成本。本账户应当按照基本生产成本和辅助生产成本设置明细账，进行明细分类核算。基本生产成本应当分别按照基本生产车间和成本计算对象（如产品的品种、批别、生产步骤等）设置明细账（也称成本计算单，下同），并按照规定的成本项目设置专栏。

"生产成本"账户的结构可用图6-20表示。

生产成本

借方	贷方
发生的生产费用： 直接材料 直接人工 结转来的制造费用	期末结转的完工产品的实际生产成本
余额：月末尚未完工产品的生产成本	

图6-20 "生产成本"账户的结构图

（二）“制造费用”账户

本账户用来核算企业生产车间（部门）为生产产品（或提供劳务）而发生的，应该计入产品成本，但不属于直接材料、直接人工的各项生产费用，包括生产车间管理人员的职工薪酬、机器设备等生产用固定资产折旧费、车间一般物料消耗、车间办公费、水电费等成本费用。本账户属于成本类账户。其借方登记月份内发生的各种制造费用；贷方登记月末按一定标准分配结转给生产成本，应由每种产品负担的制造费用；月末一般无余额。本账户应按不同的生产车间、部门和费用项目设置明细账，进行明细分类核算。

“制造费用”账户的结构可用图6-21表示。

借方　　　　制造费用	贷方
车间（部门）为生产产品和提供劳务而发生的制造费用	期末分配结转到“生产成本”及其明细账户的制造费用

图6-21　“制造费用”账户的结构图

（三）“应付职工薪酬”账户

职工薪酬，是指企业为获得职工提供的服务或解除劳动关系而给予的各种形式的报酬或补偿。企业提供给职工配偶、子女、受赡养人、已故员工遗属及其他受益人等的福利，也属于职工薪酬。“应付职工薪酬”账户用来核算企业根据有关规定应付给职工的各种薪酬，属于负债类账户。其贷方反映分配或计提计入有关成本费用项目的应付给职工的各种薪酬；借方反映实际支付给职工的数额；本账户的期末余额在贷方，反映企业应付未付的职工薪酬。本账户应当按照“工资”“职工福利”“社会保险费”“住房公积金”“工会经费”“职工教育经费”“非货币性福利”“辞退福利”“股份支付”等项目设置明细账，进行明细分类核算。

“应付职工薪酬”账户的结构可用图6-22表示。

借方　　　　应付职工薪酬	贷方
实际支付给职工的各种薪酬	应付给职工的各种薪酬
	余额：应付未付的职工薪酬

图6-22　“应付职工薪酬”账户的结构图

（四）“累计折旧”账户

本账户用来核算企业固定资产由于损耗而减少的价值。固定资产是企业的主要劳动资料，它在使用期内能基本保持其原有的实物形态，而其价值却会随着固定资产的损耗而逐渐减少。根据固定资产的这一特点，不仅要设置“固定资产”账户，反映固定资产的原始价值，而且要设置“累计折旧”账户，用来核算企业的固定资产由于损耗而减少的价值。本账户属于资产类账户（账户结构具有负债性质），是“固定资产”账户的备抵账户。“累计折旧”账户的贷方反映固定资产因使用损耗而转移到产品和期间费用中的价值（折旧增加额）；借方反映因变卖、报废等原因而减少固定资产的已提折旧额；本账户的余额在贷方，反映企业现有固定资产期末累计已计提的折旧额。

“累计折旧”账户的结构可用图6-23表示。

借方　　累计折旧	贷方
折旧的减少额	折旧的增加额
	余额：现有固定资产期末累计已计提的折旧额

图6-23　“累计折旧”账户的结构图

（五）“管理费用”账户

管理费用是指企业为组织和管理生产经营活动而发生的各项费用。具体包括企业在筹建期间内发生的开办费、董事会和行政管理部门在企业的经营管理中发生的或者应由企业统一负担的公司经费（包括行政管理部门人员的职工薪酬、物料消耗、低值易耗品摊销、办公费和差旅费等）、工会经费、董事会费（包括董事会成员津贴、会议费和差旅费等）、聘请中介机构费、咨询费（含顾问费）、诉讼费、业务招待费、技术转让费、矿产资源补偿费、研究费用以及企业生产车间（部门）和行政管理部门等发生的固定资产修理费等。这些费用虽然是为组织和管理生产经营活动而发生的，但它们与产品制造无直接关系，也不受产量多少影响，因而不计入产品成本，而作为期间费用。期间费用是指不计入产品成本，用于组织和管理生产经营活动的管理费用，用于产品销售的销售费用和用于筹集生产经营资金的财务费用。

“管理费用”账户是用来核算企业为组织和管理企业生产经营所发生的管理费用，属于损益类账户。本账户的借方反映企业发生的各种管理费用；贷方反映企业期末结转到“本年利润”账户的管理费用；结转后本账户没有余额。本账户可按管理费用的费用项目设置明细账，进行明细分类核算。

“管理费用”账户的结构可用图6-24表示。

借方　　管理费用	贷方
本期发生的各项管理费用	期末转入“本年利润”账户的管理费用

图6-24　“管理费用”账户的结构图

（六）“库存商品”账户

本账户用来核算企业库存的各种商品的实际成本（或进价）或计划成本（或售价），包括库存产成品、外购商品、存放在门市部准备出售的商品、发出展览的商品以及寄存在外的商品等。工业企业的库存商品主要是产成品。产成品是企业生产完工并验收入库，可供销售的产品。本账户属于资产类账户，其借方反映已经完工验收入库的各种商品的成本；贷方反映库存商品的减少，结转已经销售的各种产品的成本；余额在借方，反映企业期末库存商品的实际成本（或进价）或计划成本（或售价）。

本账户应当按照库存商品的种类、品种和规格设置明细账，进行明细分类核算。

"库存商品"账户的结构可用图6-25表示。

借方	库存商品 贷方
验收入库的商品成本的增加	库存商品的减少
余额：期末库存商品的成本	

图6-25 "库存商品"账户的结构图

二、主要经济业务的会计记录

（一）发出材料的会计记录

企业在生产过程中，必然要消耗材料。生产部门需要材料时，应该填制有关的领料凭证，向仓库办理领料手续。月末会计部门根据领料凭证进行会计处理，或根据领料凭证编制领料汇总表，根据汇总表进行会计处理。

视频6-7

产品生产业务的会计分录（二）

【例6-22】20××年12月31日，海湛股份有限公司根据当月领料凭证，编制发料凭证汇总表，见表6-1。

表6-1 发料凭证汇总表

用　途	甲材料			乙材料			金额合计（元）
	数量（千克）	单价（元/千克）	金额（元）	数量（千克）	单价（元/千克）	金额（元）	
车间生产产品耗用							
A产品	1 000.00	2.00	2 000.00				2 000.00
B产品				4 000.00	1.10	4 400.00	4 400.00
生产车间一般耗用				600.00	1.10	660.00	660.00
企业管理部门耗用	470.00	2.00	940.00				940.00
合　计	1 470.00	—	2 940.00	4 600.00	—	5 060.00	8 000.00

这项经济业务的发生：一方面使企业生产产品消耗的材料、车间一般耗费的材料、管理部门耗费的材料增加；另一方面使企业库存的原材料减少。这项经济业务的发生涉及"生产成本""制造费用""管理费用""原材料"四个账户。企业仓库发出的材料应按不同的用途分别记入不同的账户。直接用于生产A、B产品的材料，属于直接材料费用，记入"生产成本"账户的借方；用于车间一般消耗的材料，属于直接材料和直接人工以外的生产费用，应记入"制造费用"账户的借方；用于管理部门消耗的材料，属于期间费用中的管理费用，应记入"管理费用"账户的借方；原材料的减少，属于资产的减少，应记入"原材料"账户的贷方。该项经济业务应编制如下会计分录：

借：生产成本——A产品　　2 000

　　　　　　——B产品　　4 400

　　制造费用　　660

　　管理费用　　940

贷：原材料——甲材料 2 940

——乙材料 5 060

（二）职工薪酬的会计记录

企业作为市场竞争的主体，其所生产产品成本的高低、质量的好坏，在市场上是否有竞争力，是企业能否生存和发展的关键所在。而职工薪酬是企业在生产经营过程中发生的各种耗费支出的主要组成部分，直接关系到产品成本和产品价格的高低，直接影响企业生产经营的成果。《企业会计准则第9号——职工薪酬》将职工薪酬界定为“企业为获得职工提供的服务或解除劳动关系而给予的各种形式的报酬或补偿”。也就是说，从性质上凡是企业为获得职工提供的服务给予或付出的各种形式的对价，都构成职工薪酬，都应当作为一种耗费。

【例6-23】20××年12月10日，海湛股份有限公司开出现金支票从开户银行提取现金49 500元，备发上月工资。

这项经济业务的发生一方面使企业的银行存款减少49 500元，另一方面使企业的库存现金增加49 500元。这项经济业务的发生涉及“银行存款”“库存现金”两个账户。会计分录如下：

借：库存现金 49 500

贷：银行存款 49 500

【例6-24】20××年12月10日，海湛股份有限公司以现金发放员工上月工资49 500元。

这项经济业务的发生一方面使企业的库存现金减少49 500元，另一方面使企业的应付职工薪酬减少49 500元。这项经济业务的发生涉及“库存现金”“应付职工薪酬”两个账户。会计分录如下：

借：应付职工薪酬——工资 49 500

贷：库存现金 49 500

【例6-25】20××年12月31日，海湛股份有限公司根据当月的考勤记录、产量记录等，编制工资结算表（见表6-2）。

表6-2 **工资结算表** 金额单位：元

车间、部门	计时工资	计件工资	津贴	奖金	应扣工资		应付工资
					事假	病假	
A产品生产工人	14 870		1 490	1 420	30	50	17 700
B产品生产工人	12 590	5 420	1 450	1 150	40	270	20 300
车间管理人员	4 800		160	620	60	20	5 500
企业管理人员	4 700		310	730	40		5 700
合 计	36 960	5 420	3 410	3 920	170	340	49 200

这项经济业务的发生，一方面使企业应付职工薪酬的工资总额增加49 200元，另一方面使企业的生产费用增加43 500元，其中：生产A产品的生产工人工资17 700元，生产B产品的生产工人工资20 300元，都属于直接人工费用，应记入“生产成本”的借方；车间管理人员的工资5 500元，属于直接材料和直接人工以外的生产费用，应记入“制造费用”的借方。企业管理人员的工资5 700元，属于期间费用中的管理费用，应记入“管理费用”的借方。因而，这项经济业务的发生涉及“生产成本”“制造费用”“管理费用”“应付职工薪酬”四个账户。会计分录如下：

借：生产成本——A产品　　17 700
　　　　　——B产品　　20 300
　　制造费用　　5 500
　　管理费用　　5 700
　贷：应付职工薪酬——工资　　49 200

【例6-26】20××年12月16日，海湛股份有限公司以银行存款支付职工医药费、困难补助等各种福利费共计5 000元，其中，车间生产工人福利费3 800元（A产品生产工人1 770元，B产品生产工人2 030元），车间管理人员福利费550元，企业行政管理人员福利费650元。

（1）为了改善和提高职工的福利待遇，保证员工身体健康，根据国家有关规定，企业可以从成本、费用中列支职工福利费。企业实际支付福利费时，一方面使企业的应付职工薪酬减少，另一方面使企业的银行存款减少。这项经济业务的发生涉及“银行存款”“应付职工薪酬”两个账户。会计分录如下：

借：应付职工薪酬——职工福利　　5 000
　贷：银行存款　　5 000

（2）企业列支福利费时，一方面使企业的成本、费用增加，另一方面使企业的应付职工薪酬增加。列支的成本、费用增加时，可参照列支工资费用的原则来处理。因而，这项经济业务的发生涉及“生产成本”“制造费用”“管理费用”“应付职工薪酬”四个账户。车间生产工人福利费属于直接人工费用，应记入“生产成本”账户的借方；车间管理人员的福利费属于直接材料和直接人工以外的生产费用，应记入“制造费用”账户的借方；企业管理人员的福利费属于管理费用，应记入“管理费用”账户的借方；企业应付职工福利费总额的增加是应付职工薪酬的增加，应记入“应付职工薪酬”账户的贷方。该项经济业务应编制如下会计分录：

借：生产成本——A产品　　1 770
　　　　　——B产品　　2 030
　　制造费用　　550
　　管理费用　　650
　贷：应付职工薪酬——职工福利　　5 000

（三）累计折旧的会计记录

【例6-27】20××年12月31日，海湛股份有限公司根据月初固定资产的原值计提本月固定资产折旧30 000元。其中，生产车间用固定资产折旧22 000元，行政管理部门用固定资产折旧8 000元。

这项经济业务的发生，一方面使企业固定资产的折旧总额增加30 000元，另一方面使企业生产车间使用固定资产的折旧费用增加22 000元，企业行政管理使用固定资产的折旧费用增加8 000元。因而，这项经济业务的发生涉及"累计折旧""制造费用""管理费用"三个账户。企业固定资产的折旧总额增加本质上是固定资产价值的减少，应记入"累计折旧"账户的贷方；生产车间用固定资产折旧费的增加，属于直接材料和直接人工以外的生产费用的增加，应记入"制造费用"账户的借方；行政管理用固定资产折旧费用的增加，属于管理费用的增加，应记入"管理费用"账户的借方。该项经济业务应编制如下会计分录：

借：制造费用　　22 000
　　管理费用　　8 000
　贷：累计折旧　　30 000

（四）水电费的会计记录

【例6-28】20××年12月31日，海湛股份有限公司分配本月企业应负担的水电费5 400元（其中，电费3 400元，水费2 000元）。根据有关原始凭证编制水费、电费分配表，见表6-3和表6-4。

表6-3　**电费分配表**　单价：0.5元/度

部　门	应借科目	用电量（度）	分配金额（元）
生产车间	制造费用	6 000	3 000
管理部门	管理费用	800	400
合　计			3 400

表6-4　**水费分配表**　单价：2.5元/吨

部　门	应借科目	用水量（吨）	分配金额（元）
生产车间	制造费用	600	1 500
管理部门	管理费用	200	500
合　计			2 000

这项经济业务的发生，一方面使企业应该支付的水电费增加5 400元，另一方面使企业生产车间负担的水电费增加4 500元，企业管理部门负担的水电费增加900元。因而，这项经济业务的发生涉及"应付账款""制造费用""管理费用"三个账户。企业应该支付的水电费增加是负债的增加，应记入"应付账款"账户的贷方；企业生产车间负担水电费的增加，属于直接材料和直接人工以外的生产费用的增加，

应记入“制造费用”账户的借方；企业管理部门负担水电费的增加属于管理费用的增加，应记入“管理费用”账户的借方。该项经济业务应编制如下会计分录：

借：制造费用 4 500

管理费用 900

贷：应付账款 5 400

（五）制造费用的会计记录

【例 6-29】20××年 12 月 17 日，海湛股份有限公司支付生产车间的劳动保护费 1 200 元，保险费 400 元，办公费 1 100 元，共计 2 700 元。款项用银行存款支付。

这项经济业务的发生，一方面使企业的银行存款减少 2 700 元，另一方面使企业生产车间的各种费用增加 2 700 元。因而，这项经济业务的发生涉及“银行存款”“制造费用”两个账户。企业银行存款的减少是资产的减少，应记入“银行存款”账户的贷方；企业生产车间的劳动保护费、保险费、办公费的增加，属于直接材料和直接人工以外的生产费用的增加，应记入“制造费用”账户的借方。该项经济业务应编制如下会计分录：

借：制造费用 2 700

贷：银行存款 2 700

【例 6-30】20××年 12 月 31 日，海湛股份有限公司将本月发生的制造费用 35 910 元（660+5 500+550+22 000+4 500+2 700），按机器工时比例（A 产品 2 000 机器工时，B 产品 3 000 机器工时）分配转入 A、B 产品生产成本。

制造费用属于直接材料和直接人工以外的生产费用，月末要将当期发生的制造费用按照一定的标准（生产工人工时、生产工人工资、机器工时、产品产量等）分配转入当期生产的各种产品成本。以机器工时为标准的制造费用分配过程如下。

先计算制造费用分配率：

制造费用分配率=35 910÷（2 000+3 000）=7.182（元/工时）

再计算制造费用分配额：

A 产品负担的制造费用=2 000×7.182=14 364（元）

B 产品负担的制造费用=3 000×7.182=21 546（元）

根据计算结果，编制制造费用分配表（见表 6-5）。

表 6-5 制造费用分配表 金额单位：元

应借科目		分配标准（机器工时）	分配率	应分配金额	备注
生产成本	A 产品	2 000	7.182	14 364	
	B 产品	3 000	7.182	21 546	
合计		5 000	—	35 910	

这项经济业务的发生，一方面使企业的制造费用减少 35 910 元，另一方面使企业产品的生产成本增加 35 910 元。因而，这项经济业务的发生涉及“制造费用”“生产成本”两个账户。会计分录如下：

借：生产成本——A产品　　14 364
借：生产成本——B产品　　21 546
　贷：制造费用　　35 910

（六）产品生产成本的会计记录

【例6-31】20××年12月31日，海湛股份有限公司生产的A、B产品分别为200件和100件，于当月全部完工并已验收入库，月末计算并结转A、B两种产品成本（假定A、B产品均没有期初在产品）。

根据有关账簿资料，编制完工产品成本计算单（见表6-6）、产成品入库单（见表6-7）。

表6-6　　完工产品成本计算单　　金额单位：元

成本项目	A产品（200件）		B产品（100件）	
	总成本	单位成本	总成本	单位成本
直接材料	2 000	10.00	4 400	44.00
直接人工	19 470	97.35	22 330	223.30
制造费用	14 364	71.82	21 546	215.46
合　计	35 834	179.17	48 276	482.76

表6-7　　产成品入库单　　金额单位：元

产品名称	产品等级	单位	数量	单位成本	金额	备注
A产品	一级	件	200	179.17	35 834	
B产品	一级	件	100	482.76	48 276	
合　计	—	—	—	—	84 110	

这项经济业务的发生，一方面使企业的生产成本减少84 110元，另一方面使企业的库存商品增加84 110元。因而，这项经济业务的发生涉及“生产成本”“库存商品”两个账户。会计分录如下：

借：库存商品——A产品　　35 834
　　　　　　——B产品　　48 276
　贷：生产成本——A产品　　35 834
　　　　　　　——B产品　　48 276

第五节　产品销售业务的会计记录

企业所生产产品的价值要通过销售过程来实现。产品销售标志着企业将生产的产品的价值让渡出去，使产品的价值得以实现。让渡产品的价值就是产成品要出库，产品价值的实现就是要进行货款结算。因此，从会计记录的角度来看，销售业务就是要确认产品的销售收入、结算货款，同时，还要支付因销售而支付的包装费、运杂费和广告费等销售费用，按销售额乘以适用税率计算增值税销项税额，结转已销售产品的生产成本。

一、设置的主要账户

为了总括地对销售业务进行会计记录，应设置“主营业务收入”“主营业务成本”“税金及附加”“销售费用”“应收账款”“应收票据”“合同负债”等账户。

（一）“主营业务收入”账户

本账户用来核算企业确认销售商品、提供劳务等主营业务时的收入。它属于损益类账户。其贷方反映企业销售商品（包括产成品、自制半成品等）、提供劳务等所实现的收入；借方反映企业发生的销售退回和期末转入“本年利润”账户的收入；结转后无余额。本账户应当按照主营业务的种类设置明细账，进行明细分类核算。

“主营业务收入”账户的结构可用图6-26表示。

借方　　　主营业务收入	贷方
企业发生销售退回冲减的收入 转入“本年利润”账户的收入	企业所实现的主营业务收入

图6-26　“主营业务收入”账户的结构图

（二）“主营业务成本”账户

本账户用来核算企业确认销售商品、提供劳务等主营业务收入时应结转的成本。它属于损益类账户。其借方反映已售商品、提供劳务等应结转的主营业务成本；贷方反映当月发生的销售退回的商品成本和期末转入“本年利润”账户的当期销售产品成本；期末将余额转入“本年利润”后无余额。本账户应当按照主营业务的种类设置明细账，进行明细分类核算。

“主营业务成本”账户的结构可用图6-27表示。

借方　　　主营业务成本	贷方
已售商品、提供劳务等应结转的主营业务成本	销售退回的商品成本 期末转入“本年利润”账户的当期销售产品成本

图6-27　“主营业务成本”账户的结构图

（三）“税金及附加”账户

本账户核算企业经营活动发生的消费税、城市维护建设税、资源税和教育费附加及房产税、城镇土地使用税、车船税、印花税等相关税费。本账户是损益类账户。其借方反映企业按规定计算确定的与经营活动相关的税费；贷方反映期末转入“本年利润”账户中的税金及附加；期末结转后本账户应无余额。

“税金及附加”账户的结构可用图6-28表示。

借方　　税金及附加	贷方
企业按规定计算确定的与经营活动相关的税费	期末转入“本年利润”账户中的当期税金及附加

图6-28　“税金及附加”账户的结构图

（四）“销售费用”账户

本账户核算企业销售商品和材料、提供劳务的过程中发生的各种费用，包括保险费、包装费、展览费、广告费、商品维修费、预计产品质量保证费、运输费、装卸费等以及为销售本企业商品而专设的销售机构（含销售网点、售后服务网点等）的职工薪酬、业务费、折旧费等经营费用。它属于损益类账户。其借方反映企业发生的各种销售费用；贷方反映期末转入“本年利润”账户的销售费用；期末结转后账户无余额。本账户应当按照费用项目设置明细账，进行明细分类核算。

“销售费用”账户的结构可用图6-29表示。

借方　　销售费用	贷方
企业发生的各种销售费用	期末转入“本年利润”账户的销售费用

图6-29　“销售费用”账户的结构图

（五）“应收账款”账户

本账户用来核算企业因销售商品、产品，提供劳务等经营活动，应向购货方或接受劳务单位收取的款项，主要包括企业销售商品或提供劳务等应向有关债务人收取的价款、增值税销项税额及代购货方垫付的包装费、运杂费等。它属于资产类账户。不单独设置“预收账款”账户的企业，预收的账款也在本账户核算。本账户借方反映企业因销售商品、产品，提供劳务等经营活动而发生的应收账款的增加，贷方反映应收账款的收回及确认的坏账损失；本账户期末余额一般在借方，反映企业尚未收回的应收账款，期末余额如在贷方，则反映企业预收的账款大于应收账款的差额。本账户应当按照债务人设置明细账，进行明细分类核算。

“应收账款”账户的结构可用图6-30表示。

借方　　应收账款	贷方
企业发生的应收账款的增加额	收回的应收账款及确认的坏账损失额
余额：尚未收回的应收账款	余额：预收的账款大于应收账款的差额

图6-30　“应收账款”账户的结构图

（六）“应收票据”账户

本账户用来核算企业因销售商品、产品，提供劳务等而收到的商业汇票，包括银行承兑汇票和商业承兑汇票。它属于资产类账户。其借方反映企业收到的应收票据；贷方反映票据到期收回的票面金额和持未到期票据向银行贴现的票面金额；期末余额在借方，表示尚未到期的应收票据金额。本账户应当按照开出、承兑商业汇票的单位设置明细账，进行明细分类核算。

“应收票据”账户的结构可用图6-31表示。

借方　应收票据	贷方
企业收到的应收票据	票据到期收回的票面金额和持未到期票据向银行贴现的票面金额
余额：尚未到期的应收票据金额	

图6-31　“应收票据”账户的结构图

（七）“合同负债”账户

本账户用来核算企业已收或应收客户对价而应向客户转让商品的义务。它属于负债类账户，期末贷方余额，反映企业在向客户转让商品之前，已经收到的合同对价或已经取得的无条件收取合同对价权利的金额。本账户应按合同进行明细核算。

“合同负债”账户的结构可用图6-32表示。

借方　合同负债	贷方
向客户转让相关商品的金额	企业在向客户转让商品之前，已经收到的合同对价或已经取得的无条件收取合同对价权利的金额
	余额：已经收到的合同对价，或已经取得的无条件收取合同对价权利的金额

图6-32　“合同负债”账户的结构图

二、主要经济业务的会计记录

（一）销售收入的会计记录

1.现销

视频6-8

产品销售业务的会计记录

【例6-32】20××年12月20日，海湛股份有限公司向X公司销售A产品150件，每件售价300元，产品已发出，货款收到并存入银行，增值税税率为13%。

这项经济业务的发生：一方面表明企业销售的实现，45 000元的销售收入可以确认，企业的增值税销项税额增加5 850元；另一方面货款收到并存入银行，表明银行存款增加50 850元。因而，这项业务的发生涉及“银行存款”“主营业务收入”“应交税费”三个账户。会计分录如下：

借：银行存款　　50 850

　贷：主营业务收入　　45 000

　　　应交税费——应交增值税（销项税额）　　5 850

2.赊销

【例6-33】20××年12月21日，海湛股份有限公司向Y公司销售B产品25件，每件售价600元，产品已发出，货款尚未收到，增值税税率为13%。

这项经济业务的发生：一方面表明企业销售成立，15 000元的销售收入可以确认，企业增值税销项税额增加1 950元；另一方面由于货款尚未收到，表明企业应收账款的增加。因而，这项业务的发生涉及“应收账款”“主营业务收入”“应交税费”三个账户。会计分录如下：

借：应收账款　　16 950
　贷：主营业务收入　　15 000
　　应交税费——应交增值税（销项税额）　　1 950

【例6-34】20××年12月21日，海湛股份有限公司向XY公司销售B产品25件，每件售价600元，产品已发出，收到XY公司签发的面值为16 950元的商业汇票一张，增值税税率为13%。

这项经济业务的发生：一方面表明企业销售成立，15 000元的销售收入可以确认，企业增值税销项税额增加1 950元；另一方面收到XY公司签发的商业汇票，表明企业应收票据的增加。因而，这项业务的发生涉及“应收票据”“主营业务收入”“应交税费”三个账户。会计分录如下：

借：应收票据　　16 950
　贷：主营业务收入　　15 000
　　应交税费——应交增值税（销项税额）　　1 950

3.预销

【例6-35】20××年12月20日，海湛股份有限公司按合同规定收到Z公司合同对价33 900元，存入银行。

这项经济业务的发生，一方面使企业的银行存款增加33 900元，另一方面企业收到的购货方合同对价预付货款增加33 900元。因而，这项业务的发生涉及“银行存款”“合同负债”两个账户。会计分录如下：

借：银行存款　　33 900
　贷：合同负债　　33 900

【例6-36】20××年12月22日，海湛股份有限公司按合同约定向Z公司发出已预收货款的B产品50件，每件售价600元，合计30 000元，增值税税率为13%。

这项经济业务的发生：一方面表明预收货款销售的成立，30 000元的销售收入可以确认，企业增值税销项税额增加3 900元；另一方面表明企业预收货款的减少。因而，这项业务的发生涉及“合同负债”“主营业务收入”“应交税费”三个账户。会计分录如下：

借：合同负债　　33 900
　贷：主营业务收入　　30 000
　　应交税费——应交增值税（销项税额）　　3 900

（二）销售费用的会计记录

【例6-37】20××年12月22日，海湛股份有限公司用现金支付应由企业自身负担向Z公司销售B产品的运费500元。

这项经济业务的发生，一方面使企业的销售费用增加500元，另一方面使企业的库存现金减少500元。因而，这项业务的发生涉及“库存现金”“销售费用”两个账户。会计分录如下：

借：销售费用　　500

　贷：库存现金　　500

【例6-38】20××年12月25日，海湛股份有限公司用现金支付销售产品广告宣传费500元。

这项经济业务的发生，一方面使企业的销售费用增加500元，另一方面使企业的库存现金减少500元。因而，这项业务的发生涉及“销售费用”“库存现金”两个账户。会计分录如下：

借：销售费用　　500

　贷：库存现金　　500

（三）销售税金及附加的会计记录

【例6-39】20××年12月31日，海湛股份有限公司计算销售上述A、B产品应缴纳的消费税，假定消费税税率为5%。

这项经济业务要先计算该产品应缴纳的消费税，按销售收入的5%计算，税金应为5 250元（本期销售收入×税率=105 000×5%）。这项经济业务的发生，一方面使企业应由销售产品负担的税金支出增加，另一方面使企业应该上缴国家的税金增加。因而，这项业务的发生涉及“税金及附加”“应交税费”两个账户。会计分录如下：

借：税金及附加　　5 250

　贷：应交税费——应交消费税　　5 250

（四）销售成本的会计记录

【例6-40】汇总结转20××年12月已售A产品150件，B产品100件的生产成本。企业对发出的A、B产品均按先进先出法计价，本期销售A产品150件，B产品100件，均是上期完工产品，A产品每件生产成本180.51元，总成本27 076.5元；B产品每件生产成本481.56元，总成本48 156元。A、B产品总成本合计为75 232.5元。

这项经济业务的发生，一方面使产品的销售成本增加75 232.5元，另一方面产品已售出，使企业的库存商品减少75 232.5元。因而，这项业务的发生涉及“主营业务成本”“库存商品”两个账户。会计分录如下：

借：主营业务成本　　75 232.5

　贷：库存商品——A产品　　27 076.5

　　　　　　——B产品　　48 156

需要说明的是，企业结转已售产品的生产成本有两种处理方法：一种是在销售时随时结转；另一种是期末汇总结转，本书采用后一种做法。

第六节 资产清查业务的会计记录

企业日常发生了交易或者事项之后，要相应地填制和审核会计凭证，并依据会计凭证的记录登记有关的会计账簿。应该说，账簿记录能够反映企业各项财产物资的增减变动及结存情况，为经济管理提供会计信息，所以，账簿记录是否正确和完整，直接影响会计信息的真实性。为了保证会计信息的真实性，就要进行账证核对、账账核对和账实核对，而这里的账实核对就是资产清查的主要内容。

所谓**资产清查**，顾名思义就是对企业资产的清查，主要是指对企业的库存现金、存货、固定资产的盘点，以及对银行存款、应收款项的账目核对，查明库存现金、银行存款、存货、固定资产及应收款项的实存数，并与账面数进行核对，从而确定账实是否相符的一种专门方法。通常，将存货和固定资产称为实物资产。应收款项包括应收票据、应收账款、其他应收款、预付账款等各项债权。

通过资产清查，查明账实一旦不符，则应采取相应的方法进行处理，从而做到账实相符，也就从一定程度上保证了会计信息的客观真实性。

一、资产清查的原因和意义

（一）资产清查的原因

为了保证会计账簿记录的真实、准确，建立健全企业资产的管理制度，确保企业资产的安全与完整，就必须对企业的资产进行定期或不定期的清查，以保证账实相符，提高企业资产的使用效果。根据财务管理的要求，各企业应通过账簿记录来核算和监督企业资产的增减变化及结存情况。定期地进行账证核对、账账核对，做到账证相符、账账相符，但是仅仅账簿记录正确还不能说明账簿记录内容的真实可靠，因为有很多主观或客观原因致使各项资产的账面数额与实际结存数额产生差异，造成账实不符。其具体包括以下几个方面：

（1）在实物资产的收、发和保管过程中发生自然损溢而产生数量或质量上的变化，造成账实不符；

（2）在管理和核算方面手续不健全或制度不严密而发生的错收、错付等情况，造成账实不符；

（3）由于计量、检验不准确发生多收、多付或少收、少付等情况，造成账实不符；

（4）由于管理不善或责任者的过失所发生的毁损、短缺、漏记、重记和计算不准确等情况，造成账实不符；

（5）由于不法分子营私舞弊、贪污盗窃等行为的存在而造成账实不符；

（6）在结算过程中，由于未达账项的存在而造成的账实不符。

通过上述内容可以看出，造成账实不符的原因既有主观的原因，也有客观的原因，而对于客观原因又是不能完全避免的。因此，就需要通过资产清查发现账实不符的情况，针对问题查明原因、分清责任，采取有效的措施，实事求是地进行处理，保证会计资料的真实正确。

（二）资产清查的意义

在会计核算过程中加强资产清查工作，对于加强企业管理、充分发挥会计的监督作用具有十分重要的意义：

1.提高会计核算资料的质量，保证会计核算资料的真实可靠

通过资产清查，可以确定货币资金、各项实物资产及债权的实存数，将实存数与账存数进行对比，寻找差异，确定盘盈、盘亏并及时调整账簿记录，做到账实相符，以保证账簿记录的真实正确，为经济管理提供可靠的数据资料。

2.揭示实物资产的使用情况，促进企业改善经营管理，挖掘各项实物资产的潜力，加速资金周转

通过资产清查，可以查明各项实物资产盘盈、盘亏的原因和责任，从而找出实物资产管理过程中存在的问题，以便改善经营管理。在资产清查过程中可以查明各项实物资产的储备、保管和使用情况，查明各项实物资产占用资金的合理程度，以便挖掘各项实物资产的潜力，加速资金周转，提高资金使用效率。

3.防止人为原因造成账实不符

通过资产清查，可以发现贪污、盗窃等犯罪行为，及时进行调查，追究责任，加以处理，防止人为原因造成实物资产损失浪费、霉烂变质、损坏丢失或者被非法挪用等情况，以确保企业实物资产的安全完整。

4.促使实物资产保管人员加强责任感，以保证各项实物资产的安全与完整

通过资产清查，可以建立健全实物资产保管的岗位责任制，保证各项实物资产的安全完整，促使经办人员自觉遵守结算纪律和国家财政、信贷的有关规定，及时结清各项债权，避免发生坏账损失，促使企业对外经济往来的正常进行。

二、资产清查的种类

企业资产清查的对象和范围往往是不同的，在时间上也有区别，由此就产生了资产清查的不同种类。

（一）按照清查范围的不同可以分为全面清查和局部清查

1.全面清查

全面清查是指对企业所有的库存现金、银行存款、存货、固定资产和应收款项进行全面盘点和核对。对于制造业企业而言，全面清查的对象一般包括库存现金、银行存款、固定资产、原材料、在产品、产成品、在途物资、委托其他单位加工保管的物资、各种应收款项等。

从上述内容可以看出，全面清查的范围广、时间长，参加的部门和人员也多，一般轻易不能进行全面清查，但在以下几种情况下需要进行全面清查：

（1）年终决算前为了确保年终决算会计资料真实、正确；

（2）单位关、停、并、转或改变隶属关系时；

（3）中外合资、国内联营时；

（4）开展清产核资时。

2. 局部清查

局部清查是指根据需要对一部分资产进行的清查。由于全面清查的工作量较大，不能经常进行，所以，平时可以根据管理的需要进行局部清查。局部清查的范围小，专业性也比较强，因而其清查的主要对象一般是流动性较大或易于损坏的流动资产，具体包括：

（1）对于库存现金应由出纳员在每日业务终了时盘点一次，做到日清月结；

（2）对于银行存款，应由出纳员每月至少同银行核对一次；

（3）对于原材料、在产品和产成品等除年终清查外，应有计划地每月重点抽查，对于贵重的资产，甚至应每月至少清查盘点一次；

（4）对于各种应收款项应在年度内至少同有关单位核对一次。

（二）按照清查的时间不同可以分为定期清查和不定期清查

1. 定期清查

定期清查是指根据管理制度的规定或预先计划安排的时间对企业资产所进行的清查。这种清查的对象不固定，可以是全面清查，也可以是局部清查。其清查的目的在于保证会计核算资料的真实、正确，一般是在年末、季末或月末结账时进行。

2. 不定期清查

不定期清查是指事先并不规定清查日期而临时根据需要所进行的清查。其清查的对象既可以是全面清查，也可以是局部清查。一般在以下几种情况下可以进行不定期清查：

（1）更换出纳员时对库存现金、银行存款进行的清查；

（2）更换仓库保管员时对其保管的资产进行的清查；

（3）发生自然灾害时，对受灾损失的有关实物资产进行的清查；

（4）有关单位对企业进行会计检查或进行临时性的清产核资工作时应进行不定期清查。

（三）按照资产清查的执行单位不同可以分为内部清查和外部清查

1. 内部清查

内部清查是指由本企业的有关人员组成清查工作组对本企业的资产所进行的清查。这种清查也称为自查，可以是全面清查，也可以是局部清查，可以是定期清查，也可以是不定期清查，应根据实际情况和具体要求加以确定。

2. 外部清查

外部清查是指由企业外部的有关部门或人员根据国家法律或制度规定对企业所进行的资产清查。

三、资产清查前的准备工作

资产清查是改善企业经营管理和加强会计核算的重要手段，也是一项涉及面广、工作量大、非常复杂细致的工作。它不仅涉及有关资产保管部门，而且涉及各个车间和各个职能部门。为了做好资产清查工作，使它发挥应有的积极作用，在进行资产清查之前，必须做好充分的准备工作，包括组织上的准备和物资及业务上的准备两个方面。

（一）组织上的准备

为了保证资产清查工作的顺利进行，保证其工作质量，在进行资产清查时应成立专门的资产清查领导小组，即在主管厂长或总会计师的领导下，成立由财会部门牵头，有设备、技术、生产、行政及其他各有关部门人员参加的资产清查领导小组，具体负责资产清查的领导和组织工作。该领导小组的主要任务是：根据管理制度或有关部门的要求拟订资产清查工作的详细步骤，确定资产清查的对象和范围，确定参加资产清查工作的具体人员等；在资产清查过程中及时掌握工作进度，检查和督促资产清查工作，及时解决资产清查工作中出现的问题；在资产清查工作结束后，写出资产清查工作的总结性书面报告，对资产清查的结果提出处理意见。

（二）物资及业务上的准备

物资及业务上的准备是做好资产清查工作的前提条件，各有关业务部门务必引起充分的重视，特别是会计部门和资产保管部门的相关人员应积极主动配合，做好以下几个方面的准备工作：

1.会计部门的准备

会计部门应在资产清查之前将截止到清查日为止的所有经济业务全部登记入账，将有关账簿登记齐全并结出余额。总分类账中反映库存现金、银行存款、存货、固定资产和各种应收款项的有关科目应与所属明细分类账中的相应项目核对清楚，做到账证相符、账账相符，为资产清查提供准确可靠的账存数。

2.资产保管部门的准备

应将截止到资产清查日为止的各项实物资产的取得与发出办好凭证手续，依据凭证上的记录内容登记有关账簿，在将全部经济业务登记入账的基础上，结出各科目余额，并与会计部门的有关总分类账、明细分类账核对相符，同时，资产保管人员应将其所保管的各种实物资产进行整理、排列，堆放整齐，挂上标签，标明品种、规格和结存数量，以便进行实物盘点。

3.资产清查小组的准备

资产清查小组应组织有关部门准备好各种计量器具，按照国家计量标准校正各种计量工具，并印制好各种登记资产清查结果的有关表册。

做好以上几项准备工作之后，就可以进行具体的资产清查了。

四、资产清查的方法

（一）库存现金、银行存款的清查方法

视频 6-9

资产清查业务的会计记录（一）

1.库存现金的清查方法

库存现金的清查是通过实地盘点的方法，确定库存现金的实有数，再与库存现金日记账的账面余额进行核对，以查明余缺情况。在日常工作中，出纳员每日要清点库存现金实有数额，并及时与库存现金日记账的余额相核对，做到日清月结。库存现金的盘点，应由清查人员会同出纳人员共同负责。

（1）在盘点前，出纳员应根据库存现金收款凭证、库存现金付款凭证和从银行提取库存现金的银行付款凭证全部记入库存现金日记账，并结出余额。

（2）盘点时出纳人员必须在场，库存现金应逐张清点，并与库存现金日记账进行核对，如发现盘盈、盘亏，必须会同出纳员核实清楚。

（3）盘点结束后，应根据盘点结果，及时填制“库存现金盘点报告表”（见表6-8），并由检查人员和出纳员签名或盖章。此表具有双重性质，它既是盘存单，又是实存账存对比表，既是反映库存现金实存数用以调整账簿记录的重要原始凭证，也是分析发生差异的原因，明确经济责任的依据。

表6-8 库存现金盘点报告表

单位名称： 年 月 日

币种	实存金额	账存金额	实存与账存对比		备注
			盘盈（长款）	盘亏（短款）	

盘点人签章： 出纳员签章：

2.银行存款的清查方法

银行存款的清查是采用与开户银行核对账目的方法，即将企业银行存款日记账与开户银行的对账单逐笔核对发生额和余额。通过核对如果发现二者余额相符，一般说明无错误，如果发现二者不相符，那么出现这种情况的原因主要有两种：一是本单位或银行在登记账簿时出现错账；二是存在“未达账项”。

所谓**未达账项**是指在银行存款清查的截止日，企业和银行之间，由于凭证的传递时间不同，而导致一方已接到有关结算凭证并已经登记入账，而另一方由于尚未接到有关结算凭证尚未入账的款项。未达账项总体来说有两大类型：一是企业已经入账而银行尚未入账的款项；二是银行已经入账而企业尚未入账的款项。具体来讲有以下四种情况：

（1）企收，银未收，即企业已收款记账，银行未收款未记账的款项，如企业已将销售产品收到的支票送存银行，而银行尚未入账的款项。

（2）企付，银未付，即企业已付款记账，银行未付款未记账的款项，如企业开出付款支票，根据支票存根登记了银行存款的减少，但持票人尚未到银行办理付款手续，银行未收到该支票，未登记银行存款减少。

（3）银收，企未收，即银行已收款记账，企业未收款未记账的款项，如银行收到其他单位采用托收承付方式购货所付给企业的款项，并已登记入账，但企业未收到银行收款通知单而未入账的款项。

（4）银付，企未付，即银行已付款记账，企业未付款未记账的款项，如银行代企业支付公用事业费等，银行办妥相关手续后登记入账，但企业尚未收到银行付款通知单而未入账的款项。

上述任何一种未达账项的存在，都会使企业银行存款日记账的余额与银行开出的对账单余额不符。当发生（1）、（4）两种情况时，企业银行存款日记账的账面余额将大于银行对账单余额；当发生（2）、（3）两种情况时，企业的银行存款日记账的账面余额将小于银行对账单余额。所以，在与银行对账时首先应查明是否存在未达账项，如果存在未达账项，就应该编制“银行存款余额调节表”对有关的账项进行调整。银行存款余额调节表是在企业银行存款日记账余额和银行对账单余额的基础上，分别加减未达账项，确定调节后余额。如果调节后双方余额相符，就说明企业和银行双方记账过程基本正确，而且这个调节后余额是企业在银行的实际存款金额。如果调节后余额不符，企业和开户银行双方记账过程可能存在错误，属于开户银行错误的，应当即由银行核查更正；属于企业错误的，应查明错误所在，区别漏记、重记、错记或串记等情况，分别采用不同的方法进行更正。其计算公式如下：

企业的银行存款日记账余额 + 银行已收企业未收的款项 − 银行已付企业未付的款项 = 银行对账单的余额 + 企业已收银行未收的款项 − 企业已付银行未付的款项

以下举例说明银行存款余额调节表的具体编制方法。

【例 6-41】20××年 12 月 31 日，海湛股份有限公司银行存款日记账余额 234 000 元，银行对账单余额 240 000 元。经逐笔核对，发现有几笔未达账项：

①该企业支付 A 公司货款 15 000 元已登记入账，但银行尚未登记入账；

②该企业收到销售商品款 25 100 元已登记入账，但银行尚未登记入账；

③银行已从该企业账户划转电费 4 900 元，但该企业尚未收到付款通知单，未登记入账；

④银行已收外地汇入企业账户的货款 21 000 元，但该企业尚未收到收款通知单，未登记入账。

根据调节前的余额和查出的未达账项，编制 12 月 31 日的银行存款余额调节表，确定调节后的余额。本例编制的银行存款余额调节表见表 6-9。

表 6-9 银行存款余额调节表

20××年 12 月 31 日 单位：元

项目	金额	项目	金额
企业银行存款日记账余额	234 000	银行对账单余额	240 000
加：银行已收，企业未收	21 000	加：企业已收，银行未收	25 100
减：银行已付，企业未付	4 900	减：企业已付，银行未付	15 000
调节后的存款余额	250 100	调节后的存款余额	250 100

从表6-9可以看出，表中左右两方调节后的金额相等，这说明该公司的银行存款日记账记账过程基本正确（但这不是绝对的，也存在两个差错正好相等，抵销为零的可能），同时，还说明公司的银行存款实有数既不是234 000元，也不是240 000元，而是250 100元。如果调节后的余额仍然不等，则说明有错误存在，应进一步查明原因，采取相应的方法进行更正。

需要注意的是，对于未达账项不能以银行存款余额调节表为原始凭证而调节银行存款日记账的账面记录，对于银行已经记账而企业尚未记账的未达账项，应该在实际收到有关的收、付款结算凭证后再进行相关的账务处理。

（二）实物资产的清查方法

1.实物资产的盘存制度

为了保证实物资产清查工作的顺利进行，企业应建立相应的盘存制度。一般来说，实物资产的盘存制度有两种，即实地盘存制和永续盘存制。

（1）实地盘存制。实地盘存制又称定期盘存制，就是在日常会计核算中，在账簿上只登记实物资产的增加，不登记其减少，期末根据实地盘点数倒挤出本期减少数的一种制度。

实地盘存制下有关的计算公式为：

$$\text{期末结存某实物资产成本}=\text{某实物资产结存数量(实地盘存数)}\times\text{某实物资产单位成本}$$

$$\text{本期销售或耗用某实物资产数量}=\text{期初账面结存某实物资产数量}+\text{本期某实物资产购进或收入数量}-\text{期末结存某实物资产数量}$$

$$\text{本期销售或耗用某实物资产成本}=\text{期初账面结存某实物资产成本}+\text{本期某实物资产购进或收入成本}-\text{期末结存某实物资产成本}$$

关于实物资产单位成本的确定，可以采用先进先出法、加权平均法等方法计算确定，这几种方法将在后续课程里再分别进行阐述。

实地盘存制的主要优点是：简化了实物资产的明细核算工作。其主要缺点是：第一，不能随时反映存货的销售和结存成本，不利于实物资产的日常监督和管理。第二，实地盘存制以存计销、以存计耗，倒挤出销售成本（耗用成本），就可能把非销售和耗用的存货损耗、短缺等隐含于销售（耗用）成本中，从而削弱了对存货的控制和监督，影响成本计算的准确性。第三，不能及时反映实物资产的销售或耗用成本，影响成本结转的及时性。

由于实地盘存制存在着上述缺点，所以一般只在商品流通企业，对那些价值低、品种杂、交易频繁的商品和一些损耗大、数量不稳定的鲜活商品采用实地盘存制。

（2）永续盘存制。永续盘存制，也称账面盘存制，是指在日常会计核算中，对各项实物资产的增加或减少，都必须根据会计凭证逐笔或逐日在有关账簿中进行连续登记，并随时结出该项实物资产结存数的一种制度。

在永续盘存制下，实物资产明细分类账能随时反映实物资产的结存数量和销售或耗用数量，其计算公式是：

销售或耗用某实物资产成本=销售或耗用某实物资产数量×某实物资产单位成本

账面结存某实物资产数量=期初账面结存某实物资产数量+某实物资产购进或收入数量-某实物资产销售或耗用数量

账面结存某实物资产成本=期初账面结存某实物资产成本+某实物资产购进或收入成本-某实物资产销售或耗用成本

上式中的期初账面结存某实物资产数量、成本和某实物资产购进或收入数量、成本是根据有关实物资产明细账的记录确定的。某实物资产销售或耗用数量、成本则是根据发出某实物资产数量和实物资产单位成本加以确定。其中，发出实物资产的单位成本的确定方法包括先进先出法、加权平均法等。

永续盘存制的优点是：第一，在实物资产明细账中，可以随时反映每种实物资产的收入、发出和结存情况，并从数量和金额两个方面加以控制，有利于实物资产的日常监督和管理。第二，实物资产明细账上的结存数量，可以随时通过盘点与实存数量相核对，及时发现实物资产的溢余与短缺，有利于加强实物资产的管理工作，还可以随时与确定的库存最高储备量和最低储备量进行比较，检查有无超额储备或储备不足的情况，以便随时组织存货购销或处理，加速资金周转。第三，在明细账上随时可以计算出销售或耗用实物资产的成本，不用等到期末盘点以后，从而可以提高成本计算和成本结转的及时性（月末一次加权平均法除外）。

永续盘存制的缺点是：存货的明细分类核算工作量较大，需要耗用较多的人力和费用，特别是在存货品种复杂繁多的企业，如果采用月末一次结转销售（耗用）成本的办法，库存成本和销售（耗用）成本的计算工作比较集中。

永续盘存制和实地盘存制比较，在控制和保护实物资产安全方面有明显的优越性。所以，在实际工作中，对实物资产的盘存制度一般都采用永续盘存制。

2.存货的清查方法

存货的清查，是指对库存商品、原材料、在产品、周转材料等的清查。对其清查，一般采用实地盘点法和函证核对法。需要注意的是，从范围上讲，存货还应包括在途存货和委托其他企业加工的存货，对此不可忽视。

（1）实地盘点法。实地盘点法是指到存货的实际存放地清点的方法。一般可以分为逐一清点法和技术推算法两种方法。

① 逐一清点法。逐一清点法是指通过逐一点数、过磅、量尺等方法来确定存货的实有数额。这种方法一般适用于包装好的原材料、产成品和库存商品等物资。

② 技术推算法。技术推算法是指利用技术方法对存货的实存数进行推算的一种方法。这种方法一般适用于散装的、大量成堆的化肥、饲料等物资。

（2）函证核对法。函证核对法是指对于委托外单位加工或保管的物资，可以采用向对方单位发函调查，并与本单位的账存数相核对的方法。

为了明确经济责任，进行资产清查时，有关实物资产的保管人员必须在场，并参加盘点工作。对存货的盘点结果，应如实准确地登记在“盘存单”上，并由有关参加盘点人员同时签章。“盘存单”是存货盘点结果的书面证明，也是反映存货实有数额的原始凭证。“盘存单”的一般格式见表6-10。

表6-10 **盘存单**

单位名称： 盘点时间： 编号：

财产类别： 存放地点：

序号	名称	规格型号	计量单位	实存数量	单位成本	金额	备注

盘点人签章：××× 保管人签章：×××

盘点完毕，将“盘存单”中所记录的实存数与账面结存数相核对，如发现存货盘点结果与账面结存结果不相符，应根据“盘存单”和有关账簿记录，填制“实存账存对比表”，以确定存货的盘盈数或盘亏数。“实存账存对比表”是资产清查的重要报表，是调整账面记录的原始凭证，也是分析盈亏原因，明确经济责任的重要依据。“实存账存对比表”的格式见表6-11。

表6-11 **实存账存对比表**

单位名称： 年 月 日

类别及名称	计量单位	单价	实存		账存		差异				备注
							盘盈		盘亏		
			数量	金额	数量	金额	数量	金额	数量	金额	

3.固定资产的清查方法

固定资产是企业开展经营活动的物质基础，在企业的资产总额中占有很大的比重，其清查采用实地盘点的方法，即将固定资产卡片与实物进行核对。若账实相符，在卡片中做出标记。若账实不符，如果是固定资产盘亏或毁损的情况，要查明该项固定资产的原值、已提折旧额等；如果是固定资产盘盈的情况，要对其估价，以确定盘盈固定资产的重置价值。然后编制“固定资产盘盈盘亏报告表”。该报告表的格式见表6-12。

表6-12　　固定资产盘盈盘亏报告表

部门：　　　　　　　　　　　　年　月　日

编号	固定资产名称	固定资产规格及编号	盘盈		盘亏			毁损			备注
			数量	重置价值	数量	原值	已提折旧	数量	原值	已提折旧	
处理意见	审批部门				使用保管部门						

（三）应收款项的清查方法

对各种应收款项的清查，应采取“函证核对法”，即同对方核对账目的方法。清查单位应在其各种应收款项记录准确的基础上，编制“往来款项对账单”，寄发或派人送交对方单位，与债务人进行核对。“往来款项对账单”的格式和内容如下：

往来款项对账单

____________单位：

你单位20××年×月×日购入我单位×产品××台，已付货款×××元，尚有×××元货款未付，请核对后将回联单寄回。

核查单位：（盖章）

20××年×月×日

沿此虚线裁开，将以下回联单寄回！

………………………………………………………………………………………………

往来款项对账单（回联）

____________核查单位：

你单位寄来的“往来款项对账单”已经收到，经核对相符无误（或不符，应注明具体内容）。

××单位（盖章）

20××年×月×日

五、资产清查结果的会计记录

视频 6-10

资产清查业务的会计记录（二）

资产清查结果的处理一般是指对账实不符的内容（盘盈、盘亏等有关内容）的处理。通过资产清查发现的账实不符，要以国家的法规、政策、准则为依据，严肃认真地加以处理。资产清查中发现的盘盈、盘亏、毁损和变质或超储积压物资等问题，应认真核准数字，按规定的程序上报批准后再行处理；对长期不清或有争执的应收款项，应指定专人负责查明原因，限期清理。

（一）资产清查结果处理的步骤

企业对资产清查的结果，应当按照有关规定进行认真处理。资产清查中发现的盘盈和盘亏等问题，首先要核准金额，然后按规定的程序报经上级部门批准后，才能进行会计处理，其处理的主要步骤如下：

1.核准数字（包括金额和数量），查明原因

根据清查情况，将全部的清查结果填列在“实存账存对比表”等有关的表格中。在进行具体的处理之前，应对这些原始凭证中所记录的库存现金，银行存款，存货，固定资产的盘盈、盘亏数字进行全面的核实，对各项差异产生的原因进行分析，以便明确经济责任，针对不同的原因所造成的盈亏据实提出处理意见，呈报有关领导和部门批准。对于在核对过程中出现争议的问题应及时组织清理；对于超储积压物资应提出处理方案。

2.调整账簿记录，做到账实相符

在核准数字、查明原因的基础上，就可以根据“实存账存对比表”等原始凭证编制记账凭证，并据以登记有关账簿，使库存现金、银行存款、存货、固定资产和应收款项做到账实相符。其调整账簿记录的原则是：以“实存”为准，当盘盈时，补充账面记录；当盘亏时，冲销账面记录。在调整了账面记录、做到账实相符之后，就可以将所编制的“实存账存对比表”和所撰写的文字说明，按照规定程序一并报送有关部门和领导批准。

3.报请批准，进行批准后的账务处理

有关部门领导对所呈报的资产清查结果提出处理意见后，企业应严格按照批复意见编制有关的记账凭证，进行批准后的账务处理，登记有关账簿，并追回由于责任者个人原因造成的资产损失。

（二）资产清查结果的会计记录涉及的主要账户

为了反映和监督企业在资产清查过程中查明的各种资产的盈亏、毁损及处理情况，应设置“待处理财产损溢”“其他应收款”“其他应付款”“营业外收入”“营业外支出”“坏账准备”“信用减值损失”等账户。

1.“待处理财产损溢”账户

本账户是用来核算企业在资产清查时所发现的各项资产的盘盈、盘亏数，以及经批准后的转销数，属于资产类账户（其账户结构具有资产、负债双重性质）。其借方登记清查时发现的资产盘亏数和经过批准转销的盘盈数；贷方登记清查时发现的资产盘盈数和经过批准转销的盘亏数。期末一般没有余额。为了分别反映和监督企业固定资产和流动资产的盈亏情况，“待处理财产损溢”账户应设置“待处理固定资产损溢”和“待处理流动资产损溢”两个明细分类账户，进行明细分类核算。

“待处理财产损溢”账户的结构可用图6-33表示。

借方	待处理财产损溢 贷方
清查时发现的盘亏数 经批准转销的盘盈数	清查时发现的盘盈数 经批准转销的盘亏数

图6-33 “待处理财产损溢”账户的结构图

对于“待处理财产损溢”这个过渡性账户，需要注意三点：一是只有各种实物资产（固定资产盘盈除外）和库存现金清查结果盘盈或盘亏时用到该账户，而应收款项的盈亏不在该账户中核算；二是该账户的具体运用要分批准前和批准后两个步骤；三是盘盈或盘亏的实物资产如果在会计期末尚未经批准的，应在对外提供财务报告时先按有关规定进行处理，并在财务报表附注中做出说明，如果其后批准处理的金额与已处理的金额不一致，应按其差额调整财务报表相关项目的年初数。

2.“其他应收款”账户

本账户是用来核算企业除应收票据、应收账款、预付账款、应收股利、应收利息以外的其他各种应收及暂付款项，属于资产类账户。其借方反映企业发生的其他各种应收、暂付款项，贷方反映企业其他应收、暂付款项的收回。期末余额在借方，反映企业尚未收回的其他应收款。本账户应当按照其他应收款的项目和对方单位（或个人）设置明细账，进行明细分类核算。

“其他应收款”账户的结构可用图6-34表示。

借方	其他应收款 贷方
发生的其他各种应收、暂付款项	收回的其他各种应收、暂付款项
余额：尚未收回的其他应收款	

图6-34 “其他应收款”账户的结构图

3.“其他应付款”账户

本账户是用来核算企业除应付票据、应付账款、预收账款、应付职工薪酬、应付利息、应交税费以外的其他各项应付、暂收款项（如应付租入包装物租金、存入保证金等），属于负债类账户。其贷方反映企业发生的各种应付、暂收款项；借方反映企业偿还或转销的各种应付、暂收款项；期末余额在贷方，反映企业应付未付的其他应付款项。

“其他应付款”账户的结构可用图6-35表示。

借方	其他应付款 贷方
企业偿还或转销的应付、暂收的款项	企业发生的各种应付、暂收款项
	余额：期末未付的其他应付、暂收款项

图6-35 “其他应付款”账户的结构图

4.“营业外收入”账户

本账户核算企业发生的营业利润以外的收益，包括债务重组利得、与企业日常活动无关的政府补助、盘盈利得、捐赠利得、罚没利得、确实无法支付而按规定程序经批准后转作营业外收入的应付款项等。其贷方反映企业发生的各项营业外收入；借方反映期末转入“本年利润”账户的营业外收入；结转后本账户无余额。本账户应当按照营业外收入项目设置明细账，进行明细分类核算。

“营业外收入”账户的结构可用图6-36表示。

借方　　　营业外收入	贷方
期末转入“本年利润”账户的金额	企业发生的各项营业外收入

图6-36 “营业外收入”账户的结构图

5.“营业外支出”账户

本账户核算企业发生的营业利润及所得税费用以外的支出，主要包括债务重组损失、公益性捐赠支出、非常损失、盘亏损失、非流动资产毁损报废损失、罚款支出等。其借方反映企业发生的各项营业外支出；贷方反映期末转入“本年利润”账户的营业外支出；结转后本账户无余额。本账户应当按照营业外支出的项目设置明细账，进行明细分类核算。

“营业外支出”账户的结构可用图6-37表示。

借方　　　营业外支出	贷方
企业发生的各项营业外支出	期末转入“本年利润”账户的金额

图6-37 “营业外支出”账户的结构图

6.“坏账准备”账户

本账户核算企业应收款项等发生减值时，坏账准备的计提、转销等交易或者事项，属于资产类账户，账户结构具有负债性质，是应收款项的备抵账户。其贷方反映当期计提的坏账准备金额；借方反映实际发生的坏账损失金额和冲减的坏账准备金额；期末余额一般在贷方，反映企业已计提但尚未转销的坏账准备。本账户应按照坏账准备的项目（如应收账款、预付账款）设置明细账。

“坏账准备”账户的结构可用图6-38表示。

借方　　　坏账准备	贷方
实际发生的坏账损失金额 冲减的坏账准备金额	当期计提的坏账准备金额
	余额：已计提但尚未转销的坏账准备金额

图6-38 “坏账准备”账户的结构图

7.“信用减值损失账户”

本账户核算企业计提金融工具确认和计量准则要求的各项金融工具减值准备所形成的预期信用损失，属于损益类账户，详细应用在“中级财务会计”中阐述。

（三）资产清查结果的会计记录

1.库存现金盘盈、盘亏的会计记录

库存现金清查过程中发现的长款（溢余）或短款（盘亏），应根据“库存现金盘点报告表”以及有关的批准文件进行批准前和批准后的会计记录。库存现金长、短款通过“待处理财产损溢——待处理流动资产损溢”账户进行会计记录。

库存现金长、短款在批准前的处理是：以实际存在的库存现金为准，当长款时，增加库存现金账户的记录，以保证账实相符，同时，记入“待处理财产损溢——待处理流动资产损溢”账户，等待批准处理；当库存现金短款时，应冲减库存现金账户的记录，以保证账实相符，同时，记入“待处理财产损溢——待处理流动资产损溢”账户，等待批准处理。

库存现金长、短款在批准后应视不同原因造成的库存现金长、短款而采取不同的方法进行处理。一般来说，对于无法查明原因的库存现金长款，其批准后的处理是增加营业外收入，对于应付其他单位或个人的长款，应记入“其他应付款——××单位或个人”账户。对于库存现金短款，如果是应由责任人赔偿或由保险公司赔偿的，应记入“其他应收款——××赔偿人”或“其他应收款——应收保险公司赔款”账户；如果是由于经营管理不善造成或无法查明原因的，应增加企业的管理费用。下面举例说明库存现金长、短款批准前、后的账务处理。

【例6-42】20××年12月31日，海湛股份有限公司在资产清查时发现库存现金长款800元，无法查明原因。

①批准前，根据“库存现金盘点报告表”先调整账簿记录，做到账实相符。库存现金长款（盘盈）表明库存现金的账存数小于实存数，应该调增库存现金的账面记录，使账存、实存保持一致。因而，这项经济业务的发生涉及“库存现金”“待处理财产损溢”两个账户。企业“库存现金”的增加是资产的增加，应记入“库存现金”账户的借方；发生的库存现金长款（盘盈）数应先记入“待处理财产损溢”账户的贷方。该项经济业务应编制如下会计分录：

借：库存现金	800	
贷：待处理财产损溢——待处理流动资产损溢		800

②批准后，应根据不同的原因进行会计处理，属于无法查明原因的库存现金长款应记入“营业外收入”账户。因而，这项经济业务的发生涉及“营业外收入”“待处理财产损溢”两个账户。经批准后库存现金长款（盘盈）的转销数应记入“待处理财产损溢”账户的借方；营业外收入的增加应记入“营业外收入”账户的贷方。该项经济业务应编制如下会计分录：

借：待处理财产损溢——待处理流动资产损溢	800	
贷：营业外收入		800

【例6-43】20××年8月31日，云龙股份有限公司在资产清查时发现库存现金短款110元，经反复查对，原因不明。

①批准前，根据“库存现金盘点报告表”先调整账簿记录，做到账实相符。库存现金短款（盘亏）表明库存现金的账存数大于实存数，应该调减库存现金的账面记录，使账存、实存保持一致。因而，这项经济业务的发生涉及“库存现金”“待处理财产损溢”两个账户。企业“库存现金”的减少是资产的减少，应记入“库存现金”账户的贷方；发生的库存现金短款（盘亏）数应先记入“待处理财产损溢”账户的借方。该项经济业务应编制如下会计分录：

借：待处理财产损溢——待处理流动资产损溢　　110

　贷：库存现金　　110

②批准后，应根据不同的原因进行会计处理，属于无法查明原因的库存现金短款应由企业承担，记入“管理费用”账户。因而，这项经济业务的发生涉及“管理费用”“待处理财产损溢”两个账户，经批准后库存现金短款（盘亏）的转销数应记入“待处理财产损溢”账户的贷方；管理费用的增加应记入“管理费用”账户的借方。该项经济业务应编制如下会计分录：

借：管理费用——库存现金短款　　110

　贷：待处理财产损溢——待处理流动资产损溢　　110

【例6-44】上例中，云龙股份有限公司在资产清查中发现库存现金短款110元，经查是由于出纳员王芳的责任造成的，则应做出如下会计处理：

①批准前，根据“库存现金盘点报告表”先调整账簿记录，做到账实相符。该项经济业务应编制如下会计分录：

借：待处理财产损溢——待处理流动资产损溢　　110

　贷：库存现金　　110

②批准后，应根据不同的原因进行会计处理，属于出纳员王芳的责任造成的库存现金短款应记入“其他应收款”账户。因而，这项经济业务的发生涉及“其他应收款”“待处理财产损溢”两个账户，经批准后库存现金短款（盘亏）的转销数应记入“待处理财产损溢”账户的贷方；其他应收款的增加是资产的增加，应记入“其他应收款”账户的借方。该项经济业务应编制如下会计分录：

借：其他应收款——王芳　　110

　贷：待处理财产损溢——待处理流动资产损溢　　110

2.存货盘盈、盘亏和毁损的会计记录

企业在资产清查过程中发现的存货盘盈、盘亏，报经批准以前应先通过“待处理财产损溢”账户核算。对于盘盈的存货，一方面增加有关的存货账户金额，另一方面记入“待处理财产损溢”账户的贷方；对于盘亏的存货，一方面记入“待处理财产损溢”账户的借方，另一方面冲减有关的存货账户[①]。报经有关部门

① 对于盘亏的存货，还涉及增值税的问题，为了简化起见，此处不考虑增值税问题。

批准之后，再根据不同的情况进行相应的处理。批准后，一般的处理办法是：属于管理不善、收发计量不准确、自然损耗而产生的定额内损耗，转作管理费用；属于超定额的短缺毁损所造成的损失，应由过失人负责赔偿；属于非常损失造成的短缺毁损，扣除保险公司的赔偿和残料价值后的净损失，列作营业外支出。对于盘盈的存货（一般由于收发计量不准或自然升溢等原因造成），经批准后冲减管理费用。

【例6-45】20××年12月31日，海湛股份有限公司在资产清查过程中发现盘亏甲材料2 000元（属于责任者失职造成），盘亏库存A商品4 100元（属于收发计量不准确造成）。

①批准前，根据“实存账存对比表”所确定的材料和商品盘亏数额，先调整账簿记录，做到账实相符。原材料和库存商品的盘亏，表明原材料和库存商品的账存数大于实存数，应该调减原材料和库存商品的账面记录，使账存、实存保持一致。因而，这项经济业务的发生涉及“原材料”“库存商品”“待处理财产损溢”三个账户。企业“原材料”“库存商品”的减少是资产的减少，应记入“原材料”“库存商品”账户的贷方；发生的原材料、库存商品的盘亏数应记入“待处理财产损溢”账户的借方。该项经济业务应编制如下会计分录：

借：待处理财产损溢——待处理流动资产损溢	6 100	
贷：原材料		2 000
库存商品		4 100

②批准后，上述盘亏的原材料和库存商品应根据不同的原因进行会计处理。其中，盘亏的原材料应由责任者赔偿，记入“其他应收款”账户，对盘亏的商品，属于收发计量不准确造成的，应由企业承担，记入“管理费用”账户。因而，这项经济业务的发生涉及“其他应收款”“管理费用”“待处理财产损溢”三个账户。经批准后，原材料和库存商品盘亏的转销数应记入“待处理财产损溢”账户的贷方；其他应收款的增加是资产的增加，应记入“其他应收款”账户的借方；管理费用的增加应记入“管理费用”账户的借方。该项经济业务应编制如下会计分录：

借：管理费用	4 100	
其他应收款	2 000	
贷：待处理财产损溢——待处理流动资产损溢		6 100

【例6-46】20××年12月31日，海湛股份有限公司在资产清查过程中发现一批账外乙材料880千克，结合同类原材料确定其总成本为4 400元。

①批准前，根据“实存账存对比表”所确定的原材料盘盈数额，先调整账簿记录，做到账实相符。原材料的盘盈，表明原材料的账存数小于实存数，应该调增原材料的账面记录，使账存、实存保持一致。因而，这项经济业务的发生涉及“原材料”“待处理财产损溢”两个账户。企业原材料的增加是资产的增加，应记入“原材料”账户的借方；发生的原材料的盘盈数应先记入“待处理财产损溢”账户的贷方。该项经济业务应编制如下会计分录：

借：原材料　　4 400

　贷：待处理财产损溢——待处理流动资产损溢　　4 400

②批准后，盘盈的原材料（一般由于收发计量不准或自然升溢等原因造成），应冲减管理费用。因而，这项经济业务的发生涉及“管理费用”“待处理财产损溢”两个账户。经批准后，原材料盘盈的转销数应记入“待处理财产损溢”账户的借方，管理费用的减少应记入“管理费用”账户的贷方。该项业务编制的会计分录如下：

借：待处理财产损溢——待处理流动资产损溢　　4 400

　贷：管理费用　　4 400

3.固定资产盘盈、盘亏的账务处理

企业在资产清查过程中，如果发现盘盈、盘亏和毁损的固定资产，应填制固定资产盘盈盘亏报告表。清查固定资产的损溢，并及时查明原因，按规定程序报批处理。

对于盘盈的固定资产，作为前期差错处理，在按管理权限报经批准处理前，要通过“以前年度损益调整”账户进行核算，比较复杂，将在“中级财务会计”课程中介绍，本书从略。

对于盘亏的固定资产，在批准前应按其账面净值借记“待处理财产损溢”账户，按其账面已提折旧借记“累计折旧”账户，按其账面原始价值贷记“固定资产”账户，经过批准之后再将其账面净值记入“营业外支出”账户。

【例 6-47】20××年 12 月 30 日，海湛股份有限公司在资产清查过程中发现盘亏某设备一台，账面原值 6 000 元，已提折旧 2 000 元。

①在批准前，根据“实存账存对比表”所确定的机器盘亏数字，将机器设备的账面净值结转到“待处理财产损溢”账户的贷方。该项经济业务应编制如下会计分录：

借：待处理财产损溢——待处理固定资产损溢　　4 000

　　累计折旧　　2 000

　贷：固定资产　　6 000

②上述盘亏的固定资产经批准后做出相应的会计处理。其中，盘亏固定资产的净值 4 000 元作为营业外支出，记入“营业外支出”账户的借方。该项经济业务应编制如下会计分录：

借：营业外支出　　4 000

　贷：待处理财产损溢——待处理固定资产损溢　　4 000

4.应收款项清查结果的会计记录

（1）应收款项清查结果的处理。在资产清查过程中，发现的确实无法收回的应收款项，不通过“待处理财产损溢”账户核算，而是在原来账面记录的基础上，按规定程序报经批准后直接处理。无法收回的应收款项称为坏账，由于发生坏账而给企业造成的损失称为坏账损失。对于坏账损失的会计记录，按照我国现行会计准则的要求应该采用备抵法核算坏账损失，计提坏账准备金。

备抵法，是指在坏账损失实际发生前，遵循谨慎性原则估计损失，并同时形成坏账准备，待坏账损失实际发生时再冲减坏账准备。估计坏账损失时，借记“信用减值损失”账户，贷记“坏账准备”账户；坏账损失实际发生时，借记“坏账准备”账户，贷记“应收账款”等账户；已确认并转销的应收款项以后又收回时，借记“应收账款”账户，贷记“坏账准备”账户，同时，借记“银行存款”账户，贷记“应收账款”等账户。企业在会计核算过程中对应收款项提取坏账准备，可以将预计未来不能收回的应收款项作为坏账损失计入信用减值损失，避免虚盈实亏，又在一定程度上消除或减少了坏账损失给企业带来的风险，在财务报表上列示应收款净额，使企业应收款项可能发生的坏账损失得到及时反映，从而使会计信息使用者能更加清楚地了解企业真实的财务状况。

【例6-48】20××年12月30日，海湛股份有限公司应收XYZ公司货款2 000元，经查确实无法收回，经批准转作坏账损失。

当企业采用备抵法核算坏账时，对于确属无法收回的应收账款，应减少应收账款的账面价值，同时，确认实际发生的坏账损失金额。因而，这项经济业务的发生涉及“坏账准备”“应收账款”两个账户。应收账款的减少是资产的减少，应记入“应收账款”账户的贷方；企业确认的坏账损失金额，应记入“坏账准备”账户的借方。该项经济业务应编制如下会计分录：

借：坏账准备	2 000	
贷：应收账款		2 000

（2）应付款项清查结果的处理。应付款项不是企业的资产，而是企业的一项负债，在资产清查过程中，也可对企业的应付款项进行函证核对。由于债权单位撤销或不存在等原因，造成的长期应付而无法支付的款项，经批准予以转销。无法支付的款项在批准前不作账务处理，即不需通过“待处理财产损溢”科目进行核算，按规定的程序批准后，将应付款项转作“营业外收入”科目。

【例6-49】20××年12月30日，海湛股份有限公司在资产清查中，发现应付某单位的货款1 700元已无法支付，经批准予以转销。

企业无法支付的款项在按规定的程序批准后，将应付款项转入“营业外收入”账户。因而，这项经济业务的发生涉及“营业外收入”“应付账款”两个账户。会计分录如下：

借：应付账款	1 700	
贷：营业外收入		1 700

第七节 期末账项调整的会计记录

期末账项调整是指企业在期末结账前，按照权责发生制原则确定本期的应得收入和应负担的费用，并据以对账簿记录的有关账项做出必要调整的会计处理方法。

视频 6-11

期末账项调整的会计记录

在实务中，企业交易或者事项的发生时间与相关货币的收支时间有时并不完全一致。例如，款项已经收到，但销售并未实现；或者款项已经支付，但并不是为本期生产经营活动而支付的。为了更加真实、公允地反映特定会计期间的财务状况和经营成果，《企业会计准则——基本准则》明确规定，企业在会计确认、计量和报告中应当以权责发生制为基础。

期末账项调整的内容包括：①应计项目的调整，如“应收利息”“应收租金”等应计收入的调整；“应付职工薪酬”、“应付利息”及“应付租金”等应计费用的调整等。②递延项目的调整，如“预收工程款”“预收租金”等预收收入的调整；“预付保险费”“预付报刊订阅费”“预付办公用品费”等预付费用的调整。

期末账项调整的目的是，按照应收应付这一标准合理地反映各会计期间应得的收入和应负担的费用，使各期的收入和费用能在相互对应的基础上进行配比，从而比较正确地计算各期的损益。值得注意的是，虽然期末进行账项调整主要是为了在利润表中正确地反映本期的经营成果，但在收入和费用的调整过程中必然会影响到资产负债表有关项目的增减变动。因此，期末账项调整也有助于正确地反映企业期末的财务状况。

一、设置的主要账户

期末账项调整通常涉及“其他应收款”“其他业务收入”“财务费用”“应付利息”“坏账准备”“信用减值损失”“银行存款”“预收账款”“预付账款”“管理费用”等账户，除“预收账款”账户外，其他账户在相关章节已学习，本节只介绍“预收账款”账户。

“预收账款”账户用来核算企业按照合同规定预收的款项。它属于负债类账户（账户结构具有资产、负债双重性质）。其贷方反映企业向交易方预收的款项和交易方补付的款项；借方登记企业冲销的预收账款数额和退回交易方多付账款的数额；期末余额一般在贷方，反映企业向交易方预收的款项，期末如为借方余额，反映应由交易方补付给本企业的款项。本账户应按交易方设置明细账，进行明细分类核算。

“预收账款”账户的结构可用图 6-39 表示。

借方　　　　**预收账款**　　　　贷方

借方	贷方
冲销的预收账款数额 企业退还给交易方多付的款项	企业预收交易方的款项 收到交易方补付的款项
余额：应由交易方补付给本企业的款项	余额：企业向交易方预收的款项

图 6-39　“预收账款”账户的结构图

二、应计项目的调整

（一）应计收入的调整

应计收入也称**应收收入**，是指对尚未收到款项和未入账的各项跨期收入，在本会计期间终了时已经实现（赚得），确认属于本期的债权及收入，如应收出租包装物收入、应收企业长期投资或短期投资收益、应收银行存款利息收入和应收出租固定资产收入等。应计收入的调整是对属于本期收入但尚未收到款项的账项进行的调整。应计收入调整一方面应增加收入，另一方面要增加资产（债权）。收入确认后于结账时转入“本年利润”账户。

【例6-50】20××年12月1日，海湛股份有限公司将一部分不需用的设备租给C公司使用。双方签订的合同规定：租期6个月。期满时，C公司将一次性支付6个月租金12 000元。本月末，企业应将本期已经实现的租金收入2 000元调整入账。该项业务编制的会计分录如下：

借：其他应收款　　2 000

　贷：其他业务收入　　2 000

（二）应计费用的调整

应计费用也称**应付费用**，是指对尚未支付款项和未入账的各项跨期费用，在本会计期间终了时已经发生（耗用），确认属于本期的负债（或减少资产）及费用，包括“应付职工薪酬”、“应付利息”、“应付租金”、“坏账准备”和“税金及附加”等。应计费用的调整是对属于本期费用但尚未支付款项的账项进行的调整。应计费用的调整一方面应确认费用，另一方面要增加负债或减少资产。费用确认后在结账时转入“本年利润”账户。

【例6-51】（见例6-6）20××年12月31日，海湛股份有限公司计提本月应付短期借款利息300元（在我国，短期借款利息一般在季末一次结算并支付，故在季度内的每个月，此项费用虽尚未支付，但理应由本期负担，月末企业应将本期的这笔利息费用调整入账）。该项业务编制的会计分录如下：

借：财务费用　　300

　贷：应付利息　　300

【例6-52】20××年12月31日，海湛股份有限公司采用应收账款余额百分比法计提坏账准备金，其年末应收款项的余额为100 000元，坏账计提比例为3%，计提坏账准备前“坏账准备”账户的余额为0，年末应提坏账的金额为3 000元（100 000×3%），该项业务编制的会计分录如下：

借：信用减值损失　　3 000

　贷：坏账准备　　3 000

存货、固定资产、无形资产等资产的减值准备可作相应的处理。

三、递延项目的调整

（一）预收收入的调整

预收收入是指本期或以前期间已收款，本期有份，但不完全属于本期收入的跨期款项，如预收工程款、预收租金等。预收收入的调整就是对预收收入本期已经实现的部分所进行的调整。在未提供产品或劳务之前，先行收取款项时，记为企业的一项负债；当收入实现时，便应将实现部分从负债账户调整到收入账户，未实现的部分递延到下期。

【例 6-53】海湛股份有限公司在20××年11月末将一辆闲置设备租给D公司使用，租期4个月，每月租金6 000元，当即收到租金24 000元并存入银行。编制收到租金及对12月份预收租金调整的会计分录。

（1）这项业务在20××年11月末编制的会计分录如下：

借：银行存款　　24 000

　贷：预收账款　　24 000

（2）20××年12月31日，对本月已实现的租金收入6 000元，调整如下：

借：预收账款　　6 000

　贷：其他业务收入　　6 000

（二）预付费用的调整

预付费用是指本期或以前期间已付款，本期有份，但不完全属于本期费用的跨期款项，如预付保险费、预付报刊订阅费、预付办公用品费、长期待摊费用等。预付费用的调整就是对预付费用本期已经实现的部分所进行的调整。此类经济业务一般在款项付出时作资产处理，然后随着资产的耗用逐渐转化为费用，未耗用部分递延到下期。

【例 6-54】海湛股份有限公司于上年度12月31日依据保险合同一次性支付20××年度企业财产保险费36 000元。此项业务在上年度12月31日支付款项时，已作会计分录：

借：预付账款　　36 000

　贷：银行存款　　36 000

编制20××年12月份对上年预付财产保险费调整的会计分录。

20××年12月应负担财产保险费3 000元（36 000÷12），期末作调整会计分录：

借：管理费用　　3 000

　贷：预付账款　　3 000

第八节 利润的形成及分配业务的会计记录

利润的概念和包括的内容已经在第一章第二节会计要素中介绍，简单回顾如下：

《企业会计准则——基本准则》将利润定义为：利润是企业在一定会计期间的经营成果。利润包括收入减费用后的净额、直接计入当期利润的利得和损失等。

利润表将利润分为三个层次：

1.营业利润（即狭义利润）

在不考虑“研发费用”“资产减值损失”“其他收益”“净敞口套期收益”“资产处置收益”项目的情况下。

营业利润=（狭义）收入-（狭义）费用

=营业收入−营业成本−税金及附加−销售费用−管理费用−财务费用−信用减值损失+公允价值变动收益(−公允价值变动损失)+投资收益(−投资损失)+资产处置收益(损失用“－”号)+其他收益

其中：营业收入指企业经营业务所确认的收入总额，包括主营业务收入和其他业务收入。

营业成本指企业经营业务所发生的实际成本总额，包括主营业务成本和其他业务成本。

2.利润总额（即六要素中的利润）

利润总额=营业利润+营业外收入−营业外支出

3.净利润（即广义利润）

净利润=（广义）收入−（广义）费用

=利润总额−所得税费用

净利润实现以后，要按照规定进行利润分配。一部分以公积金的形式留归企业；一部分以股利的形式分配给投资者；剩余部分是未分配利润，作为留存收益的一部分。

一、利润形成的会计记录

（一）设置的主要账户

视频6-12

利润形成的会计记录

为了总括地记录利润的形成，除了前面提到的“主营业务收入”“主营业务成本”“税金及附加”“管理费用”“财务费用”“销售费用”“营业外收入”“营业外支出”等账户外，还应设置“其他业务收入”“其他业务成本”“交易性金融资产”“本年利润”“投资收益”“所得税费用”“资产处置损益”“其他收益”等账户。

1.“其他业务收入”账户

本账户用来核算企业确认的，除主营业务以外的其他经营活动实现的收入，包括出租固定资产、出租无形资产、出租包装物、销售材料等实现的收入，属于损益类账户。其贷方反映企业实现的各项其他业务收入，借方反映期末转入“本年利润”账户的其他业务收入。结转后本账户应无余额。本账户应当按照其他业务收入的种类设置明细账，进行明细分类核算。

“其他业务收入”账户的结构如图6-40所示。

借方	其他业务收入　　贷方
期末转入“本年利润”账户的金额	企业实现的各项其他业务收入

图6-40　“其他业务收入”账户的结构图

2.“其他业务成本”账户

本账户用来核算企业除主营业务成本以外的其他经营活动所发生的支出，包括销售材料的成本、出租固定资产的折旧额、出租无形资产的摊销额、出租包装物的成本或摊销额，属于损益类账户。其借方反映企业结转或发生的其他业务成本，贷方反映期末转入“本年利润”账户的其他业务成本。结转后本账户无余额。本账户应当按照其他业务成本的种类设置明细账，进行明细分类核算。

“其他业务成本”账户的结构如图6-41所示。

借方　**其他业务成本**　贷方

借方	贷方
企业发生的其他业务成本	期末转入“本年利润”账户的金额

图6-41　“其他业务成本”账户的结构图

3.“交易性金融资产”账户

本账户用来核算企业为交易目的所持有的债券投资、股票投资、基金投资等交易性金融资产的公允价值，属于资产类账户。其借方反映交易性金融资产的取得成本、资产负债表日其公允价值高于账面余额的差额等，贷方反映企业出售交易性金融资产时结转的成本、资产负债表日其公允价值低于账面余额的差额。期末余额在借方，反映企业持有的交易性金融资产的公允价值。本账户可按交易性金融资产的类别和品种分别设置“成本”“公允价值变动”等明细账，进行明细分类核算。

“交易性金融资产”账户的结构如图6-42所示。

借方　**交易性金融资产**　贷方

借方	贷方
交易性金融资产的取得成本 资产负债表日其公允价值高于账面余额的差额	出售交易性金融资产时结转的成本 资产负债表日其公允价值低于账面余额的差额
期末余额：企业持有的交易性金融资产的公允价值	

图6-42　“交易性金融资产”账户的结构图

4.“本年利润”账户

本账户用来核算企业当期实现的净利润（或发生的净亏损），属于所有者权益类账户。本账户贷方反映期末从“主营业务收入”、“其他业务收入”、“营业外收入”、“公允价值变动损益”（公允价值变动净收益）和“投资收益”（投资净收益）等各项收入类账户的转入数，借方反映期末从“主营业务成本”、“税金及附加”、“其他业务成本”、“销售费用”、“管理费用”、“财务费用”、“信用减值损失”、“营业外支出”、“所得税费用”、“公允价值变动损益”（公允价值变动净损失）和“投资收益”（投资净损失）等各项费用类账户的转入数。年度终了，应将本年收入和费用相抵后结出本年实现的净利润，转入“利润分配”账户。借记本账户，贷记“利润分配——未分配利润”账户。如为净亏损，作相反的会计分录。结转后本账户应无余额。

“本年利润”账户的结构如图6-43所示。

借方 **本年利润** 贷方

借方	贷方
期末转入的各项费用：	期末转入的各项收入：
主营业务成本	主营业务收入
税金及附加	其他业务收入
其他业务成本	营业外收入
销售费用	公允价值变动损益（公允价值变动净收益）
管理费用	投资收益（投资净收益）
财务费用	
信用减值损失	
营业外支出	
公允价值变动损益（公允价值变动净损失）	
投资收益（投资净损失）	
所得税费用	
年末结转本年实现的净利润	年末结转本年发生的净亏损

图6-43 “本年利润”账户的结构图

5.“投资收益”账户

本账户用来核算企业确认的投资收益或投资损失，属于损益类账户（账户结构具有收入、费用双重性质）。其贷方反映企业取得的投资收益和期末转入“本年利润”账户的投资净损失，借方反映企业投资损失和期末转入“本年利润”账户的投资净收益。期末结转后本账户无余额。本账户应当按照投资项目设置明细账，进行明细分类核算。

“投资收益”账户的结构如图6-44所示。

借方 **投资收益** 贷方

借方	贷方
企业发生的投资损失	企业取得的投资收益
期末转入“本年利润”的投资净收益	期末转入“本年利润”的投资净损失

图6-44 “投资收益”账户的结构图

6.“所得税费用”账户

本账户用来核算企业确认的，应从当期利润总额中扣除的所得税费用，属于损益类账户。其借方反映企业按照税法规定计算的本期应交的所得税费用额，贷方反映期末转入“本年利润”账户的所得税费用额。期末结转后本账户应无余额。本账户应当按照“当期所得税费用”“递延所得税费用”设置明细账，进行明细分类核算。

“所得税费用”账户的结构如图6-45所示。

借方　　所得税费用	贷方
企业按照税法规定计算出的本期应交的所得税费用	期末转入“本年利润”账户的所得税费用

图6-45　“所得税费用”账户的结构图

7.“资产处置损益”和“其他收益”账户的结构及核算内容见“中级财务会计”课程。

（二）主要经济业务的会计记录

【例6-55】20××年12月20日，海湛股份有限公司支付管理部门业务招待费、办公费等39 060元。

这项经济业务一方面使企业的银行存款减少39 060元，应贷记“银行存款”账户；另一方面增加管理费用，应借记“管理费用”账户。该项业务编制的会计分录如下：

借：管理费用　　39 060

　贷：银行存款　　39 060

【例6-56】20××年12月21日，海湛股份有限公司张明出差，预借差旅费3 000元。

这项经济业务一方面使企业的库存现金减少3 000元，应贷记“库存现金”账户；另一方面预借的差旅费一般先通过“其他应收款”账户核算，应借记“其他应收款”账户。该项业务编制的会计分录如下：

借：其他应收款　　3 000

　贷：库存现金　　3 000

【例6-57】20××年12月25日，海湛股份有限公司出售材料一批，价款30 000元，增值税税率13%。款项收到，已存入银行。

材料销售业务属于企业的其他业务。该业务的发生一方面使银行存款增加33 900元，应借记“银行存款”账户；另一方面使其他业务收入增加30 000元，应交增值税销项税额增加3 900元，应贷记“其他业务收入”账户和“应交税费”账户。该项业务编制的会计分录如下：

借：银行存款　　33 900

　贷：其他业务收入　　30 000

　　　应交税费——应交增值税（销项税额）　　3 900

【例6-58】20××年12月31日，海湛股份有限公司结转已售材料的成本20 000元。

这项经济业务是将已售的原材料成本从“原材料”账户中注销，结转至“其他业务成本”账户，因此，应借记“其他业务成本”账户，贷记“原材料”账户。该项业务编制的会计分录如下：

借：其他业务成本　　20 000

　贷：原材料　　20 000

【例6-59】海湛股份有限公司从20××年11月1日起，以短期租赁方式租入管理用办公设备一批。月租金2 000元。租金于季度末支付。20××年12月31日，海湛股份有限公司以银行存款支付租金。

①11月30日计提应付租入固定资产租金：

借：管理费用　　2 000

　贷：其他应付款　　2 000

②12月31日支付租金：

借：其他应付款　　2 000

　　管理费用　　2 000

　贷：银行存款　　4 000

【例6-60】20××年12月26日，海湛股份有限公司用银行存款支付税收滞纳金2 000元。

这项经济业务一方面使银行存款减少2 000元，应贷记“银行存款”账户；另一方面表明这项支出与企业日常的生产经营没有直接关系，应作为营业外支出，借记“营业外支出”账户。该项业务编制的会计分录如下：

借：营业外支出　　2 000

　贷：银行存款　　2 000

【例6-61】20××年12月30日，海湛股份有限公司张明出差归来，报销差旅费2 500元，交回剩余现金500元。

张明出差的差旅费2 500元应由企业承担，记入“管理费用”账户的借方。企业收回剩余的现金500元，记入“库存现金”账户的借方。报销差旅费导致“其他应收款”账户余额减少，应记入其贷方。该项业务编制的会计分录如下：

借：管理费用　　2 500

　　库存现金　　500

　贷：其他应收款　　3 000

【例6-62】20××年12月30日，海湛股份有限公司出售上月为了交易目的而持有的股票。股票原买价为210 000元，售价为327 732.50元。所得款项存入开户银行。

企业出售上月为了交易目的而持有的股票，一方面使企业的交易性金融资产减少210 000元，应贷记“交易性金融资产”账户；另一方面使银行存款增加327 732.5元，应借记“银行存款”账户；售价高于成本的部分117 732.5元，属于投资收益，应记入“投资收益”账户的贷方。该项业务编制的会计分录如下：

借：银行存款　　327 732.5

　贷：交易性金融资产　　210 000

　　　投资收益　　117 732.5

【例6-63】20××年12月31日，海湛股份有限公司有关损益类账户结账前的月末余额见表6-13（有关数据来源于图6-83至图6-94）。

表6-13 损益类账户结账前余额表 单位：元

收入类账户名称	结账前余额	费用类账户名称	结账前余额
主营业务收入	105 000.00	主营业务成本	75 232.50
其他业务收入	38 000.00	其他业务成本	20 000.00
营业外收入	2 500.00	税金及附加	5 250.00
投资收益	117 732.50	销售费用	1 000.00
		管理费用	62 450.00
		财务费用	300.00
		信用减值损失	3 000.00
		营业外支出	6 000.00

该企业采用账结法于月末结转损益类账户，其会计分录如下：

①借：主营业务收入 105 000
　　其他业务收入 38 000
　　营业外收入 2 500
　　投资收益 117 732.5
　贷：本年利润 263 232.5

②借：本年利润 173 232.5
　贷：主营业务成本 75 232.5
　　其他业务成本 20 000
　　税金及附加 5 250
　　销售费用 1 000
　　管理费用 62 450
　　财务费用 300
　　信用减值损失 3 000
　　营业外支出 6 000

【例6-64】20××年12月31日，海湛股份有限公司计算并结转本月应交所得税，所得税税率为25%。

12月实现的税前会计利润为90 000元（263 232.5-173 232.5）。假定该公司无纳税调整项目，则该公司的所得税费用为22 500元（90 000×25%）。这项业务的发生一方面使应交所得税增加22 500元，应贷记“应交税费”账户；另一方面使所得税费用增加22 500元，应借记“所得税费用”账户。该项业务编制的会计分录如下：

①确认所得税费用时：

借：所得税费用 22 500

贷：应交税费——应交所得税 22 500

②将所得税费用结转到本年利润时：

借：本年利润 22 500

贷：所得税费用 22 500

20××年12月份，海湛股份有限公司实现净利润67 500元（90 000-22 500）。

二、利润分配的会计记录

视频6-13

利润分配的会计记录

股份制企业当年实现的净利润在弥补以前年度尚未弥补的亏损后，应按下列顺序分配：

1.提取法定盈余公积

股份制企业的法定盈余公积金一般按当年实现净利润的10%提取，其他企业可按不低于10%的比例提取。企业提取的法定盈余公积累计超过注册资本50%的，可以不再提取。

2.向投资者分配利润

企业实现的净利润扣除上述项目后，再加上年初未分配利润和其他转入数（如公积金补亏等），形成可供投资者分配的利润。可供投资者分配的利润应按下列顺序分配：

（1）支付优先股股利，是指企业按照利润分配方案分配给优先股股东的现金股利。

（2）提取任意盈余公积，一般按股东大会的决议提取。

（3）支付普通股股利，是指企业按照利润分配方案分配给普通股股东的现金股利。

（4）转作资本（或股本）的普通股股利，是指企业按照利润分配方案以分派股票股利的形式转作的资本（或股本）。

（一）设置的主要账户

为了总括地核算利润的分配业务，应主要设置“利润分配”“应付股利”“盈余公积”等账户。

1.“利润分配”账户

本账户用来核算企业利润的分配（或亏损的弥补）和历年分配后（或弥补后）的积存余额，属于所有者权益类账户。其借方反映提取的盈余公积金、应付现金股利和利润，以及年终从“本年利润”账户的贷方转来的全年亏损总额；贷方反映盈余公积补亏数等其他转入数以及年终从“本年利润”账户借方转来的全年实现的净利润总额。期末贷方余额反映历年积存的未分配利润；如为借方余额，则反映历年积存的未弥补亏损。本账户应当分别按“提取法定盈余公积”“提取任意盈余公积”“应付股利”“转作股本的利润”“盈余公积补亏”“未分配利润”等设置明细账，进行明细分类核算。

“利润分配”账户的结构如图6-46。

借方 利润分配	贷方
提取的盈余公积金、应付现金股利和利润 年终从“本年利润”账户的贷方转来的全年亏损总额	盈余公积补亏数 年终从“本年利润”账户借方转来的全年实现的净利润总额
期末余额：历年积存的未弥补亏损	期末余额：历年积存的未分配利润

图6-46 “利润分配”账户的结构图

2.“应付股利”账户

本账户用来核算企业经董事会、股东大会或类似机构决议确定分配的现金股利或利润，属于负债类账户。其贷方反映企业根据通过的股利或利润分配方案应支付的现金股利或利润，借方反映企业实际支付的现金股利或利润。期末余额在贷方，反映企业尚未支付的现金股利或利润。本账户应当按投资者设置明细账，进行明细分类核算。

“应付股利”账户的结构如图6-47所示。

借方 应付股利	贷方
实际支付的现金股利或利润	应支付的现金股利或利润
	期末余额：企业尚未支付的现金股利或利润

图6-47 “应付股利”账户的结构图

3.“盈余公积”账户

本账户用来核算企业从净利润中提取的盈余公积，属于所有者权益类账户。其贷方反映企业从利润中提取的盈余公积，借方反映企业使用的盈余公积。期末余额在贷方，反映企业提取的盈余公积余额。本账户应当分别设置“法定盈余公积”“任意盈余公积”明细账，进行明细分类核算。

“盈余公积”账户的结构如图6-48所示。

借方 盈余公积	贷方
企业使用的盈余公积	企业从利润中提取的盈余公积
	期末余额：企业提取的盈余公积余额

图6-48 “盈余公积”账户的结构图

（二）主要经济业务的会计记录

假定海湛股份有限公司20××年1—11月份实现利润总额1 110 000元，则1—11月份应交所得税为277 500元（1 110 000×25%，假定各月均无纳税调整项目），1—11月份净利润为832 500元（1 110 000−277 500）。20××年全年实现净利润900 000元（832 500+67 500）。

【例6-65】20××年12月31日，海湛股份有限公司将“本年利润”账户余额转入“利润分配”账户。

“本年利润”账户最终的余额表示本年实现的累计净利润或净亏损。年度终了，要将“本年利润”账户的余额转入“利润分配”账户。这样，一方面可以反映企业未分配或未弥补亏损的数额，另一方面也可以结清“本年利润”账户。20××年12月31日，海湛股份有限公司本年年末“本年利润”账户为贷方余额900 000元。该项业务编制的会计分录如下：

借：本年利润　　900 000

　贷：利润分配——未分配利润　　900 000

【例6-66】20××年12月31日，海湛股份有限公司按全年净利润的10%提取盈余公积金（假定无以前年度尚未弥补的亏损）。

企业要对净利润进行分配，首先应按规定的比例提取法定盈余公积金。海湛股份有限公司本年提取的法定盈余公积金金额为90 000元（900 000×10%）。这项业务一方面使盈余公积金增加90 000元，应贷记“盈余公积”账户；另一方面使利润分配增加90 000元，应借记“利润分配”账户。该项业务编制的会计分录如下：

借：利润分配——提取法定盈余公积　　90 000

　贷：盈余公积——法定盈余公积　　90 000

【例6-67】20××年12月31日，海湛股份有限公司经研究决定，按全年净利润的20%向投资者分配现金股利180 000元。

这项业务的发生一方面使公司应支付的现金股利增加180 000元，应贷记“应付股利”账户；另一方面使分配的利润增加了180 000元，应借记“利润分配”账户。该项业务编制的会计分录如下：

借：利润分配——应付现金股利　　180 000

　贷：应付股利　　180 000

【例6-68】20××年12月31日年终决算时，海湛股份有限公司将“利润分配”账户所属的各明细分类账户的借方合计数270 000元（其中：提取盈余公积金90 000元、应付现金股利180 000元）结转到“利润分配——未分配利润”账户的借方。该项业务编制的会计分录如下：

借：利润分配——未分配利润　　270 000

　贷：利润分配——提取法定盈余公积　　90 000

　　　　　　——应付现金股利　　180 000

第九节 对账、结账和试算平衡

视频6-14

对账、结账和试算平衡

会计期末，为了保证会计记录“账证相符、账账相符、账实相符”就要进行对账；为了核算企业的财务状况、经营成果，还要进行结账；为了保证各个账户的增减变动及结存情况的正确性，必须进行试算平衡，为编制财务报告做好准备，这就是对账、结账和试算平衡。

一、对账

（一）对账的意义

对账是对账簿记录进行的核对工作，也称**核对账目**。为了保证账簿提供的会计资料正确、真实、可靠，记账后要定期做好对账工作，做到账证相符、账账相符、账实相符和账表相符。《会计法》第十七条规定："各单位应当定期将会计账簿记录与实物、款项及有关资料相互核对，保证会计账簿记录与实物及款项的实有数额相符、会计账簿记录与会计凭证的有关内容相符、会计账簿之间相对应的记录相符、会计账簿记录与财务报表的有关内容相符。"

（二）对账的内容

对账的内容主要包括账证核对、账账核对、账实核对、账表核对。保证账证相符、账账相符、账实相符、账表相符是会计核算的基本要求。

1.账证核对

账证核对是会计账簿记录与会计凭证有关内容核对相符的简称。由于会计账簿记录是根据会计凭证等资料填制的，所以二者之间存在逻辑联系。因此，通过账证核对可以检查、验证会计账簿和会计凭证的内容是否正确无误，保证会计资料真实、完整。各单位应当定期将会计账簿记录与其相应的会计凭证（包括时间、凭证字号、内容、金额、记账方向等）逐项核对，检查是否一致。如果发现有不一致之处，应当及时查明原因，并按照规定予以更正。

2.账账核对

账账核对是将会计账簿之间相对应的记录核对相符的简称。由于会计账簿之间（包括总账各账户之间，总账与明细账之间，总账与日记账之间，会计机构的财产物资明细账与保管部门、使用部门的有关财产物资明细账之间等）相对应的记录存在着内在联系，通过定期核对可以检查、验证会计账簿记录的正确性，便于发现问题、纠正错误，保证会计资料的真实、完整和准确无误。账账核对的主要内容包括：

（1）总分类账簿记录之间的核对。核对总分类账各账户借方发生额（或余额）合计数与贷方发生额（或余额）合计数是否相等。

（2）总分类账簿与有关明细分类账簿之间的核对。核对总分类账各账户的余额与有关的明细分类账各账户的余额合计数是否相等。

（3）总分类账簿与日记账簿之间的核对。核对库存现金日记账和银行存款日记账的余额与总分类账各该账户的余额是否相等。

（4）明细分类账簿之间的核对。例如，会计部门有关财产物资的明细分类账余额，应该同财产物资保管或使用部门明细分类账的登记内容按月或定期相互核对，保证相符。

3.账实核对

账实核对是账簿记录与实物、款项实有数核对相符的简称。由于会计账簿记录是实物、款项使用情况的价值量的反映，实物、款项的增减变化情况必须在会计账簿记录上如实记录，通过会计账簿记录的正确性发现实物资产和现金管理中存在的问题，有利于查明原因、明确责任，有利于改进管理，提高效益，有利于保证会计资料真实、完整。账实核对的具体内容包括：

（1）库存现金日记账账面余额与库存现金实际库存数相互核对；

（2）银行存款日记账账面余额与开户银行各账户的对账单相互核对；

（3）各种财产物资明细分类账账面余额与财产物资实存数相互核对；

（4）各种应收、应付款明细分类账账面余额与对方单位账面记录相核对。

在实际会计核算工作中，账实核对一般是通过资产清查进行的。

4.账表核对

账表核对是会计账簿记录与财务报表有关内容核对相符的简称。由于财务报表是根据会计账簿记录及有关资料编制的，二者之间存在着相对应的关系，因此，通过检查财务报表各项目的数据与会计账簿有关数据是否一致，可以确保会计信息的质量。

二、结账

（一）结账的意义

结账就是把每一个会计期间（月份、季度、年度）的经济业务全部登记入账后，按照规定的方法计算，结出本期发生额和期末余额，并将余额结转下期或新账的过程。通过结账，能够全面、系统地反映企业一定时期内财务状况的增减变动及其结果，可以合理、准确地确定各个会计期间的经营成果，有利于定期编制财务报表。

（二）结账的程序

1.入账

结账前，必须将本期内（按月、按季或按年）应该办理会计凭证手续的经济业务全部经填制记账凭证后，登记入账。

2.调账

按照权责发生制的要求，结合资产清查的结果，编制有关账项调整的记账凭证，并据以登记入账，以正确确定本期的收入和费用。

3.转账

将本期实现的各项收入与其应负担的成本、费用分别编制记账凭证，并分别从各收入、费用账户转入“本年利润”账户的贷方和借方。实现本期收入与其相关成本、费用的正确配比，确定本期的经营成果。

4.结账

在本期全部业务登记入账的基础上，结算出所有账户的本期发生额和期末余额，并认真进行对账工作，做到账证相符、账账相符、账实相符，以保证账簿记录真实、可靠，为编制财务报表提供正确的核算资料。

（三）结账的种类和方法

1.结账的种类

结账工作通常是按月进行，一般分月结和年结两种。结账应该在会计期末进行，即以公历每月最后一个工作日终了作为结账时间。在会计实务中，一般采用划线结账的方法进行结账，结账的标志是划线。月结时通栏划单红线，年结时通栏划双红线。各单位应该按照规定定期结账。

2.结账的方法

（1）结账时，应当结出每个账户的期末余额。需要结出当月发生额的，应当在摘要栏内注明“本月合计”字样，并在下面通栏划单红线。需要结出本年累计发生额的，应当在摘要栏内注明“本年累计”字样，并在下面通栏划单红线；12月末的“本年累计”就是全年累计发生额。全年累计发生额下面应当通栏划双红线。年度终了结账时，所有总账账户都应当结出全年发生额和年末余额。

（2）年度终了，要把各账户的余额结转到下一会计年度，并在摘要栏注明“结转下年”字样；在下一会计年度新建有关会计账簿的第一行余额栏内填写上年结转的余额，并在摘要栏注明“上年结转”字样（见表6-14）。

表6-14　**结账示例**

会计科目：应收账款

20××年		凭证字号	摘要	借方	贷方	借或贷	余额
月	日						
1	1		上年结转			借	11 000.00
			略				
12	31		本月合计	12 000.00	10 000.00	借	13 000.00
12	31		本年累计	212 000.00	210 000.00	借	13 000.00
			结转下年			借	13 000.00

三、试算平衡

企业在运用借贷记账法的记账规则在账户中记录经济业务的过程中，可能会发生这样或那样的人为错误。为了找出错误及其原因，并及时予以改正，还要进行试算平衡。

假定海湛股份有限公司20××年11月30日有关账户的期末余额见表6-15。

表6-15　**海湛股份有限公司20××年11月30日有关账户期末余额表**　单位：元

序号	会计科目	借方	贷方
1	库存现金	10 000	
2	银行存款	8 000 000	
3	交易性金融资产	210 000	

续表

序号	会计科目	借方	贷方
4	应收账款	20 000	
5	预付账款	3 000	
6	其他应收款	2 000	
7	原材料	200 000	
8	库存商品	260 000	
9	固定资产	7 600 000	
10	无形资产	300 000	
11	累计折旧		150 000
12	短期借款		60 000
13	应付票据		23 000
14	应付账款		20 000
15	预收账款		24 000
16	应付职工薪酬		49 500
17	应交税费		23 300
18	应付利息		600
19	其他应付款		2 000
20	长期借款		200 000
21	股本		11 417 100
22	资本公积		1 200 000
23	盈余公积		260 000
24	本年利润		832 500
25	利润分配		2 343 000
	合　计	16 605 000	16 605 000

根据本章例6-1至例6-68（不包括例6-5、例6-6、例6-43、例6-44），海湛股份有限公司20××年12月份的经济业务编制会计分录，登记有关总分类账户（此处用T形账户代替），分别结出本期发生额和期末余额，如图6-49至图6-96所示。为了验证账务处理的正确性，根据总分类账户的发生额和余额编制总分类账户试算

平衡表，见表6-16。

借方　　库存现金　　贷方

借方		贷方	
期初余额：	10 000.00	（11）	1 000.00
（23）	49 500.00	（17）	600.00
（42）①	800.00	（20）	40.00
（61）	500.00	（24）	49 500.00
		（37）	500.00
		（38）	500.00
		（56）	3 000.00
本期发生额：	50 800.00	本期发生额：	55 140.00
期末余额：	5 660.00		

图6-49　“库存现金”总分类账户

借方　　银行存款　　贷方

借方		贷方	
期初余额：	8 000 000.00		
（1）	150 000.00	（7）	60 900.00
（2）	6 000 000.00	（9）	12 620.00
（8）	800 000.00	（10）	12 600.00
（32）	50 850.00	（13）	5 650.00
（35）	33 900.00	（16）	20 000.00
		（18）	2 600.00
（57）	33 900.00	（19）	6 836.50
（62）	327 732.50	（20）	400.00
		（23）	49 500.00
		（26）	①5 000.00
		（29）	2 700.00
		（55）	39 060.00
		（59）	②4 000.00
		（60）	2 000.00
本期发生额：	7 396 382.50	本期发生额：	223 866.50
期末余额：	15 172 516.00		

图6-50　“银行存款”总分类账户

借方　　交易性金融资产　　贷方

借方	贷方
期初余额：210 000.00	（62）210 000.00
本期发生额：0	本期发生额：210 000.00

图6-51　“交易性金融资产”总分类账户

借方	应收账款		贷方
期初余额：	20 000.00		
	（33） 16 950.00		（48） 2 000.00
本期发生额：	16 950.00	本期发生额：	2 000.00
期末余额：	34 950.00		

图 6-52 “应收账款”总分类账户

借方	应收票据		贷方
	（34） 16 950.00		
本期发生额：	16 950.00	本期发生额：	0
期末余额：	16 950.00		

图 6-53 “应收票据”总分类账户

借方	预付账款		贷方
期初余额：	3 000.00		
	（16） 20 000.00		（17） 22 600.00
	（18） 2 600.00		（54）② 3 000.00
本期发生额：22 600.00		本期发生额：25 600.00	

图 6-54 “预付账款”总分类账户

借方	其他应收款		贷方
期初余额：	2 000.00		
	（45）② 2 000.00		（61） 3 000.00
	（50） 2 000.00		
	（56） 3 000.00		
本期发生额：	7 000.00	本期发生额：	3 000.00
期末余额：	6 000.00		

图 6-55 “其他应收款”总分类账户

借方	坏账准备		贷方
	（48） 2 000.00		（52） 3 000.00
本期发生额：	2 000.00	本期发生额：	3 000.00
		期末余额：	1 000.00

图 6-56 “坏账准备”总分类账户

借方	在途物资		贷方
（13）	5 000.00		
（14）	6 050.00		
（15）	40 200.00		
（17）	20 600.00		
（20）	440.00	（21）	72 290.00
本期发生额：	72 290.00	本期发生额：	72 290.00

图6-57 “在途物资”总分类账户

借方	原材料		贷方
期初余额：	200 000.00		
（21）	72 290.00	（22）	8 000.00
（46）①	4 400.00	（45）①	2 000.00
		（58）	20 000.00
本期发生额：76 690.00		本期发生额：30 000.00	
期末余额：246 690.00			

图6-58 “原材料”总分类账户

借方	库存商品		贷方
期初余额：	260 000.00		
（31）	84 110.00	（40）	75 232.50
		（45）①	4 100.00
本期发生额：	84 110.00	本期发生额：	79 332.50
期末余额：	264 777.50		

图6-59 “库存商品”总分类账户

借方	生产成本		贷方
（22）	6 400.00		
（25）	38 000.00		
（26）②	3 800.00		
（30）	35 910.00	（31）	84 110.00
本期发生额：	84 110.00	本期发生额：	84 110.00

图6-60 “生产成本”总分类账户

借方	制造费用		贷方
（22）	660.00	（30）	35 910.00
（25）	5 500.00		
（26）	② 550.00		
（27）	22 000.00		
（28）	4 500.00		
（29）	2 700.00		
本期发生额：	35 910.00	本期发生额：	35 910.00

图6-61 “制造费用”总分类账户

借方 **固定资产** 贷方

借方		贷方	
期初余额：	7 600 000.00		
（3）	400 000.00	（47）①	6 000.00
（9）	11 385.00		
（12）	12 300.00		
本期发生额：	423 685.00	本期发生额：	6 000.00
期末余额：	8 017 685.00		

图6-62 “固定资产”总分类账户

借方 **累计折旧** 贷方

借方		贷方	
		期初余额：	150 000.00
（47）①	2 000.00	（27）	30 000.00
本期发生额：	2 000.00	本期发生额：	30 000.00
		期末余额：	178 000.00

图6-63 “累计折旧”总分类账户

借方 **在建工程** 贷方

借方		贷方	
（11）	12 300.00		
		（12）	12 300.00
本期发生额：	12 300.00	本期发生额：	12 300.00

图6-64 “在建工程”总分类账户

借方 **工程物资** 贷方

借方		贷方	
（10）	11 300	（11）	11 300
本期发生额：	11 300	本期发生额：	11 300

图6-65 “工程物资”总分类账户

借方 **无形资产** 贷方

借方		贷方	
期初余额：	300 000.00		
（4）	200 000.00		
本期发生额：	200 000.00	本期发生额：	0
期末余额：	500 000.00		

图6-66 “无形资产”总分类账户

借方 **待处理财产损溢** 贷方

借方		贷方	
（42）②	800.00	（42）①	800.00
（45）①	6 100.00	（45）②	6 100.00
（46）②	4 400.00	（46）①	4 400.00
（47）①	4 000.00	（47）②	4 000.00
本期发生额：	15 300.00	本期发生额：	15 300.00

图6-67 “待处理财产损溢”总分类账户

借方	短期借款		贷方
		期初余额：	60 000.00
（7）	60 000.00		
本期发生额：	60 000.00	本期发生额：	0
		期末余额：	0

图 6-68 “短期借款”总分类账户

借方	应付票据		贷方
		期初余额：	23 000.00
		（15）	45 400.00
本期发生额：	0	本期发生额：	45 400.00
		期末余额：	68 400.00

图 6-69 “应付票据”总分类账户

借方	应付账款		贷方
		期初余额：	20 000.00
（19）	6 836.50	（14） 6 836.50	
（49）	1 700.00	（28） 5 400.00	
本期发生额：	8 536.50	本期发生额：	12 236.50
		期末余额：	23 700.00

图 6-70 “应付账款”总分类账户

借方	预收账款		贷方
		期初余额：	24 000.00
（53）②	6 000.00		
本期发生额：	6 000.00	本期发生额：	0
		期末余额：	18 000.00

图 6-71 “预收账款”总分类账户

借方	应付职工薪酬		贷方
		期初余额：	49 500.00
（24）	49 500.00	（25）	49 200.00
（26）①	5 000.00	（26）②	5 000.00
本期发生额：	54 500.00	本期发生额：	54 200.00
		期末余额：	49 200.00

图 6-72 “应付职工薪酬”总分类账户

借方	应交税费		贷方
		期初余额：	23 300.00
(9)	1 235.00	(32)	5 850.00
(10)	1 300.00	(33)	1 950.00
(13)	650.00	(34)	1 950.00
(14)	786.50	(36)	3 900.00
(15)	5 200.00	(39)	5 250.00
(17)	2 600.00	(57)	3 900.00
		(64) ①	22 500.00
本期发生额：	11 771.50	本期发生额：	45 300.00
		期末余额：	56 828.50

图6-73 “应交税费”总分类账户

借方	应付利息		贷方
		期初余额：	600.00
(7)	900.00	(51)	300.00
本期发生额：	900.00	本期发生额：	300.00
		期末余额：	0

图6-74 “应付利息”总分类账户

借方	应付股利		贷方
		(67)	180 000.00
本期发生额：	0	本期发生额：	180 000.00
		期末余额：	180 000.00

图6-75 “应付股利”总分类账户

借方	其他应付款		贷方
		期初余额：	2 000.00
(59) ②	2 000.00		
本期发生额：	2 000.00	本期发生额：	0
		期末余额：	0

图6-76 “其他应付款”总分类账户

借方	长期借款		贷方
		期初余额：	200 000.00
		(8)	800 000.00
本期发生额：	0	本期发生额：	800 000.00
		期末余额：	1 000 000.00

图6-77 “长期借款”总分类账户

借方	股本	贷方
	期初余额：	11 417 100.00
		（1） 150 000.00
		（2） 5 000 000.00
		（3） 400 000.00
		（4） 200 000.00
本期发生额： 0	本期发生额：	5 750 000.00
	期末余额：	17 167 100.00

图6-78 “股本”总分类账户

借方	资本公积	贷方
	期初余额：	1 200 000.00
		（2） 1 000 000.00
本期发生额： 0	本期发生额：	1 000 000.00
	期末余额：	2 200 000.00

图6-79 “资本公积”总分类账户

借方	盈余公积	贷方
	期初余额：	260 000.00
		（66） 90 000.00
本期发生额： 0	本期发生额：	90 000.00
	期末余额：	350 000.00

图6-80 “盈余公积”总分类账户

借方	本年利润	贷方
	期初余额：	832 500.00
（63）② 173 232.50		（63）① 263 232.50
（64）② 22 500.00		
（65） 900 000.00		
本期发生额： 1 095 732.50	本期发生额：	263 232.50
	期末余额：	0

图6-81 “本年利润”总分类账户

借方	利润分配	贷方
	期初余额：	2 343 000.00
（66） 90 000.00		
（67） 180 000.00		（65） 900 000.00
（68） 270 000.00		（68） 270 000.00
本期发生额： 540 000.00	本期发生额：	1 170 000.00
	期末余额：	2 973 000.00

图6-82 “利润分配”总分类账户

借方	主营业务收入	贷方
		（32） 45 000.00
		（33） 15 000.00
		（34） 15 000.00
	（63）① 105 000.00	（36） 30 000.00
本期发生额：	105 000.00	本期发生额： 105 000.00

图6-83 “主营业务收入”总分类账户

借方	其他业务收入	贷方
		（50） 2 000.00
		（53）② 6 000.00
	（63）① 38 000.00	（57） 30 000.00
本期发生额：	38 000.00	本期发生额： 38 000.00

图6-84 “其他业务收入”总分类账户

借方	投资收益	贷方
	（63）① 117 732.50	（62） 117 732.50
本期发生额：	117 732.50	本期发生额： 117 732.50

图6-85 “投资收益”总分类账户

借方	营业外收入	贷方
	（63）① 2 500.00	（42）② 800.00
		（49） 1 700.00
本期发生额：	2 500.00	本期发生额： 2 500.00

图6-86 “营业外收入”总分类账户

借方	主营业务成本	贷方
	（40） 75 232.50	（63）② 75 232.50
本期发生额：	75 232.50	本期发生额： 75 232.50

图6-87 “主营业务成本”总分类账户

借方	其他业务成本	贷方
	（58） 20 000.00	（63）② 20 000.00
本期发生额：	20 000.00	本期发生额： 20 000.00

图6-88 “其他业务成本”总分类账户

借方	税金及附加		贷方
（39）	5 250.00	（63）②	5 250.00
本期发生额：	5 250.00	本期发生额：	5 250.00

图 6-89 “税金及附加”总分类账户

借方	销售费用		贷方
（37）	500.00	（63）②	1 000.00
（38）	500.00		
本期发生额：	1 000.00	本期发生额：	1 000.00

图 6-90 “销售费用”总分类账户

借方	管理费用		贷方
（22）	940.00		
（25）	5 700.00		
（26）②	650.00		
（27）	8 000.00		
（28）	900.00	（46）②	4 400.00
（45）②	4 100.00	（63）②	62 450.00
（54）②	3 000.00		
（55）	39 060.00		
（59）②	2 000.00		
（61）	2 500.00		
本期发生额：	66 850.00	本期发生额：	66 850.00

图 6-91 “管理费用”总分类账户

借方	财务费用		贷方
（51）	300.00	（63）②	300.00
本期发生额：	300.00	本期发生额：	300.00

图 6-92 “财务费用”总分类账户

借方	信用减值损失		贷方
（52）	3 000.00	（63）②	3 000.00
本期发生额：	3 000.00	本期发生额：	3 000.00

图 6-93 “信用减值损失”总分类账户

借方	营业外支出		贷方
（47）②	4 000.00	（63）②	6 000.00
（60）	2 000.00		
本期发生额：	6 000.00	本期发生额：	6 000.00

图 6-94 “营业外支出”总分类账户

借方	所得税费用	贷方
	（64）① 22 500.00	（65）② 22 500.00
本期发生额：	22 500.00	本期发生额： 22 500.00

图6-95 “所得税费用”总分类账户

借方	合同负债	贷方
	（36）33 900.00	（35）33 900.00
本期发生额：	33 900.00	本期发生额： 33 900.00

图6-96 “合同负债”总分类账户

表6-16 海湛股份有限公司总分类账试算平衡表

20××年12月31日 单位：元

序号	会计科目	期初余额		本期发生额		期末余额	
		借方	贷方	借方	贷方	借方	贷方
1	库存现金	10 000.00		50 800.00	55 140.00	5 660.00	
2	银行存款	8 000 000.00		7 396 382.50	223 866.50	15 172 516.00	
3	交易性金融资产	210 000.00			210 000.00		
4	应收票据			16 950.00		16 950.00	
5	应收账款	20 000.00		16 950.00	2 000.00	34 950.00	
6	预付账款	3 000.00		22 600.00	25 600.00		
7	其他应收款	2 000.00		7 000.00	3 000.00	6 000.00	
8	坏账准备			2 000.00	3 000.00		1 000.00
9	在途物资			72 290.00	72 290.00		
10	原材料	200 000.00		76 690.00	30 000.00	246 690.00	
11	库存商品	260 000.00		84 110.00	79 332.50	264 777.50	
12	生产成本			84 110.00	84 110.00		
13	制造费用			35 910.00	35 910.00		
14	固定资产	7 600 000.00		423 685.00	6 000.00	8 017 685.00	
15	累计折旧		150 000.00	2 000.00	30 000.00		178 000.00
16	在建工程			12 300.00	12 300.00		
17	工程物资			11 300.00	11 300.00		
18	无形资产	300 000.00		200 000.00		500 000.00	

续表

序号	会计科目	期初余额		本期发生额		期末余额	
		借方	贷方	借方	贷方	借方	贷方
19	待处理财产损溢			15 300.00	15 300.00		
20	短期借款		60 000.00	60 000.00			
21	应付票据		23 000.00		45 400.00		68 400.00
22	应付账款		20 000.00	8 536.50	12 236.50		23 700.00
23	预收账款		24 000.00	6 000.00			18 000.00
24	应付职工薪酬		49 500.00	54 500.00	54 200.00		49 200.00
25	应交税费		23 300.00	11 771.50	45 300.00		56 828.50
26	应付利息		600.00	900.00	300.00		
27	应付股利				180 000.00		180 000.00
28	其他应付款		2 000.00	2 000.00			
29	长期借款		200 000.00		800 000.00		1 000 000.00
30	股本		11 417 100.00		5 750 000.00		17 167 100.00
31	资本公积		1 200 000.00		1 000 000.00		2 200 000.00
32	盈余公积		260 000.00		90 000.00		350 000.00
33	本年利润		832 500.00	1 095 732.50	263 232.50		
34	利润分配		2 343 000.00	540 000.00	1 170 000.00		2 973 000.00
35	主营业务收入			105 000.00	105 000.00		
36	其他业务收入			38 000.00	38 000.00		
37	投资收益			117 732.50	117 732.50		
38	营业外收入			2 500.00	2 500.00		
39	主营业务成本			75 232.50	75 232.50		
40	其他业务成本			20 000.00	20 000.00		
41	税金及附加			5 250.00	5 250.00		
42	销售费用			1 000.00	1 000.00		
43	管理费用			66 850.00	66 850.00		
44	财务费用			300.00	300.00		

续表

序号	会计科目	期初余额		本期发生额		期末余额	
		借方	贷方	借方	贷方	借方	贷方
45	信用减值损失			3 000.00	3 000.00		
46	营业外支出			6 000.00	6 000.00		
47	所得税费用			22 500.00	22 500.00		
48	合同负债			33 900.00	33 900.00		
合　计		16 605 000.00	16 605 000.00	10 807 083.00	10 807 083.00	24 265 228.50	24 265 228.50

在结账之后，编制财务报表之前必须进行试算平衡。试算平衡并非一定等到会计期末才进行，也并非只对总分类账的发生额和期末余额进行试算平衡。如果企业的交易或者事项特别多，也可以分阶段对发生额试算平衡。例如，采用科目汇总表会计核算组织程序时，如果每10天汇总一次，就包含了对记账凭证上这10天的借贷方发生额进行试算平衡（见第八章）。根据科目汇总表登记完总分类账之后，再对总分类账的借贷方发生额进行试算平衡，既检查了记账过程（填制记账凭证）的正确性，也检查了过账过程（登记账簿）的正确性。

为了避免期末结账之后试算平衡发现的差错不容易查找，还可以在期末账项调整之前，先对会计凭证和总分类账的发生额进行试算平衡。待进行账项调整时，再对账项调整涉及的会计凭证和总分类账中的发生额进行试算平衡。期末结转后再对记账凭证和总分类账中的发生额进行试算平衡。无误后，再对总分类账期末余额进行试算平衡。这样做虽然略显麻烦，但容易查找错账，反而可以节省查找错账所花费的大量时间。

【课堂拓展】

在浩瀚的历史长河中，我国会计领域涌现出了诸多杰出的人物，他们以卓越的智慧和不懈的努力，不仅在会计理论与实务上留下了浓墨重彩的一笔，更为推动经济社会的发展贡献了自己的力量。

1.潘序伦（1893—1985），江苏宜兴人，会计学家、会计教育家、会计实务专家和会计实业家，被誉为“中国现代会计之父”，创立了会计教育、会计出版、会计实务“三位一体”的立信会计事业[①]。

2.杨纪琬（1917—1999），上海松江人，会计学家、会计理论家、会计教育家，“管理活动论”的主要创始人，我国社会主义会计制度的奠基人之一。

3.娄尔行（1915—2000），浙江绍兴人，会计学家、会计理论家、会计教育家，新会计学科体系的主要创始人。

① 佚名．中国会计名人评选 潘序伦等9人入选［EB/OL］．［2013-01-19］．https：//m.news.esnai.com/pcarticle/85437.

4.葛家澍（1921—2013），江苏兴化人，经济学家、管理学家、会计学家、会计教育家，“信息系统论”的主倡者，中国现代会计准则体系的重要构建者。

5.杨汝梅（1899—1985），河北磁县人，会计理论家、会计教育家，无形资产理论研究的开创者，首位列入《世界名人录》的中国会计学家。

6.顾准（1915—1974），江苏苏州人，思想家、会计学家、经济学家。中国提出社会主义市场经济理论的第一人。

7.谢霖（1885—1969），江苏武进人，会计教育家、会计实务专家，中国的第一位注册会计师，第一个会计师事务所的创办者，中国注册会计师制度的缔造者，中国会计改革的先驱。

8.安绍芸（1900—1976），河北武清人，会计教育家、会计实务专家，新中国会计制度的奠基人。

9.阎达五（1929—2003），山西祁县人，会计学家、会计理论家、会计教育家，“管理活动论”的创始人之一。

会计虽看似一门数据与规则交织的学科，但它实质上是经济活动的忠实记录者与守护者，是国家经济命脉的微观映射。在平凡的会计岗位上，会计人员的每一笔记录，都是对企业健康发展的默默支持，是国家经济大厦稳固的基石。作为新时代的会计人员，我们正站在巨人的肩膀上，继承着前辈们的光荣传统，面临着前所未有的机遇与挑战。我们应保持追求卓越的坚毅和勇气，除了会计理论知识的积累外，还要有对细节的极致追求、对职业操守的坚守、对守正创新的拥抱。在日复一日的账务处理中，我们要学会从数据背后洞察经济的脉动，从流程优化中寻找效率的提升，从风险防控中保障资产的安全。每一项看似简单的任务，都是对业务素养的考验，也是锤炼工匠精神的绝佳机会。因此，我们应以高度的责任心对待每一次会计业务，以严谨的态度执行每一项准则。

会计不仅是一项技能，更是一种使命，一种对社会公正、经济透明的承诺。历史上的会计名人，用他们一生的实践证明，即使在最平凡的岗位上，也能绽放出耀眼的光芒，成就一番不凡的事业。让我们携手同行，在这个快速变化的时代，不断提升自我，勇于创新，以专业之光点亮经济发展的道路，为国家的繁荣昌盛贡献我们会计人的一份力量。

【练习题】

即测即评

一、名词解释

1.结账 2.对账
3.实收资本 4.短期借款
5.财务费用 6.固定资产
7.原材料 8.增值税
9.累计折旧 10.管理费用
11.职工薪酬 12.资产清查
13.未达账项 14.实地盘存制
15.永续盘存制 16.期末账项调整
17.会计核算的基本前提：
（1）会计主体 （2）持续经营
（3）会计分期 （4）货币计量

二、简答题

1.产品制造企业有哪些主要经济业务？
2.会计核算的基本前提包括哪些内容？
3.未达账项包括哪些具体内容？
4.资产清查结果的处理步骤有哪些？
5.期末账项调整的内容和目的有哪些？
6.账账核对包括哪些内容？
7.账实核对包括哪些内容？

三、业务题

习题一

目的：练习资金筹集业务的会计记录。

资料：海湛股份有限公司20××年1月份发生下列业务。

1.接受投资者投入企业的股本60 000元，款项存入银行。

2.收到某投资者投入的一套全新设备，投资双方确认价值为30 000元的股本；收到投资者投入企业的专利权一项，投资双方确认价值为100 000元的股本。相关手续已办妥。

3.从银行取得期限为4个月的生产经营用借款30 000元，所得借款已存入开户银行。

4.若上述借款年利率为4%，根据与银行签署的借款协议：该项借款的利息分月计提，按季支付，本金于到期后一次归还。计提本月借款利息。

5.从银行取得期限为2年的借款60 000元，所得借款已存入开户银行。

6.偿还到期短期借款本金10 000元。

要求：

1.根据上述经济业务编制会计分录。

2.若1月初海湛股份有限公司的资产总额为600 000元，计算1月末的资产总额。

习题二

目的：练习固定资产购入业务的会计记录。

资料：海湛股份有限公司20××年2月份发生下列经济业务。

1. 购入不需要安装的生产设备一台，买价10 000元，增值税进项税额1 300元，保险费500元，包装及运杂费1 300元，全部价款使用银行存款支付，设备购回即投入使用。

2. 购入需要安装的生产设备一台，买价50 000元，增值税进项税额6 500元，包装费1 500元，全部价款使用银行存款支付。

3. 安装上述设备，领用甲材料2 000元（不考虑增值税），用库存现金支付安装费1 000元。

4. 上述设备安装完毕，达到预定可使用状态，并经验收合格交付使用，结转工程成本。

要求：根据上述经济业务编制会计分录。

习题三

目的：练习材料采购业务的会计记录。

资料：海湛股份有限公司20××年2月份发生下列业务（涉及运输费均不考虑增值税）。

1. 从日盛公司购进甲材料1 100千克，每千克20元；乙材料900千克，每千克15元。甲、乙材料价款共计35 500元，支付运杂费4 800元，增值税进项税额4 615元。材料尚未到达，货款、运杂费及增值税进项税额已用银行存款支付（运费按材料重量比例分摊）。

2. 从新星工厂购进丙材料4 800千克，每千克40元，发生运杂费2 400元，增值税进项税额24 960元，款项采用商业汇票结算，企业开出并承兑半年期商业承兑汇票一张，材料尚在途中。

3. 以银行存款向海河工厂预付购买乙材料货款180 000元。

4. 企业收到已预付货款的海河工厂发运的乙材料，尚未验收入库。该批材料买价160 000元，运杂费1 200元，增值税进项税额20 800元。

5. 企业对海河工厂发运的乙材料，除冲销原预付货款180 000元外，其余以银行存款支付。

6. 月末，本月采购的甲、乙、丙三种材料均已经验收入库，计算并结转已验收入库甲、乙、丙材料的实际采购成本。

要求：根据上述经济业务编制会计分录。

习题四

目的：练习产品生产业务的会计记录。

资料：

1. 海湛股份有限公司20××年3月1日，“生产成本——985#产品”账户无余额。

2.海湛股份有限公司20××年3月份发生下列业务：

（1）3月1日，生产985#产品领用相关材料（见表6-17）。

表6-17 生产985#产品领用材料表

材料名称	数量（吨）	单价（元/吨）	金额（元）
101#材料	400	100	40 000
201#材料	1 200	10	12 000
合计	—	—	52 000

（2）3月5日，以库存现金支付企业行政管理部门的办公用品费120元。

（3）3月10日，从银行提取现金20 000元，准备发放上月工资。

（4）3月10日，以现金发放上月职工工资20 000元。

（5）3月12日，以银行存款支付本月份基本生产车间水电费2 500元及办公费425元。

（6）3月25日，以银行存款支付本季度银行借款利息支出15 000元。

（7）3月31日，计提本月份应负担的利息支出5 000元。

（8）3月31日，计提本月份固定资产折旧：

基本生产车间应计提折旧费6 075元，企业行政管理部门计提折旧费3 000元，合计9 075元。

（9）3月31日，根据本月考勤记录，计提本月职工工资21 000元，其中：基本生产工人工资16 600元，车间管理人员工资2 400元，企业行政管理人员工资2 000元。

（10）3月31日，结转本月发生的制造费用。

（11）3月31日，985#产品200台全部完工，结转985#产品的生产成本。

要求：

1.根据上述经济业务编制会计分录。

2.计算完工的200台985#产品总成本和单位成本。

习题五

目的：练习产品销售业务的会计记录。

资料：海湛股份有限公司20××年4月份发生下列经济业务：

1.4月2日，销售甲产品500件，每件售价200元，货款100 000元，增值税税率为13%，货款已收到并存入银行。

2.4月5日，收到上月恒新厂所欠货款7 000元，存入银行。

3.4月10日，销售给恒新厂甲产品200件，每件售价200元，乙产品100件，每件售价100元，共计50 000元，增值税销项税额6 500元，收到面值为56 500元的商业汇票一张。

4.4月16日，以银行存款支付金融机构手续费1 000元。

5.4月18日，以银行存款支付销售甲产品、乙产品的保险费用800元、广告宣传费用1 200元。

6.4月26日，销售给明达工厂甲产品900件，每件售价200元，乙产品200件，每件售价100元，货款合计200 000元，增值税销项税额26 000元，款项尚未收到。

7.4月30日，上述销售的甲产品、乙产品属于应缴纳消费税的产品，假定消费税税率为5%。

8.4月30日，结转本月已销产品的生产成本（见表6-18）。

表6-18 结转本月已销产品的生产成本表

产品名称	数量（件）	单位成本（元/件）	总成本（元）
甲	1 600	180	288 000
乙	300	80	24 000
合计	—	—	312 000

要求：根据上述经济业务编制会计分录。

习题六

目的：练习银行存款余额调节表的编制。

资料：海湛股份有限公司20××年5月31日银行存款日记账账面余额87 010元，开户银行送来的对账单所列余额为94 500元，经逐笔核对，发现未达账项如下：

1.5月29日，企业为支付职工借支差旅费开出现金支票一张，计1 350元，持票人尚未到银行取款。

2.5月30日，企业签发转账支票一张支付货款，计8 550元，银行尚未入账。

3.5月31日，企业收到购货单位转账支票一张，计19 400元，已开具送款单送银行，企业已经入账，但银行尚未入账。

4.5月31日，企业经济纠纷案败诉，银行代扣违约罚金12 000元，企业尚未接到凭证而未入账。

5.5月31日，银行计算企业存款利息3 400元，已记入企业存款户，企业尚未接到凭证而未入账。

6.5月31日，银行收到企业委托代收销货款25 590元，已收妥记入企业存款户，企业尚未接到凭证而未入账。

要求：根据以上未达账项编制银行存款余额调节表。

习题七

目的：练习资产清查的会计记录。

资料：海湛股份有限公司20××年12月31日进行资产清查发生下列业务：

1.海湛股份有限公司在资产清查中，发现库存现金人民币日记账余额为10 200元，实地盘点结果为10 000元，实存与账存不相符，经查属于出纳员万芳的责任。根据库存现金盘点结果，完成“库存现金盘点报告表”（见表6-19）并作相应的会计处理。

表 6-19　　库存现金盘点报告表

单位名称：　　年　月　日　　单位：元

币　种	实存金额	账存金额	实存与账存对比		备　注
			盘盈（长款）	盘亏（短款）	

盘点人签章：　　出纳员签章：

2.海湛股份有限公司在资产清查中，发现盘亏乙材料2 500元，盘亏B商品3 500元。经查，盘亏的乙材料属于定额内合理损耗的共计1 500元，属于由过失责任人赔偿的共计1 000元；盘亏的B商品全部属于自然灾害造成的损失。

3.海湛股份有限公司在资产清查中，发现盘亏机器设备一台，账面原值15 000元，已提折旧10 000元。经查，该设备已报废，按规定处理。

4.海湛股份有限公司在资产清查中发现应收海蓝公司货款3 000元。经查，该笔货款确属无法收回的款项，经批准转作坏账损失。（海湛股份有限公司用备抵法核算坏账）

5.海湛股份有限公司在资产清查中，发现应付中兴公司的货款3 500元，因中兴公司解散已无法支付，经批准予以转销。

要求：根据上述经济业务编制会计分录。

习题八

目的：练习利润形成与分配业务的会计记录。

资料：海湛股份有限公司20××年12月发生下列业务：

1.用库存现金600元支付厂部办公用品费。

2.采购员王明出差归来，报销差旅费，出纳补给他现金500元。（王明出差原预借差旅费2 000元）

3.计提应由本月负担的银行借款利息800元。

4.销售材料价款20 000元，增值税税率为13%，收到商业汇票一张。

5.用银行存款5 000元支付参加工业品博览会展位费。

6.结转上述已售材料的成本18 000元。

7.用银行存款支付罚款支出1 400元。

8.出售为了交易目的而持有的股票，账面价值为50 000元，售价为55 000元，所得款项存入银行。

9.收到购买方违约罚款收入2 000元，存入银行。

10.结转本月实现的各项收入，其中：主营业务收入360 000元，其他业务收入20 000元，营业外收入2 000元，投资收益5 000元。

11.月末，结转本月发生的各项费用，其中：主营业务成本262 000元，其他业务成本18 000元，销售费用5 000元，税金及附加2 300元，管理费用14 000元，财务费用800元，营业外支出1 400元。

12.按25%的税率计算并结转本月应交企业所得税。

13.公司1—11月累计实现利润总额（无税前扣除项目）4 500 000元，累计已缴纳所得税1 125 000元。结转全年实现的净利润。

14.按全年实现净利润的10%提取法定盈余公积。

15.准备用全年实现净利润的20%向投资者分配现金股利。

16.结转“利润分配”的明细分类账户。

要求：根据上述经济业务编制会计分录。

习题九

目的：练习产品制造企业主要交易和事项的会计分录以及试算平衡表的编制。

资料：海湛股份有限公司20××年12月发生下列业务：

1.向银行借入偿还期为4个月的借款20 000元，已存入开户银行。

2.收到投资人投资40 000元，存入开户银行。

3.向华为厂购入甲材料30吨，每吨1 000元；购入乙材料20吨，每吨2 500元，增值税税率13%。材料尚在运输途中，货款未付。

4.购入生产设备一台，价款60 000元，增值税进项税额7 800元，运杂费800元，均已用银行存款支付，设备购回即投入使用。

5.以库存现金支付甲、乙材料运杂费600元（运杂费按材料重量比例分配）。甲、乙材料均已运到并验收入库，结转其实际采购成本。

6.用银行存款支付上月应交税费1 500元。

7.车间领用材料5 000元，用于A产品生产2 500元，用于B产品生产2 000元，用于车间一般消耗500元。

8.从开户银行提取现金36 000元。

9.以现金发放上月员工工资35 000元。

10.以银行存款支付员工各种福利费共计4 000元。

11.企业销售A产品价款15 000元，增值税税率13%，收到商业汇票一张。

12.用银行存款支付销售产品的广告宣传费2 000元。

13.企业销售B产品价款100 000元，增值税税率13%，收到转账支票一张，已到银行办妥进账手续。

14.开出现金支票1 000元，购买厂部办公用品，当即交付使用。

15.接到银行通知，明月厂前欠本公司的货款23 400元已收到。

16.计提本月固定资产折旧，其中，车间11 100元，厂部2 900元。

17.销售的上述A产品属于应征消费税的产品，按5%的税率计算A产品的消费税。

18.分配本月工资费用34 500元，其中，A产品生产工人工资13 000元，B产品生产工人工资12 000元，车间管理人员工资4 500元，厂部管理人员工资5 000元。

19.分配本月职工福利费4 000元，其中，A产品生产工人1 300元，B产品生产工人1 400元，车间管理人员600元，厂部管理人员700元。

20.计提应由本月负担的银行借款利息1 200元。

21.月末，按A、B产品生产工人工资比例分配结转制造费用。

22.本月生产的A、B产品全部完工验收入库，结转其实际生产成本。

23.结转本月已销产品成本90 000元，其中，A产品12 000元，B产品78 000元。

24.月末，将各损益类账户余额转至“本年利润”账户。

25.计算本月利润总额，按25%的税率计算所得税并予以结转。

26.若公司1—11月累计实现净利润111 412.5元，计算并结转全年实现的净利润。

27.按全年实现净利润的10%提取法定盈余公积。

28.准备用全年实现净利润的30%向投资者分配现金股利。

29.结转“利润分配”的明细分类账户。

要求：

1.根据上述经济业务编制会计分录。

2.开设总分类账户（用T形账户代替）并进行登记。

3.根据总分类账户编制本期发生额试算平衡表。

参考答案

第七章

编制财务报告

第一节 财务报告概述

视频 7-1

财务报告概述

通过前面各章的学习，我们知道，会计循环的最初环节是交易或者事项发生以后，通过设置会计科目和账户，采用复式记账的方法，填制、审核会计凭证。但是，由于会计凭证是分散的、孤立的，不能系统地反映交易和事项的变化过程和结果，因此，还要通过会计循环的第二个环节——登记账簿，把会计凭证上的交易和事项，分门别类地登记到各种账簿的各个账户中去，从而使得分散、孤立的交易和事项能够系统化。但是，账簿提供的资料，仍不能全面、集中地反映交易和事项的变化过程和结果，这是因为，经济管理所需要的各种信息资料，仍分散在各个账簿的各个账户之中，从而使各种数据之间的相互关系被割裂开了，不能清晰、总括地反映各项经济指标之间的内在联系，更不便于信息使用者用于经济决策。因此，还要对账簿资料作进一步的加工、整理、分析和汇总，并以此为依据，编制财务会计报告。

编制财务报告是会计核算方法中最后一个核算方法，会计核算程序的最后一个程序，也是会计循环的最后一个环节。所谓**编制财务报告**是以书面报告的形式定期地、总括地反映企业某一特定日期的财务状况和某一会计期间的经营成果、现金流量等会计信息所采用的一种专门核算方法。财务报告提供的资料与其他会计核算资料相比，具有更集中、更概括、更系统和更有条理的特点。本章介绍的内容就是在第六章对工业企业主要交易和事项进行会计确认、会计计量、会计记录的基础上，编制财务报告，其核心是编制会计报表。

一、财务报告的概念

财务报告是企业对外提供的反映企业某一特定日期的财务状况和某一会计期间的经营成果、现金流量等会计信息的文件。

财务报告具有以下几层含义：

（1）财务报告应当是对外报告，其服务对象主要是投资者、债权人等外部信息使用者，专门为了内部管理需要的、特定目的的报告不属于财务报告的范畴。

（2）财务报告应当综合反映企业生产经营状况，包括某一时点的财务状况和某一时期的经营成果与现金流量等信息，以勾画出企业整体和全貌。

（3）财务报告必须形成一个系统的文件，不应是零星的或者不完整的信息。

财务报告是企业财务会计确认与计量的最终结果体现，投资者等使用者主要是通过财务报告来了解企业当前的财务状况、经营成果和现金流量等情况，从而预测未来的发展趋势的。因此，财务报告是向投资者等财务报告使用者提供决策有用信息的媒介和渠道，是投资者、债权人等使用者与企业管理层之间沟通信息的桥梁和纽带。

二、财务报告的构成及分类

（一）财务报告的构成

财务报告包括会计报表及会计报表附注和其他应当在财务报告中披露的相关信息和资料。

1.会计报表

企业对外提供的会计报表一般应当包括资产负债表、利润表、现金流量表、所有者权益变动表。小企业编制的报表可以不包括现金流量表。

（1）资产负债表。**资产负债表**是反映企业在某一特定日期的财务状况的会计报表。企业编制资产负债表的目的是通过如实反映企业的资产、负债和所有者权益金额及结构情况，帮助会计信息使用者评价企业资产的质量以及其短期偿债能力、长期偿债能力、利润分配能力等。

（2）利润表。**利润表**是反映企业在一定会计期间的经营成果的会计报表。企业编制利润表的目的是通过如实反映企业实现的收入、发生的费用以及应当计入当期利润的利得和损失等金额及结构情况，帮助会计信息使用者分析评价企业的盈利能力及其构成与质量。

（3）现金流量表。**现金流量表**是反映企业在一定会计期间的现金和现金等价物流入和流出情况的报表。企业编制现金流量表的目的是通过如实反映企业各项活动的现金流入、流出情况，帮助会计信息使用者评价企业的现金流和资金周转情况。

（4）所有者权益变动表。**所有者权益变动表**是反映企业年末所有者权益（或股东权益）增减变动情况的报表。所有者权益变动表应当全面反映一定时期所有者权益变动的情况，不仅包括所有者权益总量的增减变动，还包括所有者权益增减变动的重要结构性信息，尤其要反映直接计入所有者权益的利得和损失，让报表使用者准确理解所有者权益增减变动的根源。

2.会计报表附注

会计报表附注是财务报告不可或缺的组成部分，是对在资产负债表、利润表、现金流量表和所有者权益变动表等报表中列示项目的文字描述或明细资料，以及对未能在这些报表中列示项目的说明等。企业编制会计报表附注的目的是通过对财务报表本身作补充说明，以便更加全面、系统地反映企业财务状况、经营成果和现金流量的全貌，从而有助于向会计信息使用者提供更为有用的决策信息，帮助其做出更加科学合理的决策。

3.其他应当在财务报告中披露的相关信息和资料

其他应当在财务报告中披露的相关信息和资料，具体可以根据有关法律、法规的规定和外部会计信息使用者的信息需求而定，如企业承担的社会责任、对社区的贡献、可持续发展能力等信息。

需要注意的是，会计报表和财务报表不是一个概念，财务报表是会计报表和会计报表附注的统称，即“四表一注”，而会计报表仅指“四表”。

财务报表是财务报告的核心内容，本章主要介绍与财务报表有关的内容。

（二）财务报表的分类

财务报表可以按照不同的标准进行分类。

（1）按财务报表编报期间的不同，可以分为年度财务报表和中期财务报表。

年度财务报表是指以年度为基础编制的财务报表，也就是以一个完整会计年度的报告期间为基础编制的财务报表。年度财务报表全面、总括地提供企业年度内的经营成果、现金流量和年终财务状况的信息，因而财务报表种类和揭示的会计信息最为完整、齐全，包括资产负债表、利润表、现金流量表、所有者权益变动表和报表附注。

中期财务报表是指以中期为基础编制的财务报表，也就是以短于一个完整会计年度的报告期间为基础编制的财务报表。这里的中期是指短于一个完整的会计年度（自公历1月1日起至12月31日止）的报告期间，它可以是1个月、1个季度或者半年，也可以是其他短于一个会计年度的期间，如1月1日至9月30日等。由此可以得出，中期财务报表包括月度财务报表、季度财务报表和半年度财务报表，也包括年初至本中期期末的财务报表。中期财务报表至少应当包括资产负债表、利润表、现金流量表和报表附注，其中，中期资产负债表、利润表和现金流量表应当是完整报表，其格式和内容应当与年度财务报表相一致。与年度财务报表相比，中期财务报表中的附注披露可适当简略。

（2）按财务报表编报主体的不同，可以分为个别财务报表和合并财务报表。

个别财务报表是由企业在自身会计核算基础上对账簿记录进行加工而编制的财务报表。它主要用以反映企业自身的财务状况、经营成果和现金流量情况。

合并财务报表是以母公司和子公司组成的企业集团为会计主体，以母公司和所属子公司的财务报表为基础，由母公司编制的，综合反映企业集团财务状况、经营成果及现金流量情况的财务报表。

三、财务报告目标

目标是想要达到的境地、标准或结果。《企业会计准则——基本准则》第四条明确指出，**财务报告目标**是向财务报告使用者提供与企业财务状况、经营成果和现金流量等有关的会计信息，反映企业管理层受托责任履行情况，有助于财务会计报告使用者做出经济决策。

需要指出的是：财务报告目标不等于会计目标，因为会计目标是会计职能的具体化，会计目标不能超越会计职能，否则，会计目标就无法实现，由于现代会计具有“核算”、“管理”和“监督”三项职能，财务报告仅仅是会计核算最后一个程序，因此，财务报告目标充其量只能作为会计核算目标，不能代替会计管理目标和会计监督目标。也就是说，会计目标应包括“会计核算目标”、“会计管理目标”和“会计监督”三个分部目标。尽管会计目标会随着经济环境的变化和管理的要求而变化，在现阶段，我们将会计目标表述为：会计目标是以提高企业资源利用效率为基础，实现企业利润（或收益）更大化为根本目的，按照会计法规进行会计核算和会计管理，实行会计监督，向会计主体内外部信息使用者提供有助于经济决策的以财务信息为主的经济信息。

在会计理论结构中，会计目标是会计核算、会计管理和会计监督的出发点和归宿，也是会计理论的逻辑起点，因此，对会计目标问题的研究是会计理论研究中的一个重要课题；在会计实务中，会计目标是确定会计任务，制定、改进和评价会计程序和方法的依据，也是会计核算、会计管理和会计监督的驱动力。

四、财务报告的作用

企业通过财务报告对外提供与企业财务状况、经营成果和现金流量等有关会计信息，可以满足财务报表使用者对企业会计信息的需求，其作用主要表现在如下方面：

（1）为投资者和潜在投资者提供企业管理者对受托责任的履行情况，为其投资决策提供必要的信息资料。

投资者包括国家、法人、个人和外商。投资者关心投资报酬和投资风险，需要了解企业的财务状况、经营成果、营运能力、获利能力和发展能力，以及管理者对受托责任的履行情况。财务报表可以向投资者和潜在投资者提供其所需要的信息资料，以便于他们做出正确的投资决策。

（2）为债权人和潜在债权人提供企业偿债能力和支付能力的信息，为其信贷和赊销决策提供必要的信息资料。

企业债权人除了银行和其他金融机构、企业债券的购买者之外，还包括通过赊销向企业供应材料、设备和劳务的债权人。他们需要掌握企业的偿债能力和支付能力，以便进行信贷和赊销决策。

（3）为财政、市场监管、税务等行政管理部门提供对企业实施监督的各项信息资料。

财政、市场监管、税务等行政管理部门，依据有关的财经法规和制度，监督和检查企业的资金筹集和运用情况，成本计算和费用支出情况，利润形成和分配情况，税金计算和解缴情况，企业的财经法规、结算纪律的遵守情况。财务报表可以为上述各部门提供必要的数据资料，以便其对企业实施监督和检查。

（4）为企业主管部门提供评价企业经营管理水平的信息资料。

企业主管部门通过审阅、分析财务报表，考核企业的经营业绩、各项经济政策贯彻执行情况，并通过所属企业同类指标的对比分析，总结成绩，推广先进，带动后进；分析已发现问题的原因，并采取措施，提高企业的经营管理水平。

（5）为统计部门提供宏观经济管理的基础信息资料。

国民经济计划的许多指标都是来自财务报表的汇总资料，统计部门通过对财务报表的逐级汇总和分析，可以为国家进行宏观调控、综合管理、制订国民经济计划等提供重要的信息资料。

（6）为审计机关监督、检查企业财务状况和经营成果提供重要的信息资料。

审计机关的审计工作是从查阅财务报表数据开始的，财务报表能为审计工作提供企业详尽、全面的财务状况、经营成果等信息资料，是审计工作的重要依据。财务报表可以为进一步的凭证审计和账簿审计指明方向，为财务审计和经济效益审计提供重要的数据资料。

（7）为企业内部经营管理者进行日常经营管理、预测和决策提供必要的信息资料。

企业经营管理者通过财务报表，可以分析、检查企业财务计划、预算的执行情况；考核企业资金、成本、利润等计划指标的完成程度；分析、评价经营管理中的成绩和不足；查明问题存在的原因，以便不断改进经营管理工作。财务报表可以为经营管理者提供企业经济活动过程及其结果的信息资料，满足企业日常经营管理、预测经济前景、进行经济决策的需要。

五、编制财务报告的基本要求

（一）会计信息质量要求

视频 7-2

编制财务报告的基本要求

会计信息质量要求是对企业财务报告中所提供会计信息质量的基本要求，是使财务报告中所提供会计信息对投资者等使用者决策有用应具备的基本特征。基本准则中规定的会计信息质量要求包括可靠性、相关性、可理解性、可比性、实质重于形式、重要性、谨慎性和及时性。

1.可靠性

可靠性也称**真实性，客观性**，是要求企业应当以实际发生的交易或者事项为依据进行确认、计量和报告，如实反映符合确认和计量要求的各项会计要素及其他相关信息，保证会计信息真实可靠，内容完整。可靠性要求做到：

（1）真非虚假。企业应当以实际发生的交易或者事项为依据进行会计确认、计量和报告，不能以虚假的交易或者事项为依据进行会计确认、计量和报告。

（2）真且如实。企业应当如实地反映其所发生的交易或者事项，将符合会计要素定义及其确认条件的资产、负债、所有者权益、收入、费用和利润等如实反映在财务报表中，如实刻画出企业财务活动过程及结果。

（3）真且完整。企业应当在符合重要性和成本效益原则的前提下，保证会计信息的完整性，其中包括编报的报表及其附注内容等应当保持完整，不能随意遗漏或者减少应予披露的信息，与使用者决策相关的有用信息都应当充分披露。

2.相关性

相关性也称**有用性**，是要求企业提供的会计信息应当与财务报告使用者的经济决策需要相关，有助于财务报告使用者对企业过去、现在或者未来的情况做出评估或者预测。相关性应包括以下要求：

（1）对决策有用。企业提供的会计信息是否具有相关性，关键是看会计信息对使用者的经济决策是否有用，是否有助于决策或者提高决策水平。也就是说，要充分考虑使用者的决策模式和信息需要，尽可能地满足投资者等财务报告使用者的决策需要。

（2）具有反馈价值，是指相关的会计信息应当能够有助于使用者评价企业过去的决策，证实或者修正过去的有关决策，以利于未来的决策。

（3）具有预测价值，是指相关的会计信息应当有助于使用者根据财务公告所提供的会计信息预测企业未来的财务状况、经营成果和现金流量，有利于使用者做出正确的决策。

3.可理解性

可理解性也称**清晰性**，是要求企业提供的会计信息应当清晰明了，便于财务报告使用者理解和使用。可理解性应当包括以下两层含义：

（1）清晰明了。企业编制财务报告、提供会计信息的目的在于对决策有用。为保证其对决策有用，就要使会计信息使用者有效地使用会计信息，了解会计信息的内涵，弄懂会计信息的内容，这就要求财务报告所提供的会计信息清晰明了。只有这样，才能易于理解，有效使用，满足向信息使用者提供决策有用信息的要求。这是可理解性的第一层含义。

（2）便于理解、使用，是假定信息使用者具有一定的有关企业经营活动和会计方面的知识，并且愿意付出努力去研究这些信息。因此，对某些复杂的信息，例如，交易本身较为复杂或者会计处理较为复杂，但其对使用者的经济决策是相关的，信息使用者愿意付出努力去研究这些信息。这就要求企业不能仅仅以该信息会使某些使用者难以理解，而将其排除在财务报告应披露的信息之外，而是从便于理解和使用的立场出发，在财务报告中予以披露。这是可理解性的第二层含义。

4.可比性

可比性是要求企业提供的会计信息应当相互可比。可比性包括以下两层含义：

（1）纵向可比。同一企业不同时期发生的相同或者相似的交易或者事项，应当采用一致的会计政策，不得随意变更，以便于企业不同时期的财务状况、经营成果和现金流量相互可比。确需变更的，应当在附注中说明。

（2）横向可比。不同企业同一会计期间发生的相同或者相似的交易或者事项，应当采用规定的会计政策，确保会计信息口径一致、相互可比，以使不同企业按照一致的确认、计量和报告要求提供有关会计信息。

5.实质重于形式

实质重于形式是要求企业应当按照交易或者事项的经济实质进行会计确认、计量和报告，不应仅以交易或者事项的法律形式为依据。

企业发生的交易或者事项的法律形式并不总能完全真实地反映其经济实质，在有些情况下也会出现不一致，这就要求企业必须根据交易或者事项的经济实质进行判断，而不能仅仅根据它们的法律形式。例如，企业按照销售合同销售商品，但又签订了售后回购协议，虽然从法律形式上看实现了收入，但如果企业没有将商品所有权上的主要风险和报酬转移给购货方，没有满足收入确认的各项条件，即使签订了商品销售合同或者已将商品交付给购货方，也不应当确认销售收入。通常应当将该售后回购协议作为融资协议来处理。如果企业仅以交易或者事项的法律形式为依据进行会计确认、计量和报告，则容易导致会计信息失真，无法如实反映经济现实。

6.重要性

重要性是要求企业提供的会计信息应当反映与企业财务状况、经营成果和现金流量等有关的所有重要交易或者事项。重要性应当包括：

（1）重要性的确认。重要性是指在合理预期下，财务报表某项目的省略或错报会影响使用者据此做出经济决策的，该项目具有重要性。

（2）重要性的判断。重要性应当根据企业所处的具体环境，从项目的性质和金额两方面予以判断，且对各项目重要性的判断标准一经确定，不得随意变更。判断项目性质的重要性，应当考虑该项目在性质上是否属于企业日常活动、是否影响企业的财务状况、经营成果和现金流量等因素；判断项目金额大小的重要性，应当考虑该项目金额占资产总额、负债总额、所有者权益总额、营业收入总额、营业成本总额、净利润、综合收益总额等直接相关项目金额的比重或所属报表单列项目金额的比重。

（3）重要性的处理。对具有重要性的交易或者事项，必须按照规定的会计方法和程序进行处理，并在财务报告中予以充分地披露，对于次要的会计事项，在不影响会计信息可靠性、完整性和不至于误导会计信息使用者做出正确判断的前提下，可适当简化处理。

7.谨慎性

谨慎性是要求企业对交易或者事项进行会计确认、计量和报告应当保持应有的谨慎，不应高估资产或者收益、低估负债或者费用。谨慎性应包括以下两个方面：

（1）不高估资产或者收益，不低估负债或者费用。在企业的生产经营活动面临着许多风险和不确定性的情况下，做出职业判断时，应当保持应有的谨慎，充分估计到各种风险和损失，既不高估资产或者收益，也不低估负债或者费用。

（2）不故意低估资产或者收益，不故意高估负债或者费用。谨慎性的应用也不允许企业设置秘密准备、超额准备、故意低估资产或者收益，或者故意高估负债或者费用，因为按照上面做法编制的财务报表不符合会计信息的可靠性和相关性要求，损害了会计信息质量，扭曲了企业实际的财务状况和经营成果，从而会对会计信息使用者的决策产生误导。

8.及时性

及时性是要求企业对已经发生的交易或者事项，应当及时进行会计确认、计量和报告，不得提前或者延后。及时性应当包括：

（1）及时收集会计信息，即在交易或者事项发生后，及时收集、整理各种原始单据或者凭证。

(2) 及时处理会计信息，即按照会计准则的规定，及时对交易或者事项进行确认、计量、记录，并编制财务报告。

(3) 及时传递会计信息，即按照国家规定的有关时限，及时地将编制的财务报告传递给财务报告使用者，便于其及时使用和决策。

之所以要求及时性，是因为会计信息的价值在于帮助会计信息使用者做出经济决策，因此，具有时效性。即使是可靠、相关的会计信息，如果不及时提供，也就失去了时效性，对于信息使用者的效用就大大降低，甚至不再具有任何实际意义。

上述八项会计信息质量要求中，可靠性、相关性、可理解性和可比性是会计信息的首要质量要求，是企业财务报告中所提供会计信息应具备的基本质量特征；实质重于形式、重要性、谨慎性和及时性是会计信息的次级质量要求，是对可靠性、相关性、可理解性和可比性等首要质量要求的补充和完善，尤其是在对某些特殊交易或者事项进行处理时，需要根据这些质量要求来把握其会计处理原则。另外，及时性还是会计信息相关性和可靠性的制约因素，因为及时提供会计信息可能会损害可靠性，拖延又可能失去相关性，这就要求企业在相关性和可靠性之间寻求一种平衡，以确定信息及时披露的时间。

(二) 财务报表的列报要求

企业编制财务报表除了要符合信息质量要求外，还应当遵循《企业会计准则第30号——财务报表列报》中对财务报表的列报要求：

1.以会计准则进行确认和计量的列报要求

企业应当根据实际发生的交易和事项，遵循《企业会计准则——基本准则》和其他各项会计准则的规定进行确认和计量，在此基础上编制财务报表。企业不应以附注披露代替确认和计量，不恰当的确认和计量也不能通过充分披露相关会计政策而纠正。

如果按照各项会计准则规定披露的信息不足以让报表使用者了解特定交易或事项对企业财务状况和经营成果的影响，企业还应当披露其他必要信息。

2.以持续经营为基础的列报要求

企业应当以持续经营为基础进行会计确认、计量和编制财务报表。在编制财务报表过程中，企业管理层应当利用所有可获得信息来评价企业自报告期末起至少12个月的持续经营能力。评价时，需要考虑宏观政策风险、市场经营风险、企业目前或长期的盈利能力、偿债能力、财务弹性以及企业管理层改变经营政策的意向等因素。评价结果表明对持续经营能力产生重大怀疑的，企业应当在附注中披露导致对持续经营能力产生重大怀疑的因素以及企业拟采取的改善措施。

企业如有近期获利经营的历史且有财务资源支持，则通常表明以持续经营为基础编制财务报表是合理的。企业正式决定或被迫在当期或将于下一个会计期间进行清算或停止营业的，则表明以持续经营为基础编制财务报表不再合理。在这种情况下，企业应当采用其他基础编制财务报表，并在附注中声明财务报表未以持续经营为基础编制的事实、披露未以持续经营为基础编制的原因和财务报表的编制基础。

3.以权责发生制为基础的列报要求

除现金流量表按照收付实现制原则编制外，企业应当按照权责发生制原则编制财务报表。

4.以重要性为基础的项目列报要求

重要性，是指在合理预期下，财务报表某项目的省略或错报会影响使用者据此做出经济决策的，该项目具有重要性。在全面反映企业的财务状况和经营成果时，应当区别经济业务的重要程度，采用不同的会计处理程序和方法。总的原则是，如果某项目单个看不具有重要性，则可将其与其他项目合并列报；如具有重要性，则应当单独列报。

列报要求主要体现在以下几个方面：

（1）性质或功能不同的项目，应当在财务报表中单独列报，但不具有重要性的项目除外。

（2）性质或功能类似的项目，其所属类别具有重要性的，应当按其类别在财务报表中单独列报。

（3）某些项目的重要性程度不足以在资产负债表、利润表、现金流量表或所有者权益变动表中单独列示，但对附注具有重要性，则应当在附注中单独披露。

5.以不得相互抵销为基础的项目列报要求

财务报表中的资产项目和负债项目的金额、收入项目和费用项目的金额、直接计入当期利润的利得项目和损失项目的金额不得相互抵销。例如，企业欠客户的应付款不得与其他客户欠本企业的应收款相抵销，如果相互抵销就掩盖了交易的实质。企业会计准则另有规定的除外。

一组类似交易形成的利得和损失应当以净额列示，但具有重要性的除外。资产或负债项目按扣除备抵项目后的净额列示，不属于抵销。

非日常活动产生的利得和损失，以同一交易形成的收益扣减相关费用后的净额列示更能反映交易实质的，不属于抵销。

6.信息列报的一致性要求

财务报表项目的列报应当在各个会计期间保持一致，不得随意变更，但下列情况除外：

（1）会计准则要求改变财务报表项目的列报；

（2）企业经营业务的性质发生重大变化或对企业经营影响较大的交易或事项发生后，变更财务报表项目的列报能够提供更可靠、更相关的会计信息。

这一要求不仅针对财务报表中的项目名称，还包括财务报表项目的分类、排列顺序等方面。

7.信息列报的可比性要求

当期财务报表的列报，至少应当提供所有列报项目上一可比会计期间的比较数据，以及与理解当期财务报表相关的说明。目的是向报表使用者提供对比数据，提高信息在各会计期间的可比性，反映企业财务状况、经营成果和现金流量的发展趋势，提高报表使用者的判断与决策能力。

财务报表项目的列报发生变更的，应当至少对可比期间的数据按照当期的列报要求进行调整，并在附注中披露调整的原因和性质，以及调整的各项目金额。对可比数据进行调整不切实可行的，应当在附注中披露不能调整的原因。

不切实可行是指企业在做出所有合理努力后仍然无法采用某项会计准则规定。

8.列报表首要求

财务报表一般分为表首、正表两部分，其中，在表首部分，企业应当在显著位置至少披露以下各项：

（1）编报企业的名称。如企业名称在所属当期发生变更的，还应明确标明。

（2）资产负债表日或财务报表涵盖的会计期间。对资产负债表而言，须披露资产负债表日，而对利润表、现金流量表、所有者权益变动表而言，须披露报表涵盖的会计期间。

（3）人民币金额单位。

（4）财务报表是合并财务报表的，应当予以标明。

9.列报期间要求

企业至少应当于每年年末编制年度财务报表。会计年度自公历1月1日起至12月31日止。因此，在编制年度财务报表时，可能存在年度财务报表涵盖的期间短于1年的情况，比如企业在4月1日开始设立的，在这种情况下，企业应当披露年度财务报表的实际涵盖期间及其短于1年的原因，并应当说明由此引起财务报表项目与比较数据不具可比性这一事实。

第二节 资产负债表

为了反映企业的财务状况，即企业某一特定日期的资产总额及构成，负债总额及构成，所有者权益总额及构成，就要编制资产负债表。

一、资产负债表的概念、作用及编制原理

（一）资产负债表的概念

资产负债表是反映企业在某一特定日期财务状况的会计报表。资产负债表主要提供有关企业财务状况方面的信息，即某一特定日期（月末、季末、年末）关于企业资产、负债、所有者权益的构成及相互之间的关系。资产负债表是一张静态的报表。

（二）资产负债表的作用

（1）可以提供企业在某一特定日期（月末、季末、年末）的资产总额及结构，表明企业拥有或控制的资源及分布情况。

（2）可以提供企业在某一特定日期（月末、季末、年末）的负债总额及结构，表明企业未来需要用多少资产或劳务清偿债务以及清偿时间。

（3）可以反映所有者在某一特定日期（月末、季末、年末）所拥有的权益，据以判断资本保值、增值的情况以及对负债的保障程度。

（4）可以生成财务分析的基本资料，表明企业的变现能力、偿债能力和资金周转能力，从而有助于报表使用者做出经济决策。

（三）资产负债表的编制原理

资产负债表的编制原理是会计等式“资产=负债+所有者权益”，依照一定的分类标准和一定的顺序，把企业某一特定日期的资产、负债和所有者权益项目予以适当排列。因此，资产负债表应当分别列示资产的总计项目和负债与所有者权益之和的总计项目，并且二者的金额应当相等。

视频 7-3

资产负债表的编制

二、资产负债表的结构和内容

（一）资产负债表的结构

资产负债表主要由表首、正表两部分组成。

表首部分包括报表名称、报表编号、编制单位、编制日期和计量单位等。

正表部分是资产负债表的核心内容，具体说明企业财务状况。它的格式一般有两种：报告式资产负债表和账户式资产负债表。报告式资产负债表是上下结构，上半部列示资产，下半部列示负债和所有者权益。具体排列形式又有两种：一是按“资产=负债+所有者权益”的原理排列；二是按“资产-负债=所有者权益”的原理排列。账户式资产负债表是左右结构，左边列示资产，右边列示负债和所有者权益。《企业会计准则第30号——财务报表列报》规定，我国的资产负债表采用账户式。根据财务报表信息列报的可比性要求，财务报表至少应当提供所有列报项目上一可比会计期间的比较数据。资产负债表要填列“年初余额”和“期末余额”两栏。

（二）资产负债表的内容

我国资产负债表的左侧为资产，一般按资产的流动性大小排列。右侧为负债和所有者权益。负债一般按要求清偿时间的先后顺序排列，所有者权益按永久性程度的高低顺序排列。

1.资产

资产负债表中的资产按其流动性的大小排列，分为流动资产和非流动资产。流动性强的项目排在前面，流动性弱的项目排在后面。一般企业的流动资产应包括货币资金、交易性金融资产、应收票据及应收账款、预付款项、其他应收款、存货、合同资产、持有待售资产、一年内到期的非流动资产等项目；非流动资产应包括债权投资、其他债权投资、其他权益工具投资、长期应收款、长期股权投资、投资性房地产、固定资产、在建工程、无形资产、开发支出、长期待摊费用、递延所得税资产等项目。

2.负债

资产负债表中的负债按照偿还期的长短分为流动负债和非流动负债。偿还期短的项目排在前面，偿还期长的项目排在后面。一般企业的流动负债应当包括短期借款、交易性金融负债、应付票据及应付账款、预收款项、合同负债、应付职工薪酬、应交税费、其他应付款、持有待售负债等项目；非流动负债应当包括长期借款、应付债券、长期应付款、预计负债、递延所得税负债等项目。

3.所有者权益

资产负债表中的所有者权益按照永久性程度的高低顺序排列。永久性程度高的排在前面，永久性程度低的排在后面。这实质上也是按所有者权益的不同来源和特定用途进行的分类，即按照实收资本（或股本）、资本公积、盈余公积、未分配利润等项目分项列示。

资产负债表的结构和内容见表7-4。

三、资产负债表的编制

（一）资产负债表“上年年末余额”栏的填列方法

资产负债表“上年年末余额”栏内各项数字，应根据上年年末资产负债表“期末余额”栏内所列数字填列。如果上年度资产负债表规定的各个项目的名称和内容同本年度不一致，应对上年年末资产负债表各项目的名称和数字按照本年度的规定进行调整，按调整后的数字填入本表“上年年末余额”栏内。

（二）资产负债表“期末余额”栏的填列方法

资产负债表“期末余额”栏内各项数字，一般应根据资产、负债和所有者权益类科目的期末余额填列。其主要包括以下方式：

1.根据总账科目的余额直接填列

资产负债表中的有些项目，可直接根据有关总账科目的余额填列，如“递延所得税资产”“短期借款”“应交税费”“预计负债”“递延所得税负债”“实收资本（或股本）”“资本公积”“其他综合收益”“盈余公积”等项目。

2.根据几个资产类总账科目余额的代数和（借方余额为正，贷方余额为负）填列

资产负债表中的许多资产项目都是根据有关总账科目余额的代数和填列的，如：

（1）“货币资金”项目，需要根据“库存现金”“银行存款”“其他货币资金”三个总账科目的借方余额之和填列。

（2）“存货”项目，需要根据“材料采购”“原材料”“发出商品”“库存商品”“周转材料”“委托加工物资”“在途物资”“生产成本”“受托代销商品”等总账科目期末借方余额之和减去“存货跌价准备”“受托代销商品款”科目的期末贷方余额的金额填列。如果企业还设有“材料成本差异”“商品进销差价”账户，还要加或减“材料成本差异”“商品进销差价”账户的期末余额。

（3）“长期股权投资”“商誉”项目，应根据相关科目的期末余额，减去相应的减值准备填列。“应收票据”项目，应根据“应收票据”科目的期末余额，减去“坏账准备”科目中相关坏账准备期末余额后的金额分析填列。“其他应收款”项

目，应根据“应收利息”、“应收股利”和“其他应收款”科目的期末余额合计数，减去“坏账准备”科目中相关坏账准备期末余额后的金额填列；“固定资产”项目，应根据“固定资产”科目期末余额，减去“累计折旧”和“固定资产减值准备”科目的期末余额后的金额，以及“固定资产清理”科目的期末余额填列；“在建工程”项目，应根据“在建工程”科目的期末余额，减去“在建工程减值准备”科目的期末余额后的金额，以及“工程物资”科目的期末余额，减去“工程物资减值准备”科目的期末余额后的金额填列；“无形资产”“投资性房地产”等项目，应根据相关科目的期末余额减去相关的累计折旧（摊销）填列，已计提减值准备的，还应减去相应的减值准备。

【例 7-1】根据图 6-49 的资料，海湛股份有限公司 20××年 12 月 31 日结账后“库存现金”账户的借方余额为 5 660 元；根据图 6-50 的资料，“银行存款”账户的借方余额为 15 172 516.00 元。

海湛股份有限公司 20××年 12 月 31 日资产负债表（见表 7-4）中的“货币资金”项目的金额为 15 178 176.00 元（5 660+15 172 516.00）。

【例 7-2】根据图 6-58 的资料，海湛股份有限公司 20××年 12 月 31 日结账后“原材料”账户的借方余额为 246 690 元；根据图 6-59 的资料，“库存商品”账户的借方余额为 264 777.50 元。期末“存货跌价准备”账户余额为 0。

海湛股份有限公司 20××年 12 月 31 日资产负债表（见表 7-4）中的“存货”项目的金额为 511 467.50 元（246 690+264 777.50-0）。

【例 7-3】根据图 6-62 的资料，海湛股份有限公司 20××年 12 月 31 日结账后“固定资产”账户借方余额为 8 017 685 元；根据图 6-63 的资料“累计折旧”账户贷方余额为 178 000 元。海湛股份有限公司 20××年 12 月 31 日资产负债表（见表 7-4）中“固定资产”项目金额为 7 839 685 元（8 017 685-178 000）。

3.根据有关明细账科目的余额合计减去有关坏账准备的期末余额填列

如“应付账款”项目，应根据“应付账款”和“预付账款”两个科目所属明细科目的期末贷方余额合计填列；“预收款项”项目，应根据“应收账款”和“预收账款”两个科目所属明细科目的期末贷方余额合计填列；“应收账款”项目，应根据“应收账款”和“预收账款”两个科目所属明细科目的期末借方余额合计减去应收账款计提的坏账准备的期末余额填列；“预付款项”项目，需要根据“应付账款”和“预付账款”两个科目所属明细科目的期末借方余额合计减去预付账款计提的坏账准备期末余额填列。

【例 7-4】云龙股份有限公司 20××年 12 月 31 日结账后有关账户的余额见表 7-1。

云龙股份有限公司 20××年 12 月 31 日资产负债表中“应付账款”“预付款项”“应收账款”“预收款项”项目的计算如下（假定应收账款、预付账款计提坏账准备的金额为 0）。

表7-1 云龙股份有限公司20××年12月31日债权、债务账户期末余额表 单位：元

账户名称	借或贷	总账余额	明细账余额	账户名称	借或贷	总账余额	明细账余额
应收账款	借	78 000		应付账款	贷	10 000	
——甲公司	借		80 000	——A公司	贷		13 000
——乙公司	贷		2 000	——B公司	借		3 000
预付账款	借	45 000		预收账款	贷	60 000	
——丙公司	借		50 000	——C公司	贷		63 000
——丁公司	贷		5 000	——D公司	借		3 000

①“应付账款”项目金额=13 000+5 000=18 000（元）。

②“预收款项”项目金额=63 000+2 000=65 000（元）。

③“应收账款”项目金额=80 000+3 000-0=83 000（元）。

④“预付款项”项目金额=50 000+3 000-0=53 000（元）。

4.根据总账科目和明细账科目的余额分析计算填列

如“长期借款”项目，需根据“长期借款”总账期末余额扣除“长期借款”科目所属的明细科目中反映的将在资产负债表日起1年内到期且企业不能自主地将清偿义务展期的长期借款后的金额计算填列；“其他非流动资产”项目，应根据有关科目的期末余额减去将于1年内（含1年）收回数后的金额填列；“其他非流动负债”项目，应根据有关科目的期末余额减去将于1年内（含1年）到期偿还数后的金额填列。

【例7-5】云龙股份有限公司2024年12月31日长期借款情况见表7-2。

表7-2 云龙股份有限公司长期借款情况

借款起始日期	偿还期限（年）	金额（元）
2024年8月1日	2	200 000
2023年5月1日	4	300 000
2020年6月1日	5	250 000
小　计		750 000

云龙股份有限公司2024年12月31日资产负债表中“长期借款”项目的金额等于“长期借款”总账账户余额750 000元，扣除将于一年内到期的长期借款250 000元后的数额，即500 000元，作为资产负债表中“长期借款”项目的金额。将在一年内到期的长期借款250 000元，应当填列在“一年内到期的非流动负债”项目中。

（三）资产负债表“期末余额”栏中主要项目的编制说明

1.资产项目的编制

“货币资金”项目，反映企业库存现金、银行结算户存款、外埠存款、银行汇票存款、银行本票存款、信用卡存款、信用证保证金存款等的合计数。本项目应根据“库存现金”“银行存款”“其他货币资金”科目期末余额的合计数填列。

“交易性金融资产”项目，反映资产负债表日企业分类为以公允价值计量且其变动计入当期损益的金融资产，以及企业持有的直接指定为以公允价值计量且其变动计入当期损益的金融资产的期末账面价值。本项目应根据“交易性金融资产”科目的相关明细科目期末余额分析填列。自资产负债表日起超过一年到期且预期持有超过一年的以公允价值计量且其变动计入当期损益的非流动金融资产的期末账面价值，在“其他非流动金融资产”项目反映。

“应收票据”项目，反映资产负债表日以摊余成本计量的、企业因销售商品、提供服务等收到的商业汇票，包括银行承兑汇票和商业承兑汇票。本项目应根据“应收票据”科目的期末余额，减去“坏账准备”科目中相关坏账准备期末余额后的金额分析填列。

“应收账款”项目，反映资产负债表日以摊余成本计量的、企业因销售商品、提供服务等经营活动应收取的款项。本项目应根据“应收账款”和“预收账款”科目所属各明细科目的期末借方余额合计数，减去“坏账准备”科目中有关应收账款计提的坏账准备期末余额后的金额填列。如“应收账款”科目所属明细科目期末有贷方余额的，应在资产负债表“预收款项”项目内填列。

“预付款项”项目，反映企业按照合同规定预付的款项。本项目应根据“预付账款”和“应付账款”科目所属各明细科目的期末借方余额合计数，减去“坏账准备”科目中有关预付账款计提的坏账准备期末余额后的金额填列。如“预付账款”科目所属各明细科目期末有贷方余额的，应在资产负债表“应付账款”项目内填列。

“其他应收款”项目，反映企业除应收票据、应收账款、预付账款等以外的其他各种应收、暂付的款项。本项目应根据“应收利息”、“应收股利”和“其他应收款”科目的期末余额合计数，减去“坏账准备”科目中相关坏账准备期末余额后的金额填列。

“存货”项目，反映企业期末在库、在途和在加工中的各种存货的可变现净值。本项目应根据“材料采购”“原材料”“发出商品”“库存商品”“周转材料”“委托加工物资”“委托代销商品”“生产成本”“受托代销商品”等科目的期末余额合计，减去“受托代销商品款”“存货跌价准备”科目期末余额后的金额填列。材料采用计划成本核算和库存商品采用计划成本核算或售价核算的企业，还应按加或减材料成本差异、商品进销差价后的金额填列。

“固定资产”项目，反映资产负债表日企业固定资产的期末账面价值和企业尚未清理完毕的固定资产清理净损益。该项目应根据“固定资产”科目的期末余额，减去“累计折旧”和“固定资产减值准备”科目的期末余额后的金额，以及“固定资产清理”科目的期末余额填列。

“在建工程”项目，反映资产负债表日，企业尚未达到预定可使用状态的在建工程的期末账面价值和企业为在建工程准备的各种物资的期末账面价值。本项目应根据“在建工程”科目的期末余额，减去“在建工程减值准备”科目的期末余额后的金额，以及“工程物资”科目的期末余额，减去“工程物资减值准备”科目的期末余额后的金额填列。

“无形资产”项目，反映企业持有的无形资产的期末可收回金额，包括专利权、非专利技术、商标权、著作权、土地使用权等的可收回金额。本项目应根据“无形资产”科目的期末余额，减去“累计摊销”和“无形资产减值准备”科目期末余额后的金额填列。

2.负债项目的编制

“短期借款”项目，反映企业向银行或其他金融机构等借入的期限在1年以下（含1年）的各种借款。本项目应根据“短期借款”科目的期末余额填列。

“应付票据”项目，反映资产负债表日以摊余成本计量的、企业因购买材料、商品和接受服务等开出、承兑的商业汇票，包括银行承兑汇票和商业承兑汇票。本项目应根据“应付票据”科目的期末余额填列。

“应付账款”项目，反映资产负债表日以摊余成本计量的、企业因购买材料、商品和接受服务等经营活动应支付的款项。该项目应根据“应付账款”和“预付账款”科目所属的相关明细科目的期末贷方余额合计数填列。

“预收款项”项目，反映企业按合同规定预收的款项。本项目应根据“预收账款”和“应收账款”科目所属各明细科目的期末贷方余额合计数填列。如“预收账款”科目所属各明细科目期末有借方余额，应在资产负债表“应收账款”项目内填列。

“应付职工薪酬”项目，反映企业为获得职工提供的服务或解除劳动关系而给予的各种形式的报酬或补偿，企业提供给职工配偶、子女、受赡养人、已故员工遗属及其他受益人等的福利，也属于职工薪酬。“应付职工薪酬”项目主要包括短期薪酬、离职后福利、辞退福利和其他长期职工福利。该项目应根据“应付职工薪酬”科目的明细科目期末余额分析填列。

“应交税费”项目，反映企业按照税法规定计算应缴纳的各种税费，包括增值税、消费税、所得税、资源税、土地增值税、城市维护建设税、房产税、城镇土地使用税、车船税、教育费附加、矿产资源补偿费等。企业代扣代缴的个人所得税，也通过本项目列示。企业所缴纳的税金不需要预计应缴数的，如印花税、耕地占用税等，不在本项目列示。本项目应根据“应交税费”科目的期末贷方余额填列。如“应交税费”科目期末为借方余额，应以“-”号填列。

“其他应付款”项目，反映企业除应付票据、应付账款、预收账款、应付职工薪酬、应交税费等以外的其他各项应付、暂收的款项。本项目应根据“应付利息”、

“应付股利”和“其他应付款”科目的期末余额合计数填列。

“长期应付款”项目，反映资产负债表日企业除长期借款和应付债券以外的其他各种长期应付款项的期末账面价值。本项目应根据“长期应付款”科目的期末余额，减去相关的“未确认融资费用”科目的期末余额后的余额，以及“专项应付款”科目的期末余额填列。

“长期借款”项目，反映企业向银行或其他金融机构借入的、期限在1年以上（不含1年）的各项借款。本项目应根据“长期借款”科目的期末余额扣除将在一年内到期的长期借款的金额填列。

3.所有者权益项目的编制

“实收资本（或股本）”项目，反映企业各投资者实际投入的资本（或股本）总额。本项目应根据“实收资本”（或“股本”）科目的期末余额填列。

“资本公积”项目，反映企业资本公积的期末余额。本项目应根据“资本公积”科目的期末余额填列。

“盈余公积”项目，反映企业盈余公积的期末余额。本项目应根据“盈余公积”科目的期末余额填列。

“未分配利润”项目，反映企业尚未分配的利润。本项目应根据“利润分配”科目中所属的“未分配利润”明细科目期末余额填列。未弥补的亏损，在本项目内以“-”号填列。

（其他项目在表7-4中列明，此处没作说明的项目，在“中级财务会计”课程中学习）

根据第六章的资料，海湛股份有限公司20××年12月31日总分类账户的余额（明细分类账户略）见表7-3。

表7-3 **海湛股份有限公司20××年12月31日总分类账户期末余额表** 单位：元

会计科目	借方余额	贷方余额
库存现金	5 660.00	
银行存款	15 172 516.00	
应收票据	16 950.00	
应收账款	34 950.00	
其他应收款	6 000.00	
坏账准备（应收账款）		1 000.00
原材料	246 690.00	
库存商品	264 777.50	
固定资产	8 017 685.00	
累计折旧		178 000.00

续表

会计科目	借方余额	贷方余额
无形资产	500 000.00	
应付票据		68 400.00
应付账款		23 700.00
预收账款		18 000.00
应付职工薪酬		49 200.00
应交税费		56 828.50
应付股利		180 000.00
长期借款		1 000 000.00
股本		17 167 100.00
资本公积		2 200 000.00
盈余公积		350 000.00
利润分配		2 973 000.00
合　计	24 265 228.50	24 265 228.50

根据上述资料，编制海湛股份有限公司20××年12月31日的资产负债表，见表7-4。

表7-4　**资产负债表**　会企01表

编制单位：海湛股份有限公司　20××年12月31日　单位：元

资　产	期末余额	上年年末余额	负债和所有者权益（或股东权益）	期末余额	上年年末余额
流动资产：		（略）	流动负债：		（略）
货币资金	15 178 176.00		短期借款		
交易性金融资产			交易性金融负债		
衍生金融资产			衍生金融负债		
应收票据	16 950.00		应付票据	68 400.00	
应收账款	33 950.00		应付账款	23 700.00	
预付款项			预收款项	18 000.00	
其他应收款	6 000.00		合同负债		
存货	511 467.50		应付职工薪酬	49 200.00	

续表

资 产	期末余额	上年年末余额	负债和所有者权益（或股东权益）	期末余额	上年年末余额
合同资产			应交税费	56 828.50	
持有待售资产			其他应付款	180 000.00	
一年内到期的非流动资产			持有待售负债		
其他流动资产			一年内到期的非流动负债		
流动资产合计	15 746 543.50		其他流动负债		
非流动资产：			流动负债合计	396 128.50	
债权投资			非流动负债：		
其他债权投资			长期借款	1 000 000.00	
长期应收款			应付债券		
长期股权投资			长期应付款		
其他权益工具投资			预计负债		
其他非流动金融资产			递延收益		
投资性房地产			递延所得税负债		
固定资产	7 839 685.00		其他非流动负债		
在建工程			非流动负债合计	1 000 000.00	
生产性生物资产			负债合计	1 396 128.50	
油气资产			所有者权益（或股东权益）：		
无形资产	500 000.00		实收资本（或股本）	17 167 100.00	
开发支出			其他权益工具		
商誉			资本公积	2 200 000.00	
长期待摊费用			其他综合收益		
递延所得税资产			盈余公积	350 000.00	
其他非流动资产			未分配利润	2 973 000.00	
非流动资产合计	8 339 685.00		所有者权益（或股东权益）合计	22 690 100.00	
资产总计	24 086 228.50		负债和所有者权益（或股东权益）总计	24 086 228.50	

单位负责人：×× 财会负责人：×× 复核：×× 制表：××

第三节 利润表

为了反映企业某一会计期间的利润（或亏损）总额及构成情况，即收入的取得，费用的发生，利润的形成情况，就要编制利润表。

一、利润表的概念、作用及编制原理

（一）利润表的概念

利润表是反映企业在一定会计期间经营成果的会计报表。利润表主要反映企业在一定会计期间（月、季、年）的经营成果的信息，是一张动态的报表。

（二）利润表的作用

（1）可以反映企业一定会计期间收入的实现情况，如实现的营业收入、投资收益、营业外收入的数额等。

（2）可以反映企业一定会计期间的费用耗费情况，如耗费的营业成本、税金及附加、销售费用、管理费用、财务费用、营业外支出的数额等。

（3）可以反映企业一定会计期间生产经营活动的成果，即净利润的实现情况，并据以判断资本保值、增值等情况。

（4）将利润表中的信息与资产负债表中的信息相结合，还可以生成财务分析的基本资料，从而反映企业资金的周转情况及企业的盈利能力和水平，便于报表使用者判断企业未来的发展趋势，做出经济决策。

（三）利润表的编制原理

视频 7-4

利润表的编制

利润表根据“净利润=（广义）收入-（广义）费用”这一会计等式所包含的经济内容和数量关系编制而成，具体分为以下三个层次：

营业利润=（狭义）收入-（狭义）费用

利润总额=营业利润+营业外收支净额

净利润=利润总额-所得税费用

=营业利润+营业外收支净额-所得税费用

=（狭义）收入-（狭义）费用+营业外收入-营业外支出-所得税费用

=［（狭义）收入+营业外收入］-［（狭义）费用+营业外支出+所得税费用］

=（广义）收入-（广义）费用

二、利润表的结构和内容

（一）利润表的结构

利润表主要由表首、正表两部分组成。

表首部分包括报表的名称、报表编号、编制单位、编制日期和计量单位等。

正表部分是利润表的核心内容，具体说明企业净利润的形成情况。利润表正表的格式一般有两种：单步式利润表和多步式利润表。单步式利润表是先将当期所有的收入列在一起，再将所有的费用列在一起，两者相减得出当期净损益。多

步式利润表是通过对当期的收入、费用、支出项目按性质加以归类，按利润形成的主要环节列示一些中间性利润指标，分步计算当期净损益，便于报表使用者理解企业经营成果的不同来源。根据《企业会计准则第30号——财务报表列报》的规定，我国的利润表采用多步式利润表的格式。无论是单步式利润表还是多步式利润表，根据财务报表信息列报的可比性要求，财务报表至少应当提供所有列报项目上一可比会计期间的比较数据。利润表要填列“本期金额”和“上期金额”两栏。

（二）利润表正表的内容

利润表正表的内容主要分为以下四个层次：

第一个层次是营业利润。它是以营业收入为基础，减去营业成本、税金及附加、销售费用、管理费用、研发费用、财务费用、资产减值损失、信用减值损失，加上其他收益、投资收益、净敞口套期收益、公允价值变动收益、资产处置收益等，计算而得。

第二个层次是利润总额。它是以营业利润为基础，加上营业外收入，减去营业外支出，计算而得。

第三个层次是净利润。它是以利润总额为基础，减去所得税费用，计算而得。正数表示净利润，负数表示净亏损。

第四个层次是综合收益总额。它是以净利润为基础，加上其他综合收益的税后净额，计算而得。

利润表的结构和内容见表7-5。

三、利润表的编制

（一）“上期金额”栏的填列方法

利润表“上期金额”栏内各项数字，应根据上年该期利润表“本期金额”栏内所列数字填列。如果上年该期利润表规定的各个项目的名称和内容同本期不相一致，应对上年该期利润表各项目的名称和数字按本期的规定进行调整，再填入利润表“上期金额”栏内。

（二）“本期金额”栏的填列方法

利润表“本期金额”栏内各项数字一般应根据损益类科目年初至本月的累计发生额分析或计算填列。也可以根据本月损益类科目发生额分析计算后，与上月利润表相同项目之和填列，1月利润表只根据本月损益类科目发生额分析计算填列。

（三）“本期金额”栏各项目的编制说明

（1）“营业收入”项目，反映企业经营主要业务和其他业务所确认的收入总额。本项目应根据“主营业务收入”和“其他业务收入”科目的发生额分析填列。

（2）“营业成本”项目，反映企业经营主要业务和其他业务所发生的成本总额。本项目应根据“主营业务成本”和“其他业务成本”科目的发生额分析填列。

（3）“税金及附加”项目，反映企业经营业务应负担的消费税、城市维护建设税、资源税、教育费附加及房产税、城镇土地使用税、车船税、印花税等相关税费。本项目应根据“税金及附加”科目的发生额分析填列。

（4）“销售费用”项目，反映企业在销售商品过程中发生的包装费、广告费等费用和为销售本企业商品而专设的销售机构的职工薪酬、业务费等经营费用。本项目应根据“销售费用”科目的发生额分析填列。

（5）“管理费用”项目，反映企业为组织和管理生产经营而发生的费用。本项目应根据“管理费用”的发生额分析填列。

（6）“财务费用”项目，反映企业筹集生产经营所需资金等而发生的筹资费用。本项目应根据“财务费用”科目的发生额分析填列。

（7）“信用减值损失”项目，反映企业按照金融工具确认和计量准则的要求计提的各项金融工具信用减值准备所确认的信用损失。本项目应根据“信用减值损失”科目的发生额分析填列。

（8）“公允价值变动收益”项目，反映企业应当计入当期损益的资产或负债的公允价值变动收益。本项目应根据“公允价值变动损益”科目的发生额分析填列。如为净损失，本项目以“-”号填列。

（9）“投资收益”项目，反映企业以各种方式对外投资所取得的收益。本项目应根据“投资收益”科目的发生额分析填列。如为投资损失，本项目以“-”号填列。

（10）“研发费用”“信用减值损失”“其他收益”“净敞口套期收益”“资产处置收益”项目内容见“中级财务会计”课程。

（11）“营业利润”项目，反映企业实现的营业利润。本项目应根据“营业利润=营业收入-营业成本-税金及附加-销售费用-管理费用-研发费用-财务费用-资产减值损失-信用减值损失+其他收益+投资收益+净敞口套期收益+公允价值变动收益+资产处置收益”计算得出。如为亏损，本项目以“-”号填列。

（12）“营业外收入”项目，反映企业发生的与其经营业务无直接关系的各项收入。本项目应根据“营业外收入”科目的发生额分析填列。

（13）“营业外支出”项目，反映企业发生的与其经营业务无直接关系的各项支出。本项目应根据“营业外支出”科目的发生额分析填列。

（14）“利润总额”项目，反映企业实现的利润。利润总额=营业利润+营业外收入-营业外支出。如为亏损，本项目以“-”号填列。

（15）“所得税费用”项目，反映企业应从当期利润总额中扣除的所得税费用。本项目应根据“所得税费用”科目的发生额分析填列。

（16）“净利润”项目，反映企业实现的净利润。本项目应根据“净利润=利润总额-所得税费用”计算得出。如为亏损，本项目以“-”号填列。

（17）“其他综合收益的税后净额”项目及其各组成部分，根据“其他综合收益”科目及其所属明细科目的本期发生额分析填列。

（18）“综合收益总额”项目，反映企业实现的综合收益总额，本项目应根据“综合收益总额=净利润+其他综合收益的税后净额”计算得出。

【例 7-6】已知海湛股份有限公司20××年1—11月利润表见表7-5。

表 7-5 **利润表** 会企02表

编制单位：海湛股份有限公司 20××年1—11月 单位：元

项 目	本期金额	上期金额
一、营业收入	3 032 000.00	（略）
减：营业成本	1 565 600.00	
税金及附加	65 000.00	
销售费用	13 000.00	
管理费用	698 000.00	
研发费用		
财务费用	4 200.00	
资产减值损失		
信用减值损失	35 000.00	
加：其他收益		
投资收益（损失以“-”号填列）	520 800.00	
净敞口套期收益（损失以“-”号填列）		
公允价值变动收益（损失以“-”号填列）		
资产处置收益（损失以“-”号填列）		
二、营业利润（亏损以“-”号填列）	1 172 000.00	
加：营业外收入	16 000.00	
减：营业外支出	78 000.00	
三、利润总额（亏损总额以“-”号填列）	1 110 000.00	
减：所得税费用	277 500.00	
四、净利润（净亏损以“-”号填列）	832 500.00	
五、其他综合收益的税后净额		
六、综合收益总额		
七、每股收益		

单位负责人：×× 财会负责人：×× 复核：×× 制表：××

根据第六章的账簿资料，海湛股份有限公司20××年12月份有关账户发生额见表7-6。

表7-6　**12月有关账户发生额**　单位：元

会计科目	本期发生额	
	借方	贷方
主营业务收入		105 000.00
其他业务收入		38 000.00
投资收益		117 732.50
营业外收入		2 500.00
主营业务成本	75 232.50	
其他业务成本	20 000.00	
税金及附加	5 250.00	
销售费用	1 000.00	
管理费用	66 850.00	4 400.00
财务费用	300.00	
信用减值损失	3 000.00	
营业外支出	6 000.00	
所得税费用	22 500.00	

要求：编制20××年12月利润表。

根据表7-5和表7-6所给资料，一般先编制企业（内部）利润表，即在利润表上增加一栏“本月发生额”，见表7-7。

表7-7　**利润表**　会企02表

编制单位：海湛股份有限公司　20××年度　单位：元

项　目	上期金额（上年同期数）	本月发生额	本期金额（本年累计数）
一、营业收入	（略）	143 000.00	3 175 000.00
减：营业成本		95 232.50	1 660 832.50
税金及附加		5 250.00	70 250.00
销售费用		1 000.00	14 000.00
管理费用		62 450.00	760 450.00
研发费用			
财务费用		300.00	4 500.00

续表

项 目	上期金额（上年同期数）	本月发生额	本期金额（本年累计数）
资产减值损失			
信用减值损失		3 000.00	38 000.00
加：其他收益			
投资收益（损失以“-”号填列）		117 732.50	638 532.50
净敞口套期收益（损失以“-”号填列）			
公允价值变动收益（损失以“-”号填列）			
资产处置收益（损失以“-”号填列）			
二、营业利润（亏损以“-”号填列）		93 500.00	1 265 500.00
加：营业外收入		2 500.00	18 500.00
减：营业外支出		6 000.00	84 000.00
三、利润总额（亏损总额以“-”号填列）		90 000.00	1 200 000.00
减：所得税费用		22 500.00	300 000.00
四、净利润（净亏损以“-”号填列）		67 500.00	900 000.00
五、其他综合收益的税后净额			
六、综合收益总额			
七、每股收益			

单位负责人：×× 财会负责人：×× 复核：×× 制表：××

根据表7-7中的“本期金额”和“上期金额”栏数据，编制海湛股份有限公司20××年利润表，见表7-8。

表7-8 **利润表** 会企02表

编制单位：海湛股份有限公司 20××年度 单位：元

项 目	本期金额	上期金额
一、营业收入	3 175 000.00	（略）
减：营业成本	1 660 832.50	
税金及附加	70 250.00	
销售费用	14 000.00	

续表

项　目	本期金额	上期金额
管理费用	760 450.00	
研发费用		
财务费用	4 500.00	
资产减值损失		
信用减值损失	38 000.00	
加：其他收益		
投资收益（损失以“–”号填列）	638 532.50	
净敞口套期收益（损失以“–”号填列）		
公允价值变动收益（损失以“–”号填列）		
资产处置收益（损失以“–”号填列）		
二、营业利润（亏损以“–”号填列）	1 265 500.00	
加：营业外收入	18 500.00	
减：营业外支出	84 000.00	
三、利润总额（亏损总额以“–”号填列）	1 200 000.00	
减：所得税费用	300 000.00	
四、净利润（净亏损以“–”号填列）	900 000.00	
五、其他综合收益的税后净额		
六、综合收益总额		
七、每股收益		

单位负责人：××　　　财会负责人：××　　　复核：××　　　制表：××

第四节 现金流量表、所有者权益变动表及会计报表附注

为了反映企业某一会计期间现金及现金等价物流动、所有者权益变动的情况，就要编制现金流量表、所有者权益变动表。

视频 7–5

现金流量表、所有者权益变动表和报表附注

一、现金流量表

（一）现金流量表的概念

现金流量表是反映企业一定会计期间现金和现金等价物流入和流出的会计报表，是动态报表。

（二）现金流量表的结构和内容

1.现金流量表的结构

现金流量表主要由表首、正表两部分组成。

表首部分包括报表的名称、报表编号、编制单位、编制日期和计量单位等。

正表部分是现金流量表的核心内容，具体说明现金流量表的各个项目内容。

2.现金流量表正表的内容

现金流量表正表的内容有六项：一是经营活动产生的现金流量，主要包括销售商品、提供劳务、收到的税费返还等收到的现金，以及购买商品、接受劳务、支付职工薪酬、缴纳税费等支付的现金；二是投资活动产生的现金流量，主要包括收回投资，取得投资收益，处置固定资产、无形资产和其他长期资产等收到的现金，以及购建固定资产、无形资产和其他长期资产，投资等支付的现金；三是筹资活动产生的现金流量，主要包括吸收投资、取得借款等收到的现金，以及为偿还债务，分配股利、利润或偿付利息等支付的现金；四是汇率变动对现金及现金等价物的影响；五是现金及现金等价物净增加额；六是期末现金及现金等价物余额。

现金流量表的编制将在“中级财务会计”课程中介绍。

二、所有者权益变动表

所有者权益变动表至少应当单独列示下列信息：（1）综合收益总额；（2）会计政策变更和前期差错更正的累积影响金额；（3）所有者投入资本和向所有者分配利润等；（4）按照规定提取的盈余公积；（5）所有者权益各组成部分的期初和期末余额及其调节情况。

所有者权益变动表的编制将在“中级财务会计”课程中介绍。

三、会计报表附注

（一）会计报表附注的概念及披露要求

1.会计报表附注的概念

会计报表附注是财务报表不可或缺的组成部分，是对在资产负债表、利润表、现金流量表和所有者权益变动表等报表中列示项目的文字描述或明细资料，以及对未能在这些报表中列示项目的说明等。

会计报表中的数字是经过分类与汇总后的结果，是对企业发生的经济业务的高度简化和浓缩的数字，如果没有形成这些数字所遵循的会计政策和理解这些数字所必需的披露，财务报表就不可能充分发挥效用。因此，会计报表附注与资产负债表、利润表、现金流量表、所有者权益变动表等报表具有同等的重要性，是财务报表的重要组成部分。报表使用者要了解企业的财务状况、经营成果和现金流量，还应当阅读会计报表附注。

2.会计报表附注披露的基本要求

（1）附注披露的信息应是定量、定性信息的结合，能从量和质两个角度完整地反映企业的经济业务，从而满足信息使用者的决策需求。

（2）附注应当按照一定的结构进行系统、合理的排列和分类，有顺序地披露信息。由于附注的内容繁多，因此，各项内容更应该按逻辑顺序排列，分类披露，条理清晰，具有一定的组织结构，以便于使用者理解和掌握，更好地实现财务报表的可比性。

（3）附注相关信息应当与资产负债表、利润表、现金流量表和所有者权益变动表等报表中列示的项目相互参照，以便使用者联系相关联的信息，更好地从整体上理解财务报表。

（二）会计报表附注的内容

会计报表附注一般应当按照下列顺序披露：

（1）企业的基本情况。

（2）财务报表的编制基础。

（3）遵循企业会计准则的声明。

（4）重要会计政策和会计估计。

（5）会计政策和会计估计变更以及差错更正的说明。

（6）报表重要项目的说明。

（7）或有和承诺事项、资产负债表日后非调整事项、关联方关系及其交易等需要说明的事项。

（8）有助于财务报表使用者评价企业管理资本的目标、政策及程序的信息。

会计报表附注的披露将在“中级财务会计”课程中介绍。

【课堂拓展】

财务报表作为企业经济活动的综合反映，其准确性和透明度直接关系到投资者决策、市场秩序乃至国家经济的健康发展。首先，财务报表的编制与披露需严格遵循会计准则和相关法律法规。其次，财务报表的编制是一项高度专业化且容不得半点差错的工作。最后，财务报表的编制往往需要跨部门合作，良好的团队协作与沟通能力是必不可少的。因此，会计人员必须遵纪守法，除具备扎实的专业理论和实践能力外，还应树立正确的价值观，养成严谨细致、精益求精的工作习惯，理解“失之毫厘，谬以千里”的道理，将工匠精神融入日常学习和未来工作中，确保每一项数据的准确无误，为决策者提供可靠的信息支持。

党的二十大报告指出：“中国式现代化是人与自然和谐共生的现代化。”我们除了关注企业财务绩效，还应关注企业的非财务绩效，践行环境、社会和公司治理（Environmental，Social and Governance，ESG）理念，从更广阔的视角审视企业的经营活动，理解企业价值创造与社会责任的统一，成为有担当、关注可持续发展的新一代会计人才。

【练习题】

即测即评

一、名词解释

1.财务报告目标

2.会计信息的质量要求：

（1）可靠性

（2）相关性

（3）可理解性

（4）可比性

（5）实质重于形式

（6）重要性

（7）谨慎性

（8）及时性

3.财务报告

4.资产负债表

5.利润表

6.现金流量表

7.所有者权益变动表

二、简答题

1.财务报表的作用是什么？

2.资产负债表的作用是什么？

3.举例说明资产负债表“期末余额”栏的填列方法有哪几种。

4.利润表的作用是什么？

三、业务题

习题一

目的：练习资产负债表的编制。

资料：海湛股份有限公司20××年12月份有关资料见表7-9和表7-10。

表7-9 **科目余额表** 单位：元

科目名称	借方余额	贷方余额
库存现金	10 000	
银行存款	57 000	
应收票据	60 000	
应收账款	80 000	
预付账款		30 000
（应收账款的）坏账准备		5 000

续表

科目名称	借方余额	贷方余额
原材料	170 000	
库存商品	100 000	
固定资产	800 000	
累计折旧		300 000
在建工程	52 000	
无形资产	150 000	
短期借款		65 000
应付账款		70 000
预收账款		10 000
应付职工薪酬		6 000
应交税费		13 000
长期借款		80 000
实收资本		500 000
盈余公积		200 000
未分配利润		200 000
合　计	1 479 000	1 479 000

表 7-10　**债权、债务明细科目余额**　单位：元

账户名称	借或贷	总账余额	明细账余额	账户名称	借或贷	总账余额	明细账余额
应收账款	借	80 000		应付账款	贷	70 000	
——A公司	借		10 0000	——E公司	贷		100 000
——B公司	贷		20 000	——F公司	借		30 000
预付账款	贷	30 000		预收账款	贷	10 000	
——C公司	借		20 000	——G公司	贷		40 000
——D公司	贷		50 000	——H公司	借		30 000

该公司长期借款共两笔，均为到期一次性还本付息。其金额及归还期限如下：

（1）从工商银行借入30 000元（本利和），离到期日还有6个月。

（2）从建设银行借入50 000元（本利和），离到期日还有2年。

要求：编制海湛股份有限公司20××年12月31日的资产负债表。

习题二

目的：练习利润表的编制。

资料：海湛股份有限公司20××年1—11月利润表见表7-11。

表7-11 **利润表** 会企02表

编制单位：海湛股份有限公司 20××年1—11月 单位：元

项 目	本期金额	上期金额
一、营业收入	19 500 000	（略）
减：营业成本	16 400 000	
税金及附加	400 000	
销售费用	150 000	
管理费用	180 000	
研发费用		
财务费用	65 000	
资产减值损失		
信用减值损失		
加：其他收益		
投资收益（损失以“-”号填列）	220 000	
净敞口套期收益（损失以“-”号填列）		
公允价值变动收益（损失以“-”号填列）		
资产处置收益（损失以“-”号填列）		
二、营业利润（亏损以“-”号填列）	2 525 000	
加：营业外收入	65 000	
减：营业外支出	150 000	
三、利润总额	2 440 000	
减：所得税费用	610 000	
四、净利润	1 830 000	
五、其他综合收益的税后净额		
六、综合收益总额		
七、每股收益		

单位负责人： 财会负责人： 复核： 制表：

海湛股份有限公司20××年12月份损益类账户的发生额见表7-12。

表7-12 海湛股份有限公司20××年12月份损益类账户发生额 单位：元

账户名称	本期发生额	
	借 方	贷 方
主营业务收入		1 728 000
其他业务收入		60 000
营业外收入		7 000
投资收益	20 000	
主营业务成本	1 539 000	
其他业务成本	45 000	
税金及附加	35 000	
销售费用	14 000	
管理费用	16 000	
财务费用	5 000	
营业外支出	14 000	
所得税费用	26 750	

要求：编制海湛股份公司20××年度的利润表（所得税税率25%）。

参考答案

第八章

会计核算组织程序

第一节 会计核算组织程序概述

在第一章第三节会计核算的基本程序、核算方法与会计循环中，我们已经知道，会计循环是指会计人员在一定会计期间，从取得企业发生的交易或者事项的原始凭证开始，到编制出财务报告为止，运用会计核算基本程序、会计核算方法，按一定顺序进行依次继起、周而复始的核算过程。

就会计核算方法来说，会计循环主要是通过三个会计核算方法——填制和审核会计凭证、登记账簿、编制财务报告来实现的。

本章研究的会计核算组织程序就是会计循环的具体化。

一、会计核算组织程序的概念

会计核算组织程序又称账务处理程序或会计核算形式，是指在会计循环中，企业所采用的会计凭证、会计账簿、会计报表的种类和格式，登记账簿的方法和会计循环程序。

由于核算过程中采用的凭证和账簿的种类、格式及账簿登记方法有可选择性，也就形成了不同的会计核算组织程序，包括会计凭证怎样编制、审核和传递，各种账簿根据什么凭证来登记，会计报表又根据什么来编制等。我们可以根据各个单位的业务性质、经营规模不同，选择一种适当的会计核算组织程序。

科学合理地选择一种适合本单位的会计核算组织程序，能保证会计核算信息的质量，提高会计工作效率，充分发挥会计在经济管理中的作用；反之，选择不适合的会计核算组织程序，会降低会计工作效率，降低会计核算信息质量，不利于会计工作发挥作用。选择何种会计核算组织程序，在设计本单位会计制度时必须做出明确的规定。

二、会计核算组织程序的种类

合理、适用的会计核算组织程序应当符合三个要求，简要地说：一是保证及时和完整地提供满足信息使用者需求的会计资料，二是尽可能简化会计核算手续，三是有利于单位会计机构内部的分工协作和岗位责任制的落实。

从手工记账上讲，会计核算组织程序有记账凭证核算组织程序、科目汇总表核算组织程序、汇总记账凭证核算组织程序、多栏式日记账核算组织程序、日记总账核算组织程序、普通日记账核算组织程序六种，但上述六种核算组织程序都可以通过电算化会计来完成，并称为电算化会计核算组织程序。

从会计实务上看，不管是手工记账，还是会计电算化，所有企业几乎都选择记账凭证核算组织程序或科目汇总表核算组织程序。鉴于此，本书只介绍记账凭证核算组织程序、科目汇总表核算组织程序和电算化会计核算组织程序。

三、各种会计核算组织程序的账务处理过程

各种会计核算组织程序的账务处理过程，也就是会计循环过程，是指会计人员在一定会计期间内，从取得企业发生的交易或者事项的原始凭证开始，到编制出财务报告为止，运用会计核算基本程序、会计核算方法，按一定顺序进行依次继起、周而复始的核算过程。一般来说，包括建账、记账、过账、对账、结账和报账六个阶段（记账、过账、对账、结账已在第四、五、六章中述及）。它既是会计核算方法的综合运用，也是会计核算组织程序的具体化。

（一）建账

建账，就是确定会计核算组织程序，具体是指新建单位或原有单位根据国家有关法律、法规的规定，以及企业具体和将来可能发生的交易或者事项情况，在单位建立之初或年度开始时，确定记账凭证、会计账簿、财务报表的种类、格式、内容及相互结合的方式。

例如，对会计账簿的建立，首先，按照需用的各种账簿的格式要求，预备各种账页，并将活页账页用账夹装订成册。其次，在“账簿启用表”上，写明单位名称、账簿名称、册数、编号、起止页数、启用日期以及记账人员和会计主管人员姓名，并加盖名章和单位公章。记账人员或会计主管人员在本年度调动工作时，应在“经管账簿人员一览表”上注明交接日期、接办人员和监交人员姓名，并由交接双方签名或盖章，以明确经济责任。再次，按照会计科目表的顺序、名称，在总分类账簿的账页上建立总分类账户，并根据明细分类核算的要求，在明细分类账簿的账页上建立各总分类账户的二级、三级等明细分类账户。原有单位在年度开始建立各级账户的同时，应将上年账户余额结转过来。最后，启用订本式账簿，应从第一页起到最后一页止顺序编定号码，不得跳页、缺号；使用活页式账簿，应按账户顺序编定账户页次号码。各账户编列号码后，应填“科目索引表”（或称“账户目录表”），将账户名称、页次登入目录内，一般还要粘贴索引纸（账户标签），写明账户名称，以利检索。

（二）记账

记账，就是根据审核无误的原始凭证，确定应借、应贷账户的名称和金额，编制记账凭证。通常把编制非汇总记账凭证和汇总记账凭证的过程统称为记账。

会计人员在收到各种原始凭证时，必须审核原始凭证的合法性、真实性、合理性、合规性、完整性与正确性。只有经过审核无误的原始凭证，才能保证会计记录的真实和正确，才能作为编制记账凭证的依据。

（三）过账

过账，是指将经济业务记入记账凭证后，还需将每笔分录转抄到有关的日记

账、分类账簿中去的过程。过账就是登记账簿，也称“登账”。过账时，总分类账户和明细分类账户应平行登记。

在记账凭证中，每一项经济业务的记录都要涉及两个或更多的账户，很难从中明确看出每一类经济业务的变化情况。因而，为了便于系统了解企业的资产、负债、所有者权益、收入、费用和利润的增减变化情况，还要将记账凭证中的信息抄到相关的账户中去。

（四）对账

对账，也称核对账目，是指为了保证账簿提供的资料真实、可靠，会计人员对账簿记录进行的核对工作。对账的内容主要包括账证核对、账账核对、账实核对、账表核对。

（五）结账

结账，就是把每一个会计期间（月份、季度、年度）的经济业务全部登记入账后，按照规定的方法计算，结出本期发生额和期末余额，并将余额结转下期或新账的过程。

（六）报账

报账，是在建账、记账、过账、对账和结账的基础上进行试算平衡等工作，最后编制出财务报告并申报纳税的过程。

四、各种会计核算组织程序的主要区别及共同点

（一）主要区别

各种会计核算组织程序的主要区别是登记总分类账的依据和方法不同。一般说来，根据什么登记总分类账，就称为什么会计核算组织程序。也就是说，登记总分类账的依据和方法，决定了会计核算组织程序的种类。

（二）共同点

（1）都是根据审核无误的原始凭证填制非汇总记账凭证（记账）。

（2）都是根据原始凭证、非汇总记账凭证登记明细分类账（过账）。

（3）根据非汇总记账凭证登记日记账（过账）。

（4）根据总分类账和明细分类账编制会计报表（结账、报账），且无论哪种会计核算组织程序，编制的会计报表都相同。

第二节 记账凭证核算组织程序

记账凭证核算组织程序是指对发生的每一笔交易或者事项，都要根据原始凭证填制记账凭证，直接根据记账凭证登记总分类账的一种会计核算组织程序。记账凭证核算组织程序是最基本的会计核算组织程序，其他各种会计核算组织程序都是在此基础上根据经济管理的需要，发展、演变而形成的。

一、记账凭证核算组织程序的特点

记账凭证核算组织程序是指根据每张记账凭证直接逐笔登记总分类账的一种会

计核算组织程序。记账凭证核算组织程序下登记总账的依据是记账凭证。

二、记账凭证、会计账簿和财务报表的设置（建账）

（一）记账凭证设置

在记账凭证核算组织程序下，既可以设置收、付、转式专用记账凭证，也可以设置通用记账凭证，作为登记总分类账的依据。

（二）会计账簿设置

在记账凭证核算组织程序下，需要设置库存现金日记账、银行存款日记账、总分类账和明细分类账。

（1）库存现金日记账和银行存款日记账采用收入、支出、结余或借方、贷方、余额三栏式订本账。

（2）总分类账簿格式采用借方、贷方、余额三栏式订本账。

（3）明细分类账则可根据管理的需要，采用三栏式、数量金额式、多栏式活页账、卡片账或订本账。

（三）财务报表设置

需要设置资产负债表、利润表、现金流量表及所有者权益变动表，会计报表附注等。

三、记账凭证核算组织程序的流程

记账凭证核算组织程序流程如图8-1所示。

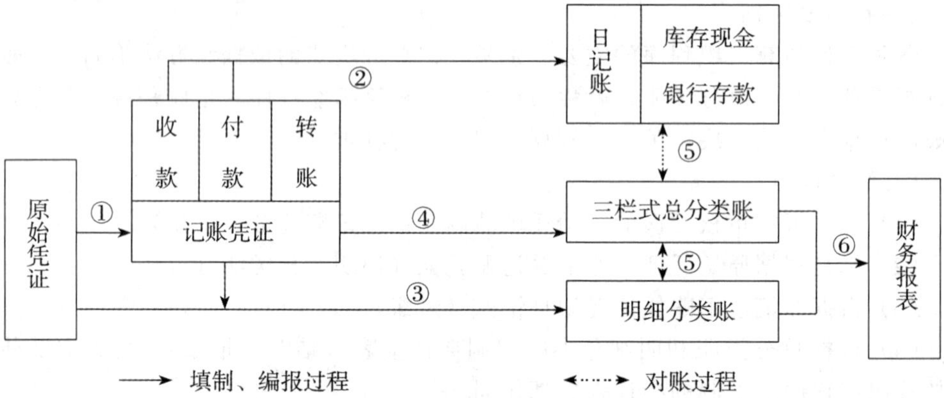

图8-1 记账凭证核算组织程序流程图

① 根据原始凭证填制记账凭证（记账）；

② 根据收、付款凭证逐笔登记库存现金日记账和银行存款日记账（过账）；

③ 根据原始凭证、记账凭证逐笔登记明细分类账（过账）；

④ 根据记账凭证逐笔登记总分类账（过账）；

⑤ 库存现金日记账、银行存款日记账、明细分类账分别与其对应的总分类账户进行核对（对账）；

⑥ 根据总分类账和明细分类账编制财务报表（结账、报账）。

可见，记账凭证核算组织程序，就是建账、记账、过账、对账、结账、报账的业务流程。

四、优缺点及适用范围

由于记账凭证核算组织程序要求根据记账凭证逐笔登记总分类账，总分类账各账户便可详细反映每笔经济业务内容，可见，该核算组织程序的优点是手续简单，可简化分工。但是，该核算组织程序总账的登记必须根据凭证逐张录入，如果业务多，又是手工记账，工作量较大的缺点就凸显出来了。

记账凭证核算组织程序适用于规模不大，经济业务数量不多的会计主体，如机构较小，财务人员较少的企业等。如果企业已实现会计电算化，则可不考虑工作量大的问题。

本书第六章就是采用记账凭证核算组织程序进行会计核算的。

第三节 科目汇总表核算组织程序

科目汇总表核算组织程序又称记账凭证汇总表核算组织程序，是指根据记账凭证定期编制科目汇总表，再根据科目汇总表登记总分类账的一种会计核算组织程序。它是在记账凭证核算组织程序的基础上发展、演变而来的一种会计核算组织程序。

一、科目汇总表核算组织程序的特点

科目汇总表核算组织程序的主要特点是：定期把会计期内所有的记账凭证按相同的科目加以汇总，编制包括所有科目的汇总表，再据此登记总分类账。因此，科目汇总表核算组织程序下，总分类账是定期根据科目汇总表登记的，而不是根据记账凭证逐笔登记。

二、记账凭证、会计账簿和财务报表的设置（建账）

（一）记账凭证设置

在科目汇总表核算组织程序下，一般只需设置通用记账凭证（也可设置收、付、转式记账凭证）和科目汇总表，作为登记总分类账的依据。企业通常每月末编制一张科目汇总表；如果凭证太多，为了及时登记总账，也可每5天、每10天或每半月编制一张科目汇总表。

科目汇总表是定期对全部非汇总记账凭证按相同会计科目归类，汇总填制的一张记账凭证汇总表。科目汇总表通常包括以下几个内容：

（1）科目汇总表填制日期和编号。

（2）填写会计科目的栏次。

（3）填写借贷方金额的栏次。

（4）借方合计、贷方合计。

（5）记账凭证起止号码。

（二）会计账簿设置

在科目汇总表核算组织程序下，需设置库存现金日记账、银行存款日记账、总分类账和明细分类账。

（1）库存现金日记账和银行存款日记账采用收入、支出、结余或借方、贷方、余额三栏式订本账。

（2）总分类账簿格式采用借方、贷方、余额三栏式订本账。

（3）明细分类账则可根据管理的需要，采用三栏式、数量金额式、多栏式活页账、卡片账或订本账。

（三）财务报表设置

需要设置资产负债表、利润表、现金流量表及所有者权益变动表，会计报表附注等。

三、科目汇总表的编制方法

顾名思义，科目汇总表是对会计科目的汇总，是根据记账凭证按照相同的会计科目归类、定期汇总的一张记账凭证。下面举例说明科目汇总表的编制方法。

【例8-1】中盛股份有限公司20××年9月份有关资料如下：

（1）期初各总分类账余额见表8-1。

表8-1　　**20××年9月份各总账期初余额**　　单位：元

账户名称	借方余额	账户名称	贷方余额
库存现金	900	累计折旧	225 000
银行存款	280 000	短期借款	208 000
应收账款	94 500	应付账款	21 200
原材料	80 000	应付职工薪酬	92 000
库存商品	80 000	应交税费	71 000
固定资产	1 000 000	其他应付款	3 400
生产成本	150 000	长期借款	270 000
在建工程	79 200	实收资本	780 000
利润分配	276 000	本年利润	370 000
合　计	2 040 600	合　计	2 040 600

（2）中盛股份有限公司根据9月份发生的经济业务，编制记账凭证，见表8-2（以分录簿代替）。

中盛股份有限公司每10天编制一次科目汇总表，分别于10日、20日、30日将该10天全部记账凭证，按同一总账科目汇总发生额，编制科目汇总表。

实现会计电算化的单位，各个会计科目的汇总金额，由计算机自动生成；采用手工记账的单位，可以采用T形账户的格式编制科目汇总表工作底稿，如中盛股份有限公司1—10日的科目汇总表工作底稿编制如图8-2所示。

表 8-2 20××年9月份会计分录簿（普通日记账） 单位：元

20××年		凭证号数	摘要	借方		贷方	
月	日			一级科目	金额	一级科目	金额
9	1	转字01	A产品领用原材料	生产成本	42 500	原材料	42 500
	3	现付01	厂部购买办公用品	管理费用	300	库存现金	300
		银付01	提现备发工资	库存现金	41 000	银行存款	41 000
		现付02	发放工资	应付职工薪酬	41 000	库存现金	41 000
		银付02	付红光厂购入甲材料款，材料未入库	在途物资 应交税费	30 000 3 900	银行存款	33 900
	5	银付03	归还红光厂前欠款	应付账款	15 000	银行存款	15 000
		转字02	甲材料入库	原材料	30 000	在途物资	30 000
	7	现付03	张勇借差旅费	其他应收款	500	库存现金	500
		银付04	上交上月所得税	应交税费	55 000	银行存款	55 000
		银付05	上交上月增值税	应交税费	12 000	银行存款	12 000
	9	转字03	车间领用一般耗材	制造费用	3 000	原材料	3 000
		银付06	车间购买劳保用品	制造费用	2 500	银行存款	2 500
	11	银收01	销售A产品，货款存入银行	银行存款	24 860	主营业务收入 应交税费	22 000 2 860
		银收02	收回深景公司欠款	银行存款	65 000	应收账款	65 000
		转字04	张勇报销差旅费	管理费用	400	其他应收款	400
		现收01	张勇报销，退回余款	库存现金	100	其他应收款	100
	13	银付07	退包装物押金	其他应付款	1 000	银行存款	1 000
		银收03	销售A产品，款项存入银行	银行存款	99 440	主营业务收入 应交税费	88 000 11 440
	15	转字05	销售A产品，收到商业汇票	应收票据	149 160	主营业务收入 应交税费	132 000 17 160
		银付08	支付管理咨询费用	管理费用	500	银行存款	500
	17	转字06	投资者投入设备	固定资产	10 000	实收资本	10 000
		银付09	支付车间修理费	制造费用	1 500	银行存款	1 500
		银付10	提现以备零用	库存现金	1 500	银行存款	1 500

续表

20××年		凭证号数	摘　要	借方		贷方	
月	日			一级科目	金额	一级科目	金额
9	19	现付04	付职工困难补助	应付职工薪酬	500	库存现金	500
		银收04	银行结息，通知收息	银行存款	10 000	财务费用	10 000
		转字07	报废旧机器一台	累计折旧	9 500	固定资产	9 500
	21	银付11	购入新机器一台	固定资产	50 000	银行存款	50 000
		银收05	收回深景公司欠款	银行存款	17 500	应收账款	17 500
	23	银付12	付本月设备租赁费	制造费用	1 240	银行存款	1 240
		银付13	付本月仓库租金	管理费用	1 000	银行存款	1 000
	25	转字08	结算本月工资	生产成本 制造费用 管理费用	30 000 5 000 6 000	应付职工薪酬	41 000
		转字09	提取本月职工福利费	生产成本 制造费用 管理费用	4 200 700 840	应付职工薪酬	5 740
		转字10	提取本月折旧费	制造费用 管理费用	4 000 1 000	累计折旧	5 000
		银付14	支付车间和行政管理部门水电费	制造费用 管理费用	1 100 700	银行存款	1 800
	30	转字11	结转本月制造费用	生产成本	19 040	制造费用	19 040
		转字12	结转A产品成本	库存商品	245 740	生产成本	245 740
		转字13	结转A产品销售成本	主营业务成本	170 626	库存商品	170 626
		转字14	结转A产品销售收入和财务费用	主营业务收入 财务费用	242 000 10 000	本年利润	252 000
		转字15	结转A产品销售成本和管理费用	本年利润	181 366	主营业务成本 管理费用	170 626 10 740
		转字16	计算本月所得税	所得税费用	23 309	应交税费	23 309
		转字17	结转所得税费用	本年利润	23 309	所得税费用	23 309
		转字18	计提盈余公积金	利润分配	4 732	盈余公积	4 732
		转字19	计提应付股利	利润分配	34 074	应付股利	34 074

借方	库存现金		贷方
银付01	41 000	现付01	300
		现付02	41 000
		现付03	500
合计	41 000	合计	41 800

借方	银行存款		贷方
		银付01	41 000
		银付02	33 900
		银付03	15 000
		银付04	55 000
		银付05	12 000
		银付06	2 500
		合计	159 400

借方	其他应收款		贷方
现付03	500		
合计	500		

借方	在途物资		贷方
银付02	30 000	转字02	30 000
合计	30 000	合计	30 000

借方	原材料		贷方
转字02	30 000	转字01	42 500
		转字03	3 000
合计	30 000	合计	45 500

借方	应付账款		贷方
银付03	15 000		
合计	15 000		

借方	应付职工薪酬		贷方
现付02	41 000		
合计	41 000		

借方	应交税费		贷方
银付02	3 900		
银付04	55 000		
银付05	12 000		
合计	70 900		

借方	生产成本		贷方
转字01	42 500		
合计	42 500		

借方	制造费用		贷方
转字03	3 000		
银付06	2 500		
合计	5 500		

借方	管理费用		贷方
现付01	300		
合计	300		

图8-2 科目汇总表工作底稿（单位：元）

同样道理，可以编制中盛股份有限公司11—20日、21—30日科目汇总表工作底稿，这里从略。根据“科目汇总表工作底稿”编制“科目汇总表”见表8-3。

根据科目汇总表登记总分类账时，既可以每汇总一次就登记一次各总分类账，也可以月末根据科目汇总表本月发生额合计，只在月末登记一次。以上述生产成本账户为例（期初余额为150 000元），每汇总一次就登记一次总分类账，9月份登记见表8-4。其余账户登记均从略。

四、科目汇总表核算组织程序流程图

科目汇总表核算组织程序流程如图8-3所示。

表8-3 科目汇总表 单位：元

20××年9月 科汇09号

账户名称	1—10日发生额		11—20日发生额		21—30日发生额		本期发生额合计	
	借方	贷方	借方	贷方	借方	贷方	借方	贷方
库存现金	41 000	41 800	1 600	500			42 600	42 300
银行存款		159 400	199 300	4 500	17 500	54 040	216 800	217 940
应收票据			149 160				149 160	
应收账款				65 000		17 500		82 500
其他应收款	500			500			500	500
在途物资	30 000	30 000					30 000	30 000
原材料	30 000	45 500					30 000	45 500
库存商品					245 740	170 626	245 740	170 626
固定资产			10 000	9 500	50 000		60 000	9 500
累计折旧			9 500			5 000	9 500	5 000
应付账款	15 000						15 000	
应付职工薪酬	41 000		500			46 740	41 500	46 740
应交税费	70 900			31 460		23 309	70 900	54 769
应付股利						34 074		34 074
其他应付款			1 000				1 000	
实收资本				10 000				10 000
盈余公积						4 732		4 732
本年利润					204 675	252 000	204 675	252 000
利润分配					38 806		38 806	
生产成本	42 500				53 240	245 740	95 740	245 740
制造费用	5 500		1 500		12 040	19 040	19 040	19 040
主营业务收入				242 000	242 000		242 000	242 000
主营业务成本					170 626	170 626	170 626	170 626
管理费用	300		900		9 540	10 740	10 740	10 740
财务费用				10 000	10 000		10 000	10 000
所得税费用					23 309	23 309	23 309	23 309
合　计	276 700	276 700	373 460	373 460	1 077 476	1 077 476	1 727 636	1 727 636

表8-4 总分类账 单位：元

会计科目：生产成本 第××页

20××年		凭证类别	摘　要	借　方	贷　方	借或贷	余　额
月	日						
9	1		期初余额			借	150 000
	10	科汇09	1—10日发生额	42 500		借	192 500
	30	科汇09	21—30日发生额	53 240	245 740	平	0
	30		本月合计	95 740	245 740	平	0

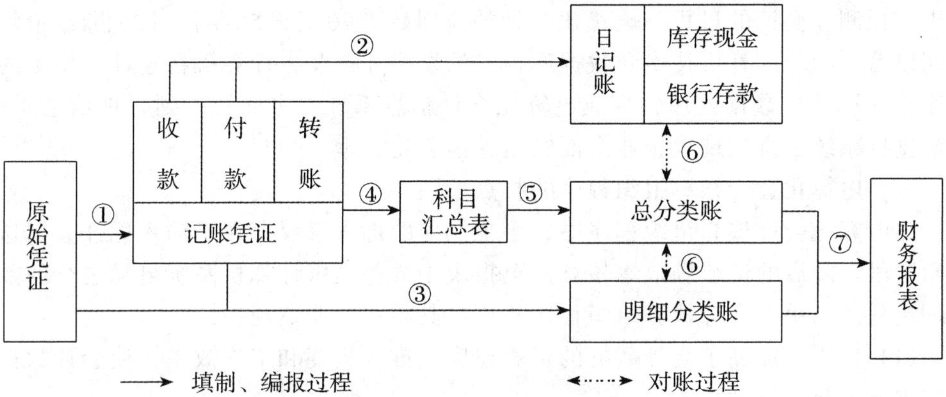

图8-3 科目汇总表核算组织程序流程图

① 根据原始凭证填制记账凭证（记账）；

② 根据收、付款凭证逐笔登记库存现金日记账和银行存款日记账（过账）；

③ 根据原始凭证、记账凭证逐笔登记明细分类账（过账）；

④ 根据记账凭证定期编制科目汇总表（记账）；

⑤ 根据科目汇总表定期登记总分类账（过账）；

⑥ 库存现金日记账、银行存款日记账、明细分类账分别与其对应的总分类账户进行核对（对账）；

⑦ 期末根据总分类账和明细分类账编制财务报表（结账、报账）。

可见，科目汇总表核算组织程序，就是建账、记账、过账、对账、结账、报账的业务流程。与记账凭证核算组织程序相比，其主要区别仅仅是过账时登记总分类账的依据和方法不同而已。

五、优缺点及适用范围

（一）科目汇总表核算组织程序的优点

（1）根据科目汇总表登记总账，可以简化登记总账的工作量。

（2）科目汇总表能起到试算平衡的作用，有利于检查记账凭证编制的正确性。登记完总分类账后，还可以根据总分类账的发生额试算平衡结果，印证过账的正确性。

（二）科目汇总表核算组织程序的缺点

（1）编制科目汇总表时，汇总的工作量也较繁重。

（2）账户对应关系不明确，不便于了解经济业务的来龙去脉。

（三）科目汇总表的适用范围

科目汇总表核算组织程序适用于规模较大，每日发生经济业务较多的单位。

第四节 电算化会计核算组织程序

电算化会计是把电子计算机和现代数据处理技术应用到会计工作中的简称，它是用电子计算机代替人工记账、算账和报账，以及部分代替人脑完成对会计信息的分析、预测、决策的过程。电算化会计的应用始于20世纪50年代。20世纪60年代中期以后，随着计算机技术和数据库技术的发展和普及，计算机在会计工作中的应用逐步从单项的数据处理转变成电算化会计信息系统，进而转变到管理信息系统、决策支持系统，直到现代企业全面实施的信息化管理。

一、电算化会计核算组织程序的特点

在电算化会计核算组织程序中，手工操作的部分仅仅存在于输入凭证数据这一初始阶段，随后的记账和成本核算乃至报表生成都是由计算机系统自动进行的数据处理过程。与手工会计核算组织程序相比，其特点主要体现在：

（1）极大地提高了会计数据的运算速度、准确程度和工作效率，使会计数据处理实现无纸化、自动化。

（2）满足会计信息提供的及时性、准确性、清晰性的要求。会计人员可随时获取准确、详细的会计信息。

（3）极大地减轻了会计人员的工作量，使其把主要精力从烦琐的手工劳动转向会计管理。

二、电算化会计核算组织程序的流程

电算化会计核算组织程序下，只需按照程序要求输入原始凭证的数据，系统会自动根据输入数据处理生成不同核算组织程序下各种格式的电子凭证、账簿和报表。计算机账务系统随时可以根据实际需要打印输出书面凭证、账簿和报表。

三、优缺点及适用范围

电算化会计核算组织程序的优点是：高效率、高质量、实用方便，处理信息量巨大。

电算化会计核算组织程序的缺点是：会计软件的质量还存在着诸多问题，如信息安全性防范问题等。随着电算化及网络技术的逐步发展，这些不足将会得以弥补。

电算化会计核算组织程序适用于任何已实现电算化操作系统，配备了电算化会计专业人员和电子计算机软件、硬件的企业。

作为本章的结束语，提醒读者注意以下三点：

（1）记账凭证核算组织程序、科目汇总表核算组织程序的优缺点和适用范围都

是针对手工记账而言的，其优缺点和适用范围都几乎不存在于电算化会计中。就工作量的大小而言，由于计算机运算的超高速度，无论哪种会计核算组织程序，对计算机来说几乎都没有区别。就适用企业规模的大小、业务量的多少而言，由于计算机运算的高效率、高准确性，无论哪种会计核算组织程序，对计算机来说都几乎没有区别。也就是说，无论采用什么会计核算组织程序，也无论是什么类型的企业，只要具备会计电算化的实施条件，都可以采用会计电算化核算组织程序。

（2）仍采用手工记账的企业，目前所选择的会计核算组织程序，主要是记账凭证核算组织程序、科目汇总表核算组织程序两种中的一种，应用最多的是科目汇总表核算组织程序。汇总记账凭证核算组织程序、多栏式日记账核算组织程序、日记总账核算组织程序、普通日记账核算组织程序几乎没有企业采用，成为理论上的会计核算组织程序。

（3）对于采用会计电算化核算的企业，虽然从理论上来说，其电算化程序可以采用记账凭证核算组织程序、科目汇总表核算组织程序、汇总记账凭证核算组织程序、多栏式日记账核算组织程序、日记总账核算组织程序、普通日记账核算组织程序中的任何一种，但是，由于目前我国会计核算软件几乎都是按科目汇总表核算组织程序设计的（这是因为我国企业手工记账时多数都采用科目汇总表核算组织程序），为便于实现电算化会计与手工记账的衔接，会计电算化核算组织程序一般都采用科目汇总表核算组织程序。

【课堂拓展】

会计核算组织程序是会计工作有序进行的基础框架，它不仅关乎数据的准确记录与报告，更体现了会计人员的专业素养和对经济活动的规范管理。会计核算组织程序涉及多个环节和部门，有效沟通与协作至关重要。我们要充分认识团队合作的价值，不断培养组织协调能力，学会在跨部门工作中发挥桥梁作用，培育良好的团队精神和集体荣誉感。

【练习题】

即测即评

一、名词解释

1.会计核算组织程序　　2.记账凭证核算组织程序

3.科目汇总表核算组织程序

二、简答题

1. 各种会计核算组织程序的主要区别及共同点有哪些？

2. 记账凭证核算组织程序有何特点？其优缺点及适用范围是什么？

3. 科目汇总表核算组织程序有何特点？其优缺点及适用范围是什么？

4. 简述记账凭证核算组织程序的流程。

5. 简述科目汇总表核算组织程序的流程。

三、业务题

习题一

目的：练习并掌握记账凭证核算组织程序。

资料：

1. 海湛股份有限公司20××年12月份各总分类账户期初余额见表8-5。

表8-5 总分类账户期初余额表 单位：元

账户名称	借方余额	账户名称	贷方余额
库存现金	5 100	累计折旧	509 600
银行存款	75 000	短期借款	50 000
应收账款	46 800	应付账款	58 500
其他应收款	1 500	应付职工薪酬	20 000
原材料	54 000	应付利息	1 200
库存商品	20 000	应交税费	22 600
固定资产	3 000 000	实收资本	1 500 000
无形资产	100 000	盈余公积	180 000
		本年利润	850 000
		利润分配	110 500
合　计	3 302 400	合　计	3 302 400

2. 部分明细分类账户的月初余额如下：

（1）“应收账款——宝成工厂”：46 800元。

（2）“应付账款——速达工厂”：58 500元。

（3）“原材料——A材料”：1 000千克，单价25元，金额25 000元；“原材料——B材料”500千克，单价18元，金额9 000元；“原材料——C材料”：2 000千克，单价10元，金额20 000元。

（4）“库存商品——甲产品”：100件，单位成本200元，金额20 000元。

3. 海湛股份有限公司12月份发生的经济业务如下：

（1）12月1日，生产甲产品领用：A材料800千克，单价25元；B材料1 400

千克，单价18元。

（2）12月1日，采购员张平出差，预借差旅费3 000元，用现金支付。

（3）12月2日，收到宝成工厂前欠货款46 800元，存入银行。

（4）12月4日，用银行存款支付产品广告费6 032.30元。

（5）12月5日，从银行提取现金50 000元，备发工资。

（6）12月5日，用现金50 000元发放工资。

（7）12月6日，用现金支付办公用品费400元，其中，生产车间180元，管理部门220元。

（8）12月7日，销售给北风工厂甲产品200件，单价500元，增值税13 000元，款项已收存银行。

（9）12月8日，从西华工厂购入A材料500千克，买价14 500元，增值税1 885元，运杂费500元。款项尚未支付，材料已验收入库。

（10）12月10日，从银行取得期限为2年的借款150 000元，存入银行存款户。

（11）12月12日，收到A企业投入的一台全新设备。投资双方评估确认价值50 000元（不考虑增值税）。设备已投入使用。

（12）12月13日，收到B企业投入的专利权。双方协商作价120 000元。

（13）12月13日，收到国家投入资本200 000元，存入银行。

（14）12月15日，从卫国工厂购入B材料300千克，买价5 400元，增值税702元。材料已验收入库，款项尚未支付。

（15）12月16日，用银行存款支付前欠西华工厂的A材料货款16 885元。

（16）12月18日，销售给胜利工厂甲产品300件，单位售价500元，增值税19 500元。款项尚未收到。

（17）12月19日，生产甲产品领用：A材料400千克，单价25元；B材料200千克，单价18元。生产车间一般耗用C材料100千克，单价10元。

（18）12月20日，用银行存款偿还到期的、期限为6个月的借款20 000元。

（19）12月20日，采购员张平出差回来，报销差旅费2 600元，退回余款400元。

（20）12月21日，从银行提取现金1 000元，备作零星开支用。

（21）12月23日，销售给光明工厂A材料200千克，单位售价40元，增值税1 040元。款项已收存银行。

（22）12月25日，用银行存款支付本月水电费30 000元，其中，生产车间20 000元，管理部门10 000元。

（23）12月25日，用银行存款向“希望工程”捐款20 000元。

（24）12月27日，收到F公司分来的投资利润30 000元，存入银行存款户。

（25）12月28日，经批准结转确实无法支付的应付速达工厂的账款58 500元。

（26）12月30日，管理部门领用C材料100千克，单价10元。

（27）12月31日，计提本月应负担的短期借款利息600元。

（28）12月31日，用银行存款支付第四季度短期借款利息1 800元。

（29）12月31日，结算本月应付职工工资50 000元，其中，生产甲产品工人工资30 000元，车间管理人员工资8 000元，企业管理人员工资12 000元。

（30）12月31日，计提本月固定资产折旧21 020元，其中，生产车间16 020元，管理部门5 000元。

（31）12月31日，将本月发生的制造费用转入生产成本。

（32）12月31日，本月生产的600件甲产品全部完工入库。结转生产成本。

（33）12月31日，结转本月销售500件甲产品的生产成本（本月甲产品的加权平均单位生产成本为220元）。

（34）12月31日，分别按7%和3%的税率计算应缴纳的城市维护建设税和教育费附加（应交城市维护建设税=本月应交增值税×7%，应交教育费附加=本月应交增值税×3%，其中，本月应交增值税=销项税额−进项税额）。

（35）12月31日，结转本月销售A材料200千克的成本5 000元。

（36）12月31日，将本月损益类账户的余额转入“本年利润”账户。

（37）12月31日，按本月实现的利润总额的25%计算并结转应交所得税。

（38）12月31日，结转全年实现的净利润。

（39）12月31日，按全年净利润的10%提取盈余公积，按全年净利润的5%向投资者分配现金股利，股利尚未支付。

（40）12月31日，结转利润分配的相关明细分类账户。

要求：

1. 根据经济业务填制收款凭证、付款凭证和转账凭证（用会计分录代替。在每笔分录前写上凭证编号。凭证采用五类编号法编号）。

2. 根据记账凭证逐笔登记总分类账（期初余额见表8-5，用T形账户代替总分类账）。

3. 编制总分类账户本期发生额及余额试算平衡表。

习题二

目的：练习并掌握科目汇总表核算组织程序。

资料：习题一的资料。

要求：根据习题一编制的记账凭证编制科目汇总表（全月一次汇总）。

参考答案

第九章

会计工作组织

第一节 会计工作组织概述

第一章已经述及，会计工作是指利用会计知识和技能，从事提供会计信息，进行会计管理的一项脑力劳动，既包括会计应该做什么，也包括会计劳动过程。会计工作是一项复杂、细致、综合的经济管理活动。会计人员掌握了会计知识和技能，只是开展会计工作的一个基本条件。要搞好会计工作，必须对会计工作进行科学的组织。所谓会计工作组织，从广义上讲，包括组织与会计工作有关的一切事情；从狭义上讲，会计工作组织包括会计核算机构的设置、会计人员的配备与教育、会计法规的制定和执行、会计档案的保管等。本书从狭义角度出发，给出会计工作组织定义如下：会计工作组织，就是根据会计工作特点，设置会计机构，配备会计人员，制定、执行会计法规，保管会计档案，以保证合理、有效地进行会计工作。

一、组织会计工作的作用

合理组织会计工作具有重大作用，具体表现在以下四个方面：

（1）科学地组织会计工作，有利于提高会计工作质量和效率。

会计工作是一项严密细致的管理工作。会计主体提供的会计信息需要经过会计凭证、会计账簿、财务报表等一系列方法及相应的手续和程序，进行记录、计算、分类、汇总、分析、检查等工作。科学地组织会计工作，使会计工作按预先规定的手续和程序进行，可以有效地防止差错，提高会计工作效率。

（2）科学地组织会计工作，有利于会计工作与其他经济管理工作协调一致。

会计工作是企业经济管理工作的一个部分。它既独立于其他的经济管理工作，又与其他经济管理工作有着密切联系。会计工作一方面能够促进其他经济管理工作，另一方面也需要其他经济管理工作配合。只有这样才能充分发挥会计工作的重要作用。

（3）科学地组织会计工作，有利于加强企业内部的经济责任制。

企业内部的经济责任制离不开会计工作。科学地组织会计工作，可以促使企业内部及有关部门提高资金使用效率，增强经济管理水平，并为经济预测、经济决策、业绩评价等工作提供支持，从而加强企业内部的经济责任制。

（4）科学地组织会计工作，有利于会计法规的正确执行。

科学地组织会计工作，可以促使企业更好地贯彻执行国家方针、政策、法规和制度，维护财经纪律，为建立良好的社会经济秩序打下基础。

二、会计工作组织原则

会计工作组织原则是指组织好会计工作，提高会计工作质量和效率应遵循的一些基本要求。它是组织好会计工作的基本保证。组织会计工作应当遵循以下几方面原则：

（一）统一性原则

统一性原则是指组织会计工作必须遵循国家对会计工作的统一要求。会计主体提供的会计信息既要满足有关各方了解企业的财务状况、经营成果、现金流量等会计信息的需要，也要满足企业内部加强经济管理的需要，还要满足国家加强宏观调控的需要。会计工作必须按照《会计法》和《企业会计准则》，以及其他会计法规对会计工作的统一要求，贯彻执行国家规定的会计法规，进行会计核算，实施会计监督，参与会计管理。只有这样，才能发挥会计工作在维护社会主义市场经济秩序，加强经济管理，提高经济效益等方面的作用。

（二）适应性原则

适应性原则是指组织会计工作必须适应本单位经营管理的特点。各会计主体的经济活动范围、业务内容有很大区别，对会计信息的要求也有差别。因而，各会计主体必须结合自身的实际情况和具体要求，组织会计工作，以便适应自身生产经营的特点。

（三）效益性原则

效益性原则是指在保证会计工作质量的前提下，组织会计工作时应讲求效益。也就是说，既要保证会计核算工作的质量，又要节约人力、财力、物力，提高会计工作效益。会计工作非常繁杂，需要对会计机构的设置和会计人员的配备等进行科学的组织和设计。只有这样，才能保证会计工作的质量。同时，在保证会计工作质量的前提下，要讲求效益，尽量节约会计工作的时间和费用。

（四）内部控制原则

内部控制原则是指组织会计工作应建立内部控制规范。内部控制规范主要包括现金出纳控制、实物资产进出控制、各项费用支出控制等。通过彼此牵制，可以防止会计舞弊的发生，达到监督的目的。

（五）责任制原则

责任制原则是指建立和完善会计工作本身的责任制度，包括建立各岗位，确定各岗位会计人员，明确各岗位的责任（即定岗、定人、定责）。各岗位上的会计人员应当各负其责，相互配合，共同做好本单位的会计工作。

第二节 会计机构

会计机构就是组织、管理或实施会计工作的部门。没有会计机构，就没有会计工作组织。

一、会计机构的分类与设置

(一) 会计机构的分类

广义上讲，我国的会计机构可分为会计管理机构、会计工作机构以及会计中介服务机构。

1.会计管理机构

会计管理机构是指在政府职能部门中负责组织、领导会计工作的机构。我国的会计工作实行统一领导、分级管理的管理体制。《会计法》明确规定，国务院财政部门主管全国的会计工作，县级以上地方各级人民政府的财政部门管理本行政区域内的会计工作。中国注册会计师协会是会计行业组织机构，负责实施注册会计师行业管理。

2.会计工作机构

会计工作机构是指在会计主体中直接从事会计工作的职能部门。《会计法》中所指的会计机构就是会计工作机构。

3.会计中介服务机构

会计中介服务机构即会计师事务所，是指依法设立的，受当事人委托，承办有关审计业务、会计咨询和服务业务的中介机构。

设置会计机构是落实《会计法》的需要。《会计法》第三十四条规定，各单位应当根据会计业务的需要，依法采取下列一种方式组织本单位的会计工作：(1) 设置会计机构；(2) 在有关机构中设置会计岗位并指定会计主管人员；(3) 委托经批准设立从事会计代理记账业务的中介机构代理记账；(4) 国务院财政部门规定的基他方式。

设置会计机构也是履行会计职能，实现会计目标的需要。会计机构是一个综合性的经济管理部门。它和会计主体内部的其他职能部门、各生产经营业务单位的工作有着密切的联系。它们相互促进、相互制约。建立和健全会计机构，是履行会计职能、加强会计工作、保证会计目标顺利实现的重要条件。

(二) 会计机构的设置

各级主管部门一般设置会计司、会计局、会计处、会计科。基层单位的会计机构，一般称为会计处、会计科、会计股、会计组等。

二、会计工作的组织方式

(一) 独立核算机构的核算组织方式

有一定的自有资金，有独立经营自主权，能够编制计划，单独计算盈亏，单独在银行开户，并经工商行政部门注册登记的企业为独立核算机构。独立核算机构可以采取集中核算组织方式或非集中核算组织方式开展会计工作。

1.集中核算组织方式

在集中核算组织方式下，就是把企业经济业务的明细核算、总分类核算、财务报表编制和各有关项目的考核、分析等会计工作集中由厂级会计部门进行，其他各职能部门、车间、仓库的会计组织或会计人员只负责填制原始凭证，为厂级会计部门的进一步核算提供经初步整理后的核算资料。

2.非集中核算组织方式

非集中核算组织方式，就是把某些业务的凭证整理、明细核算、有关财务报表的编制和分析（特别是适应企业内部日常经营管理需要的内部报表的编制和分析）分散到直接从事该项业务的车间、部门进行，但总分类核算、全厂性财务报表的编制和内部各单位的会计工作仍由厂级会计部门集中进行。厂级会计部门还应对企业内部各单位的会计工作进行业务上的指导和监督。在一个单位内部，对各部门和下属单位的经济业务可以分别采取集中核算和非集中核算。

实行集中核算还是非集中核算组织方式，主要取决于企业经营管理的需要。如果企业的规模较小，经济业务不多，则可以采用集中核算组织方式，以精简会计机构和人员；如果企业内部实行经济核算制，需要分级管理和分级核算，则可以采用非集中核算组织方式，以便各部门及时利用核算资料进行日常的考核和分析。

（二）半独立核算机构的核算组织方式

若独立核算企业所属的分厂、分部、分公司的规模比较大，生产、经营上具有一定的独立性，但不具备完全独立核算的某些必要条件，就可以实行半独立记账、编制财务报表，再将财务报表送会计部门汇总的核算组织方式。

（三）报账单位的核算组织方式

报账单位指企业内部不单独计算盈亏，只记录和计算几个主要会计指标，进行简易核算，以考核其工作质量的单位和部门。这些单位和部门平时只向上级领用备用金，定期向上级报销。其所有收入全部解缴上级，由财会部门集中进行核算。

三、会计工作岗位的设置

会计工作岗位的设置，就是在财务会计机构内部按照会计工作的内容和会计人员的配备情况，进行合理的分工，使每项工作都有专人负责，每位会计人员都明确自己的职责。

为科学地组织会计工作，应建立健全会计部门内部的岗位责任制。企业应根据会计业务的需要设置会计工作岗位。会计工作岗位一般可分为：总会计师；会计机构负责人或者会计主管人员；出纳；稽核；资本、基金核算；收入、支出、债权债务核算；职工薪酬、成本费用、财务成果核算；财产物资的收发、增减核算；总账；财务报告编制；会计机构内会计档案管理；其他会计岗位。企业可以根据自身的实际情况，合并或增设新的岗位。

实施会计电算化的企业，可以根据需要设置会计电算化岗位，也可以与其他岗位相结合。所谓会计电算化岗位，是指直接管理、操作、维护计算机及会计软件系统的工作岗位，一般包括电算化主管、软件操作、审核记账、电算化维护、电算化审查、数据分析等。企业可根据内部牵制制度的要求和本企业的工作需要，结合其他工作岗位情况，对会计电算化岗位进行调整。

会计工作岗位可以一人一岗、一人多岗、一岗多人，凡是涉及款项和财务收付、结算及登记的任何一项工作，必须由两人或两人以上分工办理，以起到相互制约的作用。出纳不得兼管稽核、会计档案保管和收入、费用、债权债务账目的登记工作，出纳以外的人员不得经管库存现金、有价证券、票据。

第三节 会计人员

会计人员是指从事会计工作的人员。《会计法》第三十六条规定："会计人员应当具备从事会计工作所需要的专业能力。"

一、会计人员的专业技术资格

会计人员的专业技术资格分为初级会计资格、中级会计资格和高级会计资格三个级别。初、中级会计资格实行全国统一考试，即"以考代评"，高级会计资格实行考试与评审相结合的评价办法。

报名参加初级、中级和高级会计资格考试的人员，应当具备的基本条件为：(1) 遵守《中华人民共和国会计法》和国家统一的会计制度等法律法规。(2) 具备良好的职业道德，无严重违反财经纪律的行为。(3) 热爱会计工作，具备相应的会计专业知识和业务技能。

(一) 初级会计资格

报名参加初级会计资格考试的人员，除具备上述参加会计资格考试人员的基本条件外，还必须具备高中毕业（含高中、中专、职高和技校）及以上学历。初级会计资格考试每年1月网上报名，每年5月中旬考试。考试科目为《初级会计实务》和《经济法基础》，采用计算机无纸化考试，当年一次性通过两科方能取得初级会计资格。

(二) 中级会计资格

报名参加中级会计资格考试的人员，除具备上述参加会计资格考试人员的基本条件外，还应具备下列条件之一：(1) 具备大学专科学历，从事会计工作满5年。(2) 具备大学本科学历或学士学位，从事会计工作满4年。(3) 具备第二学士学位或研究生班毕业，从事会计工作满2年。(4) 具备硕士学位，从事会计工作满1年。(5) 具备博士学位。(6) 通过全国统一考试，取得经济、统计、审计专业技术中级资格。考试科目为《中级会计实务》、《财务管理》和《经济法》，采用计算机无纸化考试，单科成绩滚动计算，2年内通过全部科目可取得中级会计资格。

（三）高级会计资格

参加高级会计资格考试的人员，除具备上述参加会计资格考试人员的基本条件外，还应具备下列条件之一：（1）具备大学专科学历，取得会计师职称后，从事与会计师职责相关工作满10年。（2）具备硕士学位或第二学士学位或研究生班毕业或大学本科学历或学士学位，取得会计师职称后，从事与会计师职责相关工作满5年。（3）具备博士学位，取得会计师职称后，从事与会计师职责相关工作满2年。考试科目为《高级会计实务》，采用开卷笔试方式考试，考试合格后，可以按规定提交材料参加评审。评审通过后取得高级会计资格。

二、会计人员的专业技术职务

只有取得相应的会计专业技术资格，才能应聘相应的会计专业职务，根据《会计专业职务试行条例》第三条的规定，会计专业职务分为：高级会计师、会计师、助理会计师、会计员。高级会计师为高级职务，会计师为中级职务，助理会计师、会计员为初级职务。

除了政治素质和职业道德要求外，《会计专业职务试行条例》第七条至第十一条明确规定了各级专业技术职务的任职条件。

（1）会计员的基本条件：①初步掌握财务会计知识和技能。②熟悉并能按照执行有关会计法规和财务会计制度。③能担负一个岗位的财务会计工作。④大学专科或中等专业学校毕业，在财务会计工作岗位上见习1年期满。

（2）助理会计师的基本条件：①掌握一般的财务会计基础理论和专业知识。②熟悉并能正确执行有关的财经方针、政策和财务会计法规、制度。③能担负一个方面或某个重要岗位的财务会计工作。④取得硕士学位，或取得第二学士学位或研究生班结业证书，具备履行助理会计师职责的能力；大学本科毕业，在财务会计工作岗位上见习1年期满；大学专科毕业并担任会计员职务2年以上或中等专业学校毕业并担任会计员职务4年以上。

（3）会计师的基本条件：①较系统地掌握财务会计基础理论和专业知识。②掌握并能正确贯彻执行有关的财经方针、政策和财务会计法规、制度。③具有一定的财务会计工作经验，能担负一个单位或管理一个地区、一个部门、一个系统某个方面的财务会计工作。④取得博士学位，并具有履行会计师职责的能力；取得硕士学位并担任助理会计师职务2年左右；取得第二学士学位或研究生结业证书，并担任助理会计师职务2至3年；大学本科或大学专科毕业并担任助理会计师职务4年以上。⑤掌握一门外语。

（4）高级会计师的基本条件：①较系统地掌握经济、财务会计理论和专业知识。②具有较高的政策水平和丰富的财务会计工作经验，能担负一个地区、一个部门或一个系统的财务会计管理工作。③取得博士学位，并担任会计师职务2至3年；取得硕士学位、第二学士学位或研究生班结业证书，或大学本科毕业并担任会计师职务5年以上。④较熟练地掌握一门外语。

需要说明的是，“注册会计师”不是会计专业技术职务，而是一种执业资格。

注册会计师是指由会计师事务所统一接受委托，依法独立执行审计业务、会计咨询业务和会计服务业务的人员。注册会计师并不直接从事会计工作，而是对企业、事业单位的会计工作提供审计业务、会计咨询业务和会计服务业务。其工作机构称为“会计师事务所”。根据《中华人民共和国注册会计师法》的规定，申请担任注册会计师的人员，须具备高等专科以上（包括高等专科）学校毕业学历，经全国统一考试合格（实行单科成绩滚动计算的方法，5年之内通过《会计》《财务成本管理》《审计》《经济法》《税法》《公司战略与风险管理》6科考试，再在5年内通过“职业能力综合测试”），由财政部门批准注册，并加入一个会计师事务所，才能从事注册会计师工作。

三、会计人员专业技术职务的评聘

通过全国统一考试取得初级或中级会计专业技术资格的会计人员，已具备担任相应级别会计专业技术职务的任职资格。用人单位可根据工作需要和德才兼备的原则，从获得会计专业技术资格的会计人员中择优录取。对于已取得中级会计资格并符合国家有关规定的会计人员，可聘任会计师职务；对于已取得初级会计资格的人员，如具备大专学历且担任会计员职务满2年或中专毕业且担任会计员职务满5年，并符合国家有关规定的，可聘任助理会计师职务。

四、会计人员的职责与权限

会计人员取得专业技术职务任职资格并被聘为相应专业技术职务后，就要认真履行会计人员的职责并行使会计人员的权限。

（一）会计人员的职责

会计人员的职责就是认真履行会计职能——核算、管理和监督。因此，可以把会计人员的职责归纳为进行会计核算、参与会计管理、实行会计监督三部分。

1.进行会计核算

进行会计核算是指对企业已经发生的交易或者事项，主要以价值量的形式进行确认、计量和报告。会计人员应及时地提供真实、可靠的会计信息，如实反映企业的财务状况、经营成果和现金流量情况，满足会计信息使用者对会计信息的需要。进行会计核算是会计人员最基本的职责。

2.参与会计管理

参与会计管理是指利用会计核算提供的信息，对企业的经济活动进行事前、事中和事后的管理。

3.实行会计监督

实行会计监督是指会计人员对本单位的经济活动的真实性、合法性、合理性、合规性或风险性进行事前、事中、事后的评估、检查、督促和审计。对于不真实、不合理的原始凭证，应不予受理；对于记载不准确、不完整的原始凭证，应予以退回；对于账实不符的项目，应按规定进行处理；对于违反国家统一规定的财政制度、财务规定的事项，应不予受理。

（二）会计人员的权限

为保障会计人员的工作职责得以顺利履行，《会计法》及其他相关法规在明确了会计人员职责的同时，也赋予了会计人员相应的权限，主要包括以下五个方面：

（1）会计人员有权拒绝办理违法的会计事项。对于违反会计法规的会计事项，会计人员有权拒绝办理，或者按照职权予以纠正。对于本单位有关部门违反会计法规的情况，会计人员有权拒绝付款、拒绝报销或拒绝执行，并及时向本单位领导或上级有关部门报告。

（2）会计人员有权要求本单位有关部门、人员认真执行国家批准的计划、预算，遵守会计法规。

（3）会计人员有权参与本单位编制计划、制订定额、对外签订经济合同的工作，并可以参加有关生产、经营管理会议和业务会议，并以会计人员特有的专业地位对企业的财务收支和经济效益方面的情况提出自己的意见。

（4）会计人员有权监督本单位有关部门的财务收支、资金使用和财产保管、收发、计量、检验等情况。

（5）会计人员有权对打击报复进行申诉。会计人员由于依法行使职权而遭到打击报复时，可以向有关部门提出申诉。

会计人员依法行使职权是受法律保护的。《会计法》第四十三条规定，单位负责人对依法履行职责、抵制违反本法规定行为的会计人员以降级、撤职、调离工作岗位、解聘或者开除等方式实行打击报复，依法给予处分；构成犯罪的，依法追究刑事责任。对受打击报复的会计人员，应当恢复其名誉和原有职务、级别。

五、会计职业道德

为了更好地履行会计人员的职责和权力，会计人员必须具备职业道德。《会计法》第三十七条规定，会计人员应当遵守职业道德，提高业务素质。会计人员的职业道德，简称会计职业道德，是指会计人员在会计工作中应遵循的，体现会计职业特征的，调整会计职业关系的职业行为准则和规范。财政部2023年1月发布的《会计人员职业道德规范》包括以下三个方面：坚持诚信，守法奉公；坚持准则，守责敬业；坚持学习，守正创新。

1.坚持诚信，守法奉公

牢固树立诚信理念，以诚立身、以信立业，严于律己、心存敬畏。学法知法守法，公私分明、克己奉公，树立良好职业形象，维护会计行业声誉。

2.坚持准则，守责敬业

严格执行准则制度，保证会计信息真实完整。勤勉尽责、爱岗敬业，忠于职守、敢于斗争，自觉抵制会计造假行为，维护国家财经纪律和经济秩序。

3.坚持学习，守正创新

始终秉持专业精神，勤于学习、锐意进取，持续提升会计专业能力。不断适应新形势新要求，与时俱进、开拓创新，努力推动会计事业高质量发展。

六、总会计师制度

《会计法》第三十四条规定："国有的和国有资本占控股地位或者主导地位的大、中型企业必须设置总会计师。总会计师的任职资格、任免程序、职责权限由国务院规定。"大、中型企业是我国国民经济的支柱，是国家财政收入的主要来源。由于大、中型企业一般生产经营规模大，在经济核算组织、资金调配等方面要求高，有必要设置主管经济核算和财务会计工作的总会计师，协助单位负责人搞好单位的经营管理工作。其他单位可以根据业务需要，视情况自行决定是否设置总会计师。2011年1月国务院修订的《总会计师条例》对总会计师的定位是："总会计师是单位行政领导成员，协助单位主要行政领导人工作，直接对单位主要行政领导人负责。凡设置总会计师的单位，在单位行政领导成员中，不设与总会计师职权重叠的副职。"总会计师是企业厂级行政领导成员，应由具有会计师、高级会计师技术职称的人员担任。

七、会计人员继续教育

《会计法》第三十七条规定："对会计人员的教育和培训工作应当加强。"会计人员继续教育是会计管理工作的一个组成部分，是会计队伍建设的重要内容。财政部在2018年5月19日发布，自2018年7月1日起执行的《会计专业技术人员继续教育规定》，对会计专业技术人员继续教育的管理体制、内容与形式、学分管理、会计继续教育机构管理、考核与评价等作了具体规定。

（一）会计人员继续教育的基本原则

（1）以人为本，按需施教。

（2）突出重点，提高能力。

（3）加强指导，创新机制。

（二）会计人员继续教育的管理体制

（1）财政部负责制定全国会计专业技术人员继续教育政策，会同人力资源社会保障部监督指导全国会计专业技术人员继续教育工作的组织实施，人力资源社会保障部负责对全国会计专业技术人员继续教育工作进行综合管理和统筹协调。

（2）县级以上地方人民政府财政部门、人力资源社会保障部门共同负责本地区会计专业技术人员继续教育工作。

（三）会计专业技术人员继续教育的学分管理

会计专业技术人员参加继续教育实行学分制管理，每年参加继续教育取得的学分不得少于90学分。会计专业技术人员参加继续教育取得的学分，在全国范围内当年度有效。

（四）会计人员继续教育的内容

会计专业技术人员继续教育内容包括公需科目和专业科目。公需科目包括专业技术人员应当普遍掌握的法律法规、政策理论、职业道德、技术信息等基本知识，专业科目包括会计专业技术人员从事会计工作应当掌握的财务会计、管理会计、财务管理、内部控制与风险管理、会计信息化、会计职业道德、财税金融、会计法律法规等相关法律知识。

（五）会计人员继续教育的主要形式

（1）参加县级以上地方人民政府财政部门、人力资源社会保障部门，新疆生产建设兵团财务局、人力资源社会保障局，中共中央直属机关事务管理局，国家机关事务管理局（以下简称继续教育管理部门）组织的会计专业技术人员继续教育培训，高端会计人才培训、全国会计专业技术资格考试等会计相关考试、会计类专业会议等。

（2）参加会计继续教育机构或用人单位组织的会计专业技术人员继续教育培训。

（3）参加国家教育行政主管部门承认的中专以上（含中专，下同）会计类专业学历（学位）教育；承担继续教育管理部门或行业（团体）的会计研究课题，或在有国内统一刊号（CN）的经济、管理类报刊上发表会计类论文；公开出版会计类书籍；参加注册会计师、资产评估师、税务师等继续教育培训。

（4）继续教育管理部门认可的其他形式。

第四节 会计法规

会计法规通常指对会计工作产生约束和影响的，由国家和地方立法机关、中央和地方各级政府和行政部门制定、颁布的法律、条例、准则、章程、制度、规定、办法、实施细则等规范文件的总称。这些法律、条例、准则、章程、制度、规定、办法、实施细则等，是贯彻国家有关方针、政策和加强会计工作的重要工具，是处理会计工作的规范。

一、会计法规的调整对象

会计法规作为经济法规的重要组成部分，其调整对象是经济关系中的各种会计法律关系。会计法律关系是指国家机关、社会团体、公司、企业、事业单位和其他组织在会计活动中形成和发生的，受会计法规约束的各种经济关系。与其他经济关系相比，会计法律关系具有只产生和存在于会计活动之中、与货币计量和资金运动密不可分的特点。

二、会计法规体系的构成

我国会计法规建设在“文化大革命”期间几乎陷于停顿状态。1978年至1992年间，一些会计法规才得以相继建立。1985年1月颁布的《会计法》是我国会计法规建设的一个重要里程碑。1993年以后，我国会计法规建设得以长足发展，并进入完善时期。1993年12月、1999年10月、2017年11月和2024年6月，先后一次修订和三次修正《会计法》，标志着我国会计法规建设的进一步完善。在此基础上，一系列会计法规陆续发布，形成了与国际惯例趋同的比较完善的会计法规体系。

我国会计法规体系按制定机关和效力的不同，分为四个层次：

（一）会计法律

会计法律是指调整我国经济生活中会计关系的法律总规范，是由国家最高权力机关——全国人民代表大会及其常务委员会制定，以中华人民共和国主席令的形式颁布的会计法规。会计法律的名称一般为“中华人民共和国××法”等。会计法律主要有：

（1）2014年8月31日第十二届全国人民代表大会常务委员会第十次会议修正的《中华人民共和国注册会计师法》。

（2）2024年6月28日第十四届全国人民代表大会常务委员会第十次会议修正的《中华人民共和国会计法》。

其中，《会计法》是会计法律体系中权威性最高、最具法律效力的法律规范，是会计法规体系的根基，也是会计工作的“母”法，会计行政法规和会计部门规章和规范性文件不能与之相抵触。

其他与会计相关的如《中华人民共和国企业所得税法》、《中华人民共和国公司法》、《中华人民共和国税收征收管理法》等法律中的许多有关条款，也属于会计法律体系的内容。

（二）会计行政法规

会计行政法规是指调整我国经济生活中某些方面会计关系的、由国家最高行政机关——国务院制定，以中华人民共和国国务院令发布实施的会计法规。会计行政法规的一般名称为：“××条例”等。属于这个层次的会计法规有：

（1）2011年1月8日国务院修订的《总会计师条例》。

（2）2000年6月21日国务院颁布的《企业财务会计报告条例》。

（3）2017年10月30日国务院第191次常务会议通过的自2017年11月19日起施行的《中华人民共和国增值税暂行条例》。

（三）会计部门规章

会计部门规章是指由国务院所辖各部、委、局、署、行等行政部门制定并发布实施的会计法规。部门规章的名称一般为：“××准则”“××制度”“××办法”“××规范”“××规定”“××实施细则”等。属于这个层次的会计法规所占的比例最大，且涉及面最广，具有及时性、灵活性和针对性强的特点。属于这个层次的主要有：

1.以财政部令发布实施的会计法规

例如，2014年7月23日修订的《企业会计准则——基本准则》等。

2.以财政部文件形式印发的会计法规

例如，2013年8月16日发布的《企业产品成本核算制度》，2016年12月3日发布的《增值税会计处理规定》，2017年3月15日发布的《关于取消、调整部分政府性基金有关政策的通知》，2018年5月19日发布的《会计专业技术人员继续教育规定》，2019年5月16日发布修订的《企业会计准则第12号——债务重组》等。

3.以国务院所辖其他各部、委、局、署、行等行政部门单独发布实施或与财政部联合发布实施的与会计有关的法规

例如，2010年财政部会同证监会、审计署、银监会、保监会[①]制定颁布的《企业内部控制应用指引第1号——组织架构》等18项应用指引，《企业内部控制评价指引》和《企业内部控制审计指引》，2015年9月17日财政部、国家税务总局发布的《关于进一步完善固定资产加速折旧企业所得税政策的通知》等。

（四）地方性会计法规、规章

地方性法规、规章是指由省、自治区、直辖市人民代表大会及其常务委员会，或者由省、自治区、直辖市人民政府及其所属部门根据会计法律、会计行政法规和会计部门规章的规定，结合本地实际情况制定、在各自的行政区域内实施的地方性与会计有关的法规、规章。

三、会计法

《会计法》于1985年1月21日经第六届全国人大常委会通过公布，在1993年12月29日、1999年10月31日、2017年11月4日和2024年6月28日经过一次修订和三次修正，修正后的《会计法》对于规范会计行为，保证会计资料真实、完整，充分发挥会计工作在加强经济管理和财务管理，提高经济效益，维护社会主义市场经济秩序，都有十分重要的意义。修正后的《会计法》共六章，包括总则，会计核算，会计监督，会计机构和会计人员，法律责任，附则，共五十一条内容。

四、企业会计准则体系

中国企业会计准则体系，由《企业会计准则——基本准则》（以下简称《基本准则》）、企业会计准则（具体准则）（以下简称《具体准则》）、《企业会计准则——应用指南》（以下简称《应用指南》）和企业会计准则解释四部分构成。其中，《基本准则》是纲，在整个准则体系中起统驭作用；《具体准则》是目，是依据基本准则原则要求对有关业务或报告做出的具体规定；《应用指南》是补充，是对具体准则的操作指引。企业会计准则体系涵盖各类企业各项经济业务，在立足国情的基础上大量借鉴了国际会计准则的内容体系。它的出台和全面实施改变了我国会计制度与会计准则并存、分行业制定会计制度的格局，标志着与国际会计准则趋同的中国会计准则体系正式建立，这在我国会计发展史上将成为新的里程碑。

（一）基本准则

基本准则是会计核算的一般要求和会计核算广泛遵循的原则，是具体会计准则制定的依据。通常所说的企业会计准则即指基本准则。

基本准则的具体内容包括总则、会计信息质量要求、资产、负债、所有者权

---

① 2018年“银监会”和“保监会”的职责整合，组建“银保监会”，2023年“银保监会”升级成“国家金融监督管理总局”。

益、收入、费用、利润、会计计量、财务会计报告、附则，共11章，其中，总则作为主旨。

1.总则

总则明确了基本准则制定目的，适用范围和作用；明确财务报告的目标；提出七项会计核算的基本前提。

2.会计信息质量要求

会计信息质量要求是对企业财务报告中所提供会计信息质量的基本要求，是使财务报告中所提供会计信息对投资者等使用者决策有用应具备的基本特征。会计信息质量要求包括可靠性、相关性、可理解性、可比性、实质重于形式、重要性、谨慎性和及时性，称为会计信息质量的八项要求。

3.会计要素的确认

基本准则具体规定了资产、负债、所有者权益，收入、费用、利润这六个会计要素的定义（特征）和确认标准。

4.会计要素的计量

会计要素的计量包含计量单位和计量属性两方面的内容，但由于计量单位已经列入总则之中，所以在会计要素的计量的相关条款中主要规定计量属性。从会计角度来看，计量属性反映的是会计要素金额的确定基础，主要包括历史成本、重置成本、可变现净值、现值和公允价值等。在各种会计要素计量属性中，历史成本通常反映的是资产或者负债过去的价值，而重置成本、可变现净值、现值以及公允价值通常反映的是资产或者负债的现时成本或者现时价值，是与历史成本相对应的计量属性。会计要素计量属性的正确选择和有效运用是提高会计信息质量的重要基础。

5.财务会计报告

财务会计报告分别就各会计要素的概念、分类、计价原则、核算要求等进行了规定，对财务会计报告反映的内容、编制要求、合并财务报表、报表附注的内容也进行了规定。

（二）具体准则

具体准则就具体交易或者事项的会计处理方法和程序做出了具体规定。至2024年4月，已经颁布、实施的具体会计准则有42项，覆盖工商企业、金融、保险、农业等众多领域。具体准则目录见表9-1。

（三）应用指南

应用指南是对具体准则的补充和操作指引，并在附录中根据会计准则规定了一百多个会计科目及其主要账务处理。

（四）企业会计准则解释

在2006年企业会计准则基本准则、具体准则、应用指南发布之后，财政部又陆续发布了《企业会计准则解释》第1号至第17号。

表9-1 具体准则目录

1.企业会计准则第1号 ——存货	15.企业会计准则第15号 ——建造合同 (2021.1.1起不再执行)	29.企业会计准则第29号 ——资产负债表日后事项
2.企业会计准则第2号 ——长期股权投资	16.企业会计准则第16号 ——政府补助	30.企业会计准则第30号 ——财务报表列报
3.企业会计准则第3号 ——投资性房地产	17.企业会计准则第17号 ——借款费用	31.企业会计准则第31号 ——现金流量表
4.企业会计准则第4号 ——固定资产	18.企业会计准则第18号 ——所得税	32.企业会计准则第32号 ——中期财务报告
5.企业会计准则第5号 ——生物资产	19.企业会计准则第19号 ——外币折算	33.企业会计准则第33号 ——合并财务报表
6.企业会计准则第6号 ——无形资产	20.企业会计准则第20号 ——企业合并	34.企业会计准则第34号 ——每股收益
7.企业会计准则第7号 ——非货币性资产交换	21.企业会计准则第21号 ——租赁	35.企业会计准则第35号 ——分部报告
8.企业会计准则第8号 ——资产减值	22.企业会计准则第22号 ——金融工具确认和计量	36.企业会计准则第36号 ——关联方披露
9.企业会计准则第9号 ——职工薪酬	23.企业会计准则第23号 ——金融资产转移	37.企业会计准则第37号 ——金融工具列报
10.企业会计准则第10号 ——企业年金基金	24.企业会计准则第24号 ——套期会计	38.企业会计准则第38号 ——首次执行企业会计准则
11.企业会计准则第11号 ——股份支付	25.企业会计准则第25号 ——保险合同	39.企业会计准则第39号 ——公允价值计量
12.企业会计准则第12号 ——债务重组	26.企业会计准则第26号 ——再保险合同 (2026.1.1起不再执行)	40.企业会计准则第40号 ——合营安排
13.企业会计准则13号 ——或有事项	27.企业会计准则第27号 ——石油天然气开采	41.企业会计准则第41号 ——在其他主体中权益的披露
14.企业会计准则第14号 ——收入	28.企业会计准则第28号 ——会计政策、会计估计变更和差错更正	42.企业会计准则第42号——持有待售的非流动资产、处置组和终止经营

第五节 会计档案

会计档案是指单位在进行会计核算等过程中接收或形成的，记录和反映单位经济业务事项的，具有保存价值的文字、图表等各种形式的会计资料，包括通过计算机等电子设备形成、传输和贮存的电子会计档案。会计档案对于总结经济工作，指导生产经营管理和事业管理，查验经济问题，防止贪污舞弊，研究经济发展的方针和战略都具有重要作用。

一、会计档案的内容

以下会计资料应纳入归档范围：

（1）会计凭证，包括原始凭证、记账凭证；

（2）会计账簿，包括总账、明细账、日记账、固定资产卡片及其他辅助性账簿；

（3）财务会计报告，包括月度、季度、半年度、年度财务会计报告；

（4）其他会计资料，包括银行存款余额调节表、银行对账单、纳税申报表、会计档案移交清册、会计档案保管清册、会计档案销毁清册、会计档案鉴定意见书及其他具有保存价值的会计资料。

二、会计档案管理的总体要求

《会计法》第二十三条规定："各单位对会计凭证、会计账簿、财务会计报告和其他会计资料应当建立档案，妥善保管。会计档案的保管期限、销毁、安全保护等具体管理办法，由国务院财政部门会同有关部门制定。"

为加强我国会计档案的科学管理，《会计法》从原则上规定了会计档案的范围、保管、销毁等问题，将会计档案管理纳入了法治化轨道。由于会计档案管理是一项技术性、政策性都很强的工作，财政部会同国家档案局共同制定了《会计档案管理办法》，对会计档案的立卷、归档、保管、调阅和销毁，以及单位变更后的会计档案管理等问题做出了更加明确的规定。单位应当加强会计档案管理工作，建立和完善会计档案的收集、整理、保管、利用和鉴定销毁等管理制度，采取可靠的安全防护技术和措施，保证会计档案的真实、完整、可用、安全。

三、会计档案的保管

（一）会计档案的归档要求

（1）单位的会计机构或会计人员所属机构（以下统称单位会计管理机构）按照归档范围和归档要求，负责定期将应当归档的会计资料整理立卷，编制会计档案保管清册。

（2）当年形成的会计档案，在会计年度终了后，可由单位会计管理机构临时保管一年，再移交单位档案管理机构保管。因工作需要确需推迟移交的，应当经单位档案管理机构同意。单位会计管理机构临时保管会计档案最长不超过三年。临时保管期间，会计档案的保管应当符合国家档案管理的有关规定，且出纳人员不得兼管会计档案。

（3）单位会计机构在办理会计档案移交时，应当编制会计档案移交清册，并按国家档案管理的有关规定办理移交手续。

纸质会计档案移交时应保持原卷的封装。电子会计档案移交时应当将电子会计档案及其元数据一并移交，且文件格式应当符合国家档案管理的有关规定。特殊格式的电子会计档案应当与其读取平台一并移交。

单位档案管理机构接收电子会计档案时，应当对电子会计档案的准确性、完整性、可用性、安全性进行检测，符合要求的才能接收。

（二）电子会计档案管理

单位可以利用计算机、网络通信等信息技术手段管理会计档案。同时满足下列条件的，单位内部形成的属于归档范围的电子会计资料可仅以电子形式保存，形成电子会计档案：

（1）形成的电子会计资料来源真实有效，由计算机等电子设备形成和传输。

（2）使用的会计核算系统能够准确、完整、有效接收和读取电子会计资料；能够输出符合国家标准归档格式的会计凭证、会计账簿、财务会计报表等会计资料；设定了经办、审核、审批等必要的审签程序。

（3）使用的电子档案管理系统能够有效接收、管理、利用电子会计档案，符合电子档案长期保管要求，并建立了电子会计档案与相关联的其他纸质会计档案的检索关系。

（4）采取有效措施，防止电子会计档案被篡改。

（5）建立电子会计档案备份制度，能够有效防范自然灾害、意外事故和人为破坏的影响。

（6）形成的电子会计资料不属于具有永久保存价值或者其他重要保存价值的会计档案。

符合上述6项规定条件，单位从外部接收的电子会计资料附有符合《中华人民共和国电子签名法》规定的电子签名的，可仅以电子形式归档保存，形成电子会计档案。

（三）会计档案的保管要求

（1）会计档案保管应注意以下事项：

① 会计档案室应选择在干燥、防水的地方，并远离易燃品堆放地，周围应备有适应的防火器材；

② 采用透明塑料膜作防尘罩、防尘布，遮盖所有档案架并堵塞鼠洞；

③ 会计档案室内应经常用消毒药剂喷洒，保持清洁卫生，以防虫蛀；

④ 会计档案室保持通风透光，并有适当的空间、通道和查阅空间，以利查阅，并防止潮湿；

⑤ 设置归档登记簿、档案目录登记簿、档案借阅登记簿，严防毁坏损失、散失和泄密；

⑥ 会计电算化档案的保管要注意做好防盗、防磁等安全措施。

（2）会计档案的保管期限。会计档案的保管期限分为永久、定期两类。定期保管期限一般分为10年、30年。保管期限从会计年度终了后的第一天算起。各类会计档案保管期限见表9-2。

表9-2 企业和其他组织会计档案保管期限表

序号	档案名称	保管期限	备 注
一	会计凭证		
1	原始凭证	30年	
2	记账凭证	30年	
二	会计账簿		
3	总账	30年	
4	明细账	30年	
5	日记账	30年	
6	固定资产明细账（卡片）		固定资产报废清理后保管5年
7	其他辅助性账簿	30年	
三	财务会计报告		
8	月、季度、半年度财务会计报告	10年	
9	年度财务会计报告	永久	
四	其他会计资料		
10	银行存款余额调节表	10年	
11	银行对账单	10年	
12	纳税申报表	10年	
13	会计档案移交清册	30年	
14	会计档案保管清册	永久	
15	会计档案销毁清册	永久	
16	会计档案鉴定意见书	永久	

（四）会计档案的借阅要求

（1）单位应当严格按照相关制度利用会计档案。在进行会计档案查阅、复制、借出时履行登记手续，严禁篡改和损坏。

（2）单位保存的会计档案一般不得对外借出。确因工作需要且根据国家有关规定必须借出的，应当严格按照规定办理相关手续。

会计档案借用单位应当妥善保管和利用借入的会计档案，确保借入会计档案的安全完整，并在规定时间内归还。

四、会计档案的销毁和移交

（一）会计档案的销毁

保管期满但未结清的债权、债务会计凭证和涉及其他未了事项的会计凭证，不得销毁，纸质会计档案应当单独抽出立卷，电子会计档案单独转存，保管到未了事项完结时为止。单独抽出立卷或转存的会计档案，应当在会计档案鉴定意见书、会计档案销毁清册和会计档案保管清册中列明。

单位应当定期对已到保管期限的会计档案进行鉴定，并形成会计档案鉴定意见书。经鉴定，仍需继续保存的会计档案，应重新划定保管期限；对保管期满、确无保存价值的会计档案，可以进行销毁。单位确定可以销毁的会计档案，应当按照以下程序进行销毁：

（1）单位档案管理机构编制会计档案销毁清册，列明拟销毁会计档案的名称、卷号、册数、起止年度和档案编号、应保管期限、已保管期限和销毁时间等内容。

（2）单位负责人、档案管理机构负责人、会计管理机构负责人、档案管理机构经办人、会计管理机构经办人在会计档案销毁清册上签署意见。

（3）单位档案管理机构负责组织会计档案销毁工作，并与会计管理机构共同派员监销。监销人在会计档案销毁前，应当按照会计档案销毁清册所列内容进行清点核对；在会计档案销毁后，应当在会计档案销毁清册上签名或盖章。

（4）电子会计档案的销毁还应当符合国家有关电子档案的规定，并由单位档案管理机构、会计管理机构和信息系统管理机构共同派员监销。

（二）会计档案的移交

（1）单位之间交接会计档案时，交接双方应当办理会计档案交接手续。移交会计档案的单位应当编制会计档案移交清册，列明应当移交的会计档案名称、卷号、册数、起止年度、档案编号、应保管期限、已保管期限等内容。交接会计档案时，交接双方应当按照会计档案移交清册所列内容逐项交接，并由交接双方的单位负责人负责监督。交接完毕后，交接双方经办人和监督人应当在会计档案移交清册上签名或盖章。

电子会计档案应当与其元数据一并移交，特殊格式的电子会计档案应当与其读取平台一并移交。档案接受单位应当对保存电子会计档案的载体及其技术环境进行检验，确保所接受电子会计档案的准确、完整、可用和安全。

（2）单位因撤销、解散、破产或者其他原因而终止的，在终止和办理注销登记手续之前形成的会计档案，应当按照国家档案管理的有关规定处置。

（3）单位分立后原单位存续的，其会计档案应当由分立后的存续方统一保管。其他方可以查阅、复制与其业务相关的会计档案。单位分立后原单位解散的，其会计档案应当经各方协商后由其中一方代管或按照国家档案管理的有关规定处置，各方可查阅、复制与其业务相关的会计档案。单位分立中未结清的会计事项涉及的会计凭证，应当单独抽出由业务相关方保存，并按规定办理交接手续。

（4）单位因业务移交其他单位办理所涉及的会计档案，应当由原单位保管，承接业务单位可查阅、复制与其业务相关的会计档案。对其中未结清的会计事项涉及的会计凭证，应当单独抽出由承接业务单位保存，并按规定办理交接手续。

（5）单位合并后原各单位解散或一方存续其他方解散的，原各单位的会计档案应当由合并后的单位统一保管。单位合并后原各单位仍存续的，其会计档案仍由原各单位保管。

（6）建设单位在项目建设期间形成的会计档案，需要移交给建设项目接受单位的，应当在办理竣工财务决算后及时移交，并按规定办理交接手续。

【课堂拓展】

三百六十行，行行用会计。在会计领域深耕的每一位从业人员，不仅是数字的守护者，更是企业稳健前行的导航员。首先，作为未来的会计人员，我们应树立远大的职业理想和“大国会计”使命感，将个人价值的实现与国家发展、社会进步紧密相连，以高标准的职业操守和专业能力，为企业和社会的健康发展贡献力量，在维护市场经济秩序、促进社会公平正义、助力国家治理现代化等方面发挥重要作用。其次，我们应树立正确的人生观、价值观，具备诚信意识和廉洁自律精神，确保会计信息的真实性和完整性。再次，在快速变化的经济环境中，会计规则不断更新，技术手段日新月异，我们应保持终身学习和追求卓越的态度，积极探索大数据、人工智能等新技术在会计领域的应用，以适应数字化时代的需求，提高解决复杂问题的能力。最后，会计不仅是企业的内部事务，更关乎广大投资者、债权人及社会公众的利益。因此，我们应具备强烈的社会责任感，积极参与社会公益活动，促进社会资源的合理配置。

总之，我们应志存高远，心系家国，坚持诚信为本，保持廉洁自律，在专业道路上不懈追求，在道德高地上持续坚守，在社会责任上勇于担当，成为既有国际视野又有家国情怀，既能把握现在又能预见未来的高素质会计人才，为实现中国式现代化贡献力量。

【练习题】

即测即评

一、名词解释

1.会计工作组织
2.会计管理机构
3.会计工作机构
4.会计中介服务机构
5.报账单位
6.会计职业道德
7.会计法规
8.会计法律
9.会计法律关系
10.会计行政法规
11.会计部门规章
12.《企业会计准则——基本准则》
13.会计档案

二、简答题

1. 合理组织会计工作具有什么作用？
2. 科学地组织会计工作应遵循哪些要求？
3. 会计人员有哪些职责？
4. 会计人员有哪些权限？
5. 什么是会计职业道德？包括哪些内容？
6. 会计人员专业技术职务有哪些？
7. 简述会计法规的层次及含义。

参考答案

附录一

账户按用途和结构的分类

账户按用途和结构分类，是账户在按经济内容分类基础上的进一步分类，是对账户按经济内容分类的必要补充。所谓账户用途，是指开设账户的目的，即通过账户记录能够提供哪些核算资料。所谓账户结构，是指在账户中如何提供核算资料，在借贷记账法下，就是账户借方登记什么，贷方登记什么，期末账户有无余额；如有余额，在账户的哪一方，反映什么。

需要说明的是，账户按用途和结构的分类，是在认识各个账户特性的基础上，也就是在认识每个账户的用途和结构的基础上，概括它们的共性，就是把用途或结构相同的账户归为一类，探讨该类账户之间的内在联系以及在整个账户体系中的地位和作用，掌握各类账户在提供会计信息方面的规律性。对于与其他账户并无共性的单个账户，就没有必要把其作为一类账户来研究，因为这一类账户的用途和结构就是这一个账户的用途和结构，体现不了这类账户之间的共性及内在联系，仍属于对账户特殊性的研究，也就失去了分类的意义。也就是说，一类账户不能只有一个账户，至少应有两个账户才能归为一类。鉴于此，我们把这些不能与其他账户归为一类的账户归为一类——其他类，也就是没有共性可探讨的那一类。对于这类账户，只需要掌握其特殊性，即每个账户的用途和结构，而无共性可言。本书只对一般企业的97个账户，按用途和结构不同分为：盘存类账户、对外投资类账户、调整类账户、结算类账户、投资权益类账户、成本计算类账户、计价对比类账户、公允价值变动类账户、递延所得税类账户、跨期分摊类账户、代理业务类账户、无实物资产类账户、收入类账户、费用类账户、其他类账户共15类账户。

（一）盘存类账户

盘存类账户是指用来核算可以进行实物盘点的各种实物资产和库存现金、银行存款增减变动及结存情况的账户。其用途是可以提供与实物盘点的各种实物资产和货币资金实际数相互核对的期末余额数据，通过实地盘点（银行存款、其他货币资金除外）的方法验证账实是否相符。因此，这类账户被称为盘存类账户。

属于这类账户的有：库存现金、银行存款、其他货币资金、原材料、库存商品、周转材料、工程物资、在途物资、材料采购、固定资产、投资性房地产等。该类账户结构可用图1表示。

借方 盘存类账户	贷方
期初余额：实物资产和货币资金期初实存数	
发生额：本期实物资产和货币资金的增加数额	发生额：本期实物资产和货币资金的减少数额
期末余额：实物资产和货币资金期末实存数	

图1　盘存类账户结构

（二）对外投资类账户

对外投资类账户是指用来核算企业对外投资成本和应享有的权益或投资收益增减变动及结存情况的账户。其用途就是用来核算企业对外投资成本和应享有的权益或投资收益数额的增减变动及结存情况。

属于这类账户的有：交易性金融资产、债权投资、其他债权投资、其他权益工具投资、长期股权投资等。这类账户结构是：借方登记企业对外投资的成本和应享有被投资企业权益或收益的增加数，贷方登记减少数，余额在借方，反映期末投资成本和应享有的权益或投资收益实有数，该类账户结构可用图2表示。

借方 对外投资类账户	贷方
期初余额：期初投资成本和投资权益或投资收益额	
发生额：本期投资成本和投资权益或投资收益增加额	发生额：本期投资成本和投资权益或投资收益减少额
期末余额：期末投资成本和投资权益或投资收益额	

图2　对外投资类账户结构

（三）调整类账户

调整类账户是指用来调整与其相关账户的账面余额，以便能够提供与其相关账户的另一个核算指标而设置的账户。在会计核算中，由于经营管理或其他方面的原因，对某些会计要素项目，需要了解与之相关的几个方面的核算数据，而这些数据不可能通过一个账户，而必须通过两个甚至三个账户才能得到。在这些账户中，一个账户用来核算原始数据，其他的账户用来对原始数据的某个方面进行调整，通过调减或调增原始数据，即可求得反映原始数据账户另一意义上的余额。因此，将反映原始数据的账户，称为被调整账户，用来对原始数据进行调整的账户，称为调整账户。调整类账户的用途，就是对被调整账户的原始数据进行调整，通过调减或调增，得到被调整账户另一意义下的余额，以满足经营管理及对外报告的需要。例如，一个企业应收账款的核算，管理上既需要掌握应收账款的实际数额，又需要掌握预计收不回来的应收账款数额（即坏账），以及预计可收回的应收账款数额，即应收账款的净值。为此，在会计核算上，设置“应收账款”账户反映应收账款增减变化及余额，同时设置“坏账准备”账户，核算计提坏账准备和坏账的增减变动及余额。这样，“应收账款”账户的期末余额，就是期末应收账款的实际数额，“坏账准备”账户的期末余额，就是预计收不回来的应收账款额（即坏账），应收账款账户的期末余额减去坏账准备账户的期末余额，就是预计可收回的应收账款数额，即具有现实意义的另一新数据。在这里，“应收账款”账户是被调整账户，“坏账准备”账户是应收账款的调整账户。

调整类账户按其调整的方式分为备抵调整账户、附加调整账户、备抵附加调整账户三类。

1.备抵调整账户

备抵调整账户又称抵减调整账户，用来抵减被调整账户的账面余额，以求得被调整账户的净值。其调整公式为：

被调整账户净值=被调整账户账面余额-备抵调整账户账面余额

备抵调整账户与被调整账户的账户结构正好相反。如果被调整账户的账户结构是借方登记增加数，贷方登记减少数，余额在借方，则备抵调整账户的账户结构一定是借方登记减少数，贷方登记增加数，余额在贷方，反之亦然。

例如，假设应收账款账户期末余额为800 000元，坏账准备账户期末余额为40 000元，如图3所示。

借方 **被调整账户应收账款** 贷方

借方	贷方
期末余额：800 000	

借方 **备抵调整账户坏账准备** 贷方

借方	贷方
	期末余额：40 000

图3 应收账款、坏账准备期末余额

应收账款净值=应收账款借方余额-坏账准备贷方余额

=800 000-40 000=760 000（元）

需要说明的是，虽然被调整账户应收账款与备抵调整账户坏账准备的账户结构相反，但在资产负债表上，并不是在左方（资产方）列示应收账款800 000元，右方（负债和所有者权益方）列示坏账准备40 000元，而是以净值760 000元列示在左方（资产方）应收账款项目下。这样做，主要是避免虚增资产和负债，以便反映企业资产的现时价值。尽管应收账款账户与坏账准备账户的性质不同，但它们反映的经济内容是相同的，都是反映资产中的应收账款，因此，按账户经济内容分类，自然同属于资产类。这一点，对于其他备抵调整账户都是一样的。这说明，资产类账户的账户结构并不都是“借增贷减，余额在借方”，其备抵调整账户的账户结构就是“借减贷增，余额在贷方”。

属于备抵调整类账户的有：坏账准备、存货跌价准备、债权投资减值准备、长期股权投资减值准备、累计折旧、固定资产减值准备、累计摊销、无形资产减值准备等。

2.附加调整账户

附加调整账户是用来调整被调整账户的账面余额，以求得被调整账户另一意义下的余额的账户。其调整公式为：

被调整账户另一意义下的余额=被调整账户账面余额+调整账户账面余额

附加调整账户与被调整账户的账户结构相同，如果被调整账户的账户结构是借方登记增加数，贷方登记减少数，余额在借方，则附加调整账户的账户结构也是借方登记增加数，贷方登记减少数，余额一定在借方，反之亦然。

附加调整账户在理论上是存在的，但在实际工作中，纯粹的附加调整账户并不存在，也就是说，在会计科目表中，没有设置纯粹的附加调整账户。介绍附加调整账户，不仅仅是理论上的需要，也是为了帮助读者对备抵附加调整账户进行学习。

3.备抵附加调整账户

备抵附加调整账户是指既可以用来抵减，也可以用来增加被调整账户的账面余额，以求得被调整账户另一意义下的余额的账户。

备抵附加调整账户兼有备抵调整账户和附加调整账户的双重功能，但不能同时起两种作用。在某一会计期间，如果该调整账户与被调整账户的余额方向相反，则该调整账户是备抵调整账户；反之，如果该调整账户与被调整账户的余额方向相同，则该账户是附加调整账户。因此，备抵附加调整账户是具有资产、负债双重性质的账户。

属于备抵附加调整账户的有：材料成本差异、商品进销差价等。

例如，当原材料按计划成本计价时，材料成本差异账户就是原材料账户的备抵附加调整账户。当原材料账户为借方余额，材料成本差异账户为贷方余额（节约差异）时，原材料账户另一意义下的余额为：

原材料实际成本=原材料账面余额-材料成本差异账面余额

当原材料账户为借方余额，材料成本差异账户也为借方余额（超支差异）时，原材料另一意义下的余额为：

原材料实际成本=原材料账面余额+材料成本差异账面余额

上面内容将在“中级财务会计”课程中学习。

综上所述，将主要调整账户与其被调整账户归纳总结，见表1。

（四）结算类账户

结算类账户是用来核算企业交易或者事项形成的债权、债务增减变动及结果的账户。其用途就是用来核算企业交易或者事项形成的债权和债务的结算情况。结算类账户按其性质又分为债权结算账户、债务结算账户和债权债务结算账户三类。

1.债权结算账户

债权结算账户也称资产结算账户，是用来核算企业债权增减变动及结果的账户。

表1 被调整账户与调整账户

序号	被调整账户	调整账户	调整方式
1	应收账款	坏账准备	备抵
2	原材料、库存商品等存货账户	存货跌价准备	备抵
3	债权投资	债权投资减值准备	备抵
4	长期股权投资	长期股权投资减值准备	备抵
5	固定资产	累计折旧、固定资产减值准备	备抵
6	无形资产	累计摊销、无形资产减值准备	备抵
7	实收资本、资本公积	库存股	备抵
8	原材料、周转材料	材料成本差异	备抵附加
9	库存商品	商品进销差价	备抵附加

属于这类账户的有：应收票据、应收账款、应收股利、应收利息、其他应收款、长期应收款等。

这类账户的结构是：借方登记债权的增加额，贷方登记债权的减少额，余额在借方，反映期末企业债权的实有数，债权结算账户的结构如图4所示。

借方 债权结算账户 贷方

借方	贷方
期初余额：债权（各种应收款项）的期初实有数额 发生额：本期债权（各种应收款项）的增加数额	发生额：本期债权（各种应收款项）的减少数额
期末余额：债权（各种应收款项）的期末实有数额	

图4 债权结算账户的结构

2.债务结算账户

债务结算账户也称负债结算账户，是用来核算企业债务增减变动及结果的账户。

属于这类账户的有：短期借款、应付利息、其他应付款、长期借款、应付债券、长期应付款、专项应付款等。

这类账户的结构是：贷方登记债务的增加数，借方登记债务的减少数，余额在贷方，反映期末企业债务的实有数。债务结算账户的结构如图5所示。

借方 债务结算账户 贷方

借方	贷方
发生额：本期债务（借入款项、应付款项）的减少数额	期初余额：债务（借入款项、应付款项）的期初实有数额 发生额：本期债务（借入款项、应付款项）的增加数额
	期末余额：债务（借入款项、应付款项）的期末实有数额

图5 债务结算账户的结构

3.债权债务结算账户

债权债务结算账户又称资产负债结算账户，是核算企业具有债权债务双重性质的交易或者事项增减变动及结果的账户。其用途就是核算具有债权债务双重性质的交易或事项，债权债务的增减变动及结果。例如，企业预交所得税时，如果所预交金额大于贷方金额，应交税费账户由贷方余额变为借方余额，应交税费账户就是债权债务结算账户。

属于这类账户的有：预收账款、预付账款、应交税费等。

这类账户的结构是：借方登记债权的增加数和债务的减少数；贷方登记债务的增加数和债权的减少数；余额可能在借方，也可能在贷方。从明细分类账的角度看，所属明细账借方余额合计数表示期末债权实有数，所属明细账贷方余额合计数表示期末债务实有数；从总分类账的角度看，借方余额表示期末债权大于债务的差额，贷方余额表示期末债务大于债权的差额。债权债务结算账户的结构如图6所示。

借方　　债权债务结算账户	贷方
期初余额：期初债权大于债务的差额	期初余额：期初债务大于债权的差额
发生额：本期债权增加额 本期债务减少额	发生额：本期债务增加额 本期债权减少额
期末余额：期末债权大于债务的差额	期末余额：期末债务大于债权的差额

图6　债权债务结算账户的结构

值得注意的是：债权债务结算账户不能同时起到债权结算和债务结算两种作用，即不能同时既有借方余额，又有贷方余额。在某一会计期间，如果债权债务结算账户为借方余额，是债权结算账户；如果为贷方余额，是债务结算账户。

需要说明的是，在债权结算账户中，如果账户从借方余额变为贷方余额，则该债权结算账户就变为债权债务结算账户。同理，在债务结算账户中，如果账户从贷方余额变为借方余额，则该债务结算账户就变为债权债务结算账户。例如，应付职工薪酬账户通常是贷方余额，如果本期的实际支付金额大于贷方金额，应付职工薪酬账户由贷方余额转化为借方余额，此时，应付职工薪酬账户就是债权债务结算账户。

（五）投资权益类账户

投资权益类账户是用来核算投资者投入资本，以及经营活动中的经营性积累和非经营性积累的增减变动及结存情况的账户。其用途就是核算所有者权益的增减变动及结存情况。

属于这类账户的有：实收资本、资本公积、盈余公积、利润分配。

这类账户的结构是：贷方登记所有者权益的增加数额，借方登记所有者权益的减少数额，余额一般在贷方，反映期末所有者权益某一方面的实有数额。投资权益类账户结构如图7所示。

借方　　投资权益类账户	贷方
	期初余额：期初所有者权益某一方面余额
发生额：本期所有者权益某一方面减少额	发生额：本期所有者权益某一方面增加额
	期末余额：期末所有者权益某一方面余额

图7　投资权益类账户结构

（六）成本计算类账户

成本计算类账户就是用来核算某一特定成本计算对象实际成本的账户。其用途就是核算特定成本对象的实际成本。

属于这类账户的有：

（1）原材料按实际成本计价时的在途物资账户。

（2）原材料按计划成本计价时的材料采购账户。

（3）为将本企业物资委托外单位加工而设置的委托加工物资账户。

（4）为产品生产设置的生产成本账户。

（5）为建造固定资产设置的在建工程账户。

（6）为对外提供劳务设置的劳务成本账户。

（7）为开发无形资产设置的研发支出账户。

这类账户的结构是：借方登记应计入成本计算对象的全部费用，贷方登记转出已完成成本计算的成本计算对象的成本，余额在借方，反映期末尚未完成成本计算的成本计算对象的实际成本。成本计算类账户结构如图8所示。

借方　　成本计算类账户	贷方
期初余额：期初尚未完成成本计算的成本计算对象的实际成本	
发生额：本期应计入成本计算对象的全部费用	发生额：转出已完成成本计算的成本计算对象的成本
期末余额：期末尚未完成成本计算的成本计算对象的实际成本	

图8　成本计算类账户结构

（七）计价对比类账户

计价对比类账户是指对某类交易或者事项，在特定账户的借贷双方，分别以两种不同的计价标准进行核算，通过对比，以确定其业务成果的账户。其用途就是对某类交易或者事项，以两种不同的计价标准，在特定账户借贷双方分别进行核算，通过对比确定其业务成果。

属于该类账户的有：

（1）本年利润账户，其借方的计价标准是期末结转来的有关成本、费用、损失，贷方的计价标准是期末结转来的有关收入和利得。通过对比，确定是盈利还是亏损。

（2）固定资产清理账户，其借方的计价标准是转入固定资产清理的固定资产的账面净值及清理费用，贷方的计价标准是清理过程中发生的相关收入。通过对比，确定是清理净收益还是清理净损失。

（3）原材料按计划成本计价时的材料采购账户，其借方的计价标准是材料实际成本，贷方的计价标准是材料计划成本。通过对比，确定材料是超支差异还是节约差异。

（4）投资收益账户，其借方的计价标准是投资损失，贷方的计价标准是投资收益。通过对比，确定是投资净收益还是投资净损失。

（5）公允价值变动损益账户，其借方计价标准是公允价值变动形成的损失，贷方计价标准是公允价值变动形成的收益。通过对比，确定公允价值变动是净收益还是净损失。

计价对比类账户结构如图9所示。

借方	计价对比类账户　　　　贷方
发生额：交易或者事项第一种计价标准的金额 转出第二种计价标准大于第一种计价标准的差额	发生额：交易或者事项第二种计价标准的金额 转出第一种计价标准大于第二种计价标准的差额

图9　计价对比类账户结构

需要说明的是，计价对比类账户期末一般无余额。这是因为，如果两种计价标准的金额都已经发生，其差额就会结转到有关账户。例如，本年利润账户的对比结果要结转到利润分配——未分配利润账户，固定资产清理账户的对比结果要结转到资产处置损益账户，材料采购账户的对比结果要结转到材料成本差异账户，投资收益账户的对比结果要结转到本年利润账户，公允价值变动损益账户的对比结果也要结转到本年利润账户。结转后，计价对比类账户无余额。如果有余额，就说明两种计价标准的金额还没完全发生，其余额就是尚未对比的数额。

（八）公允价值变动类账户

公允价值变动类账户是指用来核算某类特定业务由于公允价值变动形成的资产或负债的增减变动及结果的账户。其用途就是核算某类特定业务由于公允价值变动形成的资产或负债的增减变动及结果。

属于这类账户的有：交易性金融资产、交易性金融负债、衍生工具、套期工具、被套期项目以及按公允价值模式计量的投资性房地产。

这类账户的结构是：借方登记该类业务形成资产的公允价值和公允价值变动形成的资产；贷方登记该类业务形成负债的公允价值和公允价值变动形成的负债，期末余额可能在借方，也可能在贷方。期末余额在借方，反映该类业务形成资产的公允价值；期末余额在贷方，反映该类业务形成负债的公允价值。公允价值变动类账户结构如图10所示。

借方	公允价值变动类账户 贷方
期初余额：期初该类业务形成资产的公允价值	期初余额：期初该类业务形成负债的公允价值
发生额：该类业务形成资产的公允价值变动形成的资产	发生额：该类业务形成负债的公允价值变动形成的负债
期末余额：期末该类业务形成资产的公允价值	期末余额：期末该类业务形成负债的公允价值

图10 公允价值变动类账户结构

（九）递延所得税类账户

递延所得税类账户是用来核算暂时性差异形成的递延所得税资产和递延所得税负债的增减变动及结存情况的账户。其用途就是用来核算可抵扣暂时性差异产生的递延所得税资产和应纳税暂时性差异产生的递延所得税负债。

属于这类账户的有：递延所得税资产、递延所得税负债。

这类账户的结构是：借方登记期末比期初增加的递延所得税资产和期末比期初减少的递延所得税负债，贷方登记期末比期初增加的递延所得税负债和期末比期初减少的递延所得税资产。这类账户的余额可能在借方，也可能在贷方。借方余额反映企业确认的递延所得税资产，贷方余额反映企业确认的递延所得税负债。递延所得税类账户结构如图11所示。

借方	递延所得税类账户 贷方
期初余额：期初已确认的递延所得税资产	期初余额：期初已确认的递延所得税负债
发生额：期末大于期初的递延所得税资产差额 期末小于期初的递延所得税负债差额	发生额：期末小于期初的递延所得税资产差额 期末大于期初的递延所得税负债差额
期末余额：期末已确认的递延所得税资产	期末余额：期末已确认的递延所得税负债

图11 递延所得税类账户结构

需要说明的是，递延所得税类账户是因所得税核算的暂时性差异而设置的，一旦暂时性差异消除，递延所得税类账户的期末余额均为零。

（十）跨期分摊类账户

跨期分摊类账户是指用来核算企业已经发生但应由本期或以后各期，或只由以后各期负担或享有的，分摊期在一年以上的各项费用或收益，并将这些跨期费用或收益在各个会计期间进行分摊的账户。其用途就是在权责发生制下，把已经发生，应属于若干会计期间共同负担或享有的费用或收益，在各个会计期间进行分摊。

属于这类账户的有：未实现融资收益、长期待摊费用、递延收益、未确认融资费用等。

这类账户的结构是：借方登记已发生的跨期费用数和本期分摊的收益，贷方登记已发生的跨期收益和本期分摊的费用。这类账户的余额可能在借方，也可能在贷方。借方余额反映尚未分摊的费用，贷方余额反映尚未分摊的收益。这类账户结构如图12所示。

借方	跨期分摊类账户 贷方
期初余额：期初尚未分摊的跨期费用	期初余额：期初尚未分摊的跨期收益
发生额：本期发生的跨期费用数额 本期分摊的跨期收益数额	发生额：本期发生的跨期收益数额 本期分摊的跨期费用数额
期末余额：期末尚未分摊的跨期费用	期末余额：期末尚未分摊的跨期收益

图12 跨期分摊类账户结构

（十一）代理业务类账户

代理业务类账户是指企业用来核算不承担风险的代理业务形成的资产及负债的增减变动及结存情况的账户。其用途就是核算企业由于代理业务形成的资产及负债的增减变动及结存情况。

属于这类账户的有：代理业务资产、代理业务负债。

这类账户的结构是：借方登记代理业务形成资产的增加和负债的减少，贷方登记代理业务形成负债的增加和资产的减少。期末余额可能在借方，也可能在贷方。期末余额在借方，反映代理业务资产的价值；期末余额在贷方，反映代理业务负债的价值。该类账户结构如图13所示。

借方	代理业务类账户 贷方
期初余额：期初代理业务资产的价值	期初余额：期初代理业务负债的价值
发生额：本期增加的代理业务资产金额 本期减少的代理业务负债金额	发生额：本期增加的代理业务负债金额 本期减少的代理业务资产金额
期末余额：期末代理业务资产的价值	期末余额：期末代理业务负债的价值

图13 代理业务类账户结构

（十二）无实物资产类账户

无实物资产类账户是用来核算企业长期拥有或控制的无实物形态的可辨认和不可辨认的资产增减变动及结存情况的账户。其用途就是核算企业没有实物形态的可辨认和不可辨认资产的增减变动及结存情况。

属于这类账户的有：无形资产、商誉。

这类账户的结构是：借方登记无实物资产的增加，贷方登记无实物资产的减少。期末余额在借方，反映企业无实物资产的实际金额。这类账户结构如图14所示。

借方	无实物资产类账户 贷方
期初余额：期初无实物资产实际金额	
发生额：本期增加无实物资产金额	发生额：本期减少无实物资产金额
期末余额：期末无实物资产实际金额	

图14 无实物资产类账户结构

（十三）收入类账户

收入类账户是指用来核算企业在一定会计期间所形成的应转入本年利润的各种收入和利得的账户。其用途就是核算企业在一定会计期间所形成的应计入本年利润的各种收入和利得。

属于这类账户的有：主营业务收入、其他业务收入、营业外收入。

这类账户的结构是：贷方登记本期取得的收入、利得，借方登记本期收入的冲减数和结转到本年利润账户的贷方发生额大于借方发生额的差额，结转之后该类账户无余额。收入类账户结构如图15所示。

借方 收入类账户	贷方
发生额：冲减本期收入的金额 期末转入本年利润的金额	发生额：本期取得的收入、利得的金额

图15 收入类账户结构

（十四）费用类账户

费用类账户是指用来核算企业在一定会计期间所发生的应转入本年利润的各种费用、损失的账户。其用途是核算企业在一定会计期间发生的应计入本年利润的各种费用、损失。

属于这类账户的有：主营业务成本、其他业务成本、税金及附加、销售费用、管理费用、财务费用、资产减值损失、营业外支出、所得税费用。

这类账户的结构是：借方登记本期发生的各种费用、损失的金额，贷方登记本期冲减的费用、损失的金额和期末结转到本年利润的借方发生额大于贷方发生额的差额。结转之后，该类账户无余额。费用类账户的结构如图16所示。

借方 费用类账户	贷方
发生额：本期发生的费用、损失金额	发生额：冲减本期的费用、损失金额 期末结转到本年利润的金额

图16 费用类账户结构

（十五）其他类账户

其他类账户是指本账户的用途和结构与其他账户的用途和结构，主要在用途上无共性，而不能与其他账户归为一类的账户。

属于这类账户的有：发出商品、待处理财产损溢、预计负债、制造费用、以前年度损益调整等。

需要说明的是，上述按用途和结构的分类结果，并不是绝对的、唯一的，还可以有其他的分类结果，只是仁者见仁，智者见智而已。

综上，将全部账户按用途和结构的分类结果汇总，见表2。

表2　　账户按用途和结构分类汇总表

账户类别		账户名称
一、盘存类		库存现金、银行存款、其他货币资金、材料采购（余额部分）、原材料、在途物资（余额部分）、库存商品、周转材料、工程物资、固定资产、投资性房地产、生产成本（余额部分）
二、对外投资类		交易性金融资产、债权投资、其他债权投资、其他权益工具投资、长期股权投资
三、调整类	备抵调整	坏账准备、存货跌价准备、累计折旧、累计摊销、债权投资减值准备、长期股权投资减值准备、固定资产减值准备、无形资产减值准备、库存股
	备抵附加调整	材料成本差异、商品进销差价
四、结算类	债权结算	应收票据、应收账款、合同资产、其他应收款、应收利息、应收股利、长期应收款
	债务结算	短期借款、应付票据、应付账款、合同负债、应付职工薪酬、应付股利、应付利息、其他应付款、长期借款、应付债券、长期应付款、专项应付款
	债权债务结算	预付账款、预收账款、应交税费
五、投资权益类		实收资本、其他综合收益、资本公积、盈余公积、利润分配
六、成本计算类		在途物资（物资按实际成本计价）、委托加工物资、生产成本、材料采购（材料按计划成本计价）、在建工程、劳务成本、研发支出
七、计价对比类		本年利润、固定资产清理、公允价值变动损益、材料采购（原材料按计划成本计价时）、投资收益
八、公允价值变动类		交易性金融资产、交易性金融负债、衍生工具、套期工具、被套期项目、投资性房地产（按公允价值模式计量）
九、递延所得税类		递延所得税资产、递延所得税负债
十、跨期分摊类		未实现融资收益、长期待摊费用、递延收益、未确认融资费用
十一、代理业务类		代理业务资产、代理业务负债
十二、无实物资产类		无形资产、商誉
十三、收入类		主营业务收入、其他业务收入、营业外收入
十四、费用类		主营业务成本、其他业务成本、税金及附加、销售费用、管理费用、财务费用、信用减值损失、资产减值损失、营业外支出、所得税费用
十五、其他类		发出商品、待处理财产损溢、预计负债、制造费用、以前年度损益调整

对账户按经济内容的分类、账户按用途和结构的分类还需说明如下，账户按经济内容进行分类时，由于每一个账户都有各自不同的经济内容，因而一般不会出现一个账户同时属于不同类别的情况。而账户按用途和结构分类则不同，由于一个账户可能有两种，甚至两种以上的用途，因此，就可能出现一个账户同时属于两类，甚至三类账户，例如，材料采购账户既是盘存类账户，也是成本计算类账户，又是计价对比类账户。

附录二

视频二维码资源索引

章	数字资源	页码
第一章 导　论	视频 1-1　会计的演进与会计职能	7
	视频 1-2　会计对象与会计要素	8
	视频 1-3　会计要素：资产	9
	视频 1-4　会计要素：负债	11
	视频 1-5　会计要素：所有者权益	13
	视频 1-6　会计要素：收入	15
	视频 1-7　会计要素：费用	16
	视频 1-8　会计要素：利润	18
	视频 1-9　会计核算的组织程序（一）：会计确认	19
	视频 1-10　会计核算的组织程序（二）：会计计量、会计记录和财务报告	21
	视频 1-11　会计核算方法和会计循环	24
第二章 设置会计科目与账户	视频 2-1　设置会计科目	34
	视频 2-2　设置会计账户	37
	视频 2-3　会计恒等式	41
第三章 复式记账法	视频 3-1　借贷记账法（一）：记账符号、账户结构	51
	视频 3-2　借贷记账法（二）：记账规则、会计分录及其编制要求	54
	视频 3-3　借贷记账法（三）：会计分录编制举例	56
	视频 3-4　借贷记账法（四）：试算平衡	60
	视频 3-5　账户分类	64
第四章 填制和审核会计凭证	视频 4-1　会计凭证概念及填制和审核会计凭证的作用、原始凭证的种类	74
	视频 4-2　记账凭证的种类	81
	视频 4-3　原始凭证的填制与审核	84
	视频 4-4　记账凭证的填制与审核（一）	87
	视频 4-5　记账凭证的填制与审核（二）	91
	视频 4-6　会计凭证的传递和保管	94